本书作者团队

核心撰写成员：

贾传泳　杨宏权

其他撰写成员（按姓氏拼音排序）：

郭园园

黄　婷

李冬梅

刘　蔚

祁桂凤

孙冬梅

王安梅

王红美

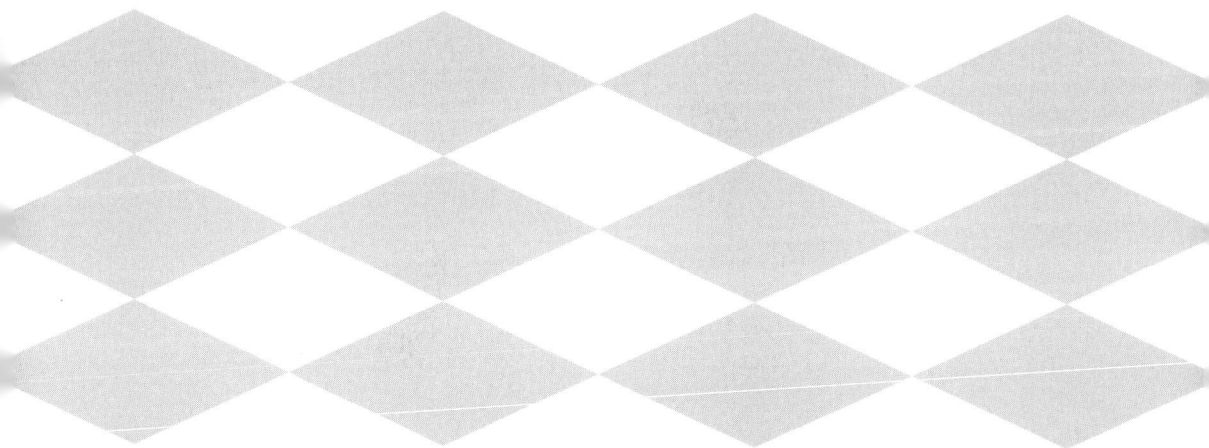

扬州育才实验学校对差异教学模式与学科变式的研究与实践值得我们学习，当然，我们更要学习他们的初心——研究是为了每个孩子的发展。任何一项成功的教改实验都要经过数年或数十年不懈的努力，不能急功近利，浅尝辄止。一份耕耘，一份收获，厚积才能薄发。总结提炼一种科学的教学模式是不容易的，扬州育才实验学校总结的小学差异教学模式还需在实践中检验和提升。我相信，在校长的带领下，他们一定会深入研究下去，并取得更加丰硕的成果！

中国教育科学研究院研究员　华国栋

2016 年 4 月 16 日于扬州石塔

目 录

前　言　差异教学：让教师的核心素养落地　　001

第一章　差异教学模式的研究背景　　001

　　第一节　国内外小学教育的发展及改革　　002

　　第二节　扬州市小学教育的现状及面临的挑战　　005

　　第三节　我校教育的现状及实施差异教学的迫切性　　008

第二章　差异教学模式的形成过程　　011

　　第一节　萌发期：聚焦"内需"　　012

　　第二节　尝试期：聚焦"差异"　　013

　　第三节　反思期：聚焦"目标"　　017

　　第四节　确立期：聚焦"儿童"　　024

第三章　差异教学模式的理论阐释　　027

　　第一节　差异教学模式的核心概念　　028

　　第二节　差异教学模式的基本原则　　028

　　第三节　差异教学模式的环节要素　　029

第四节　差异教学模式的理论基础　　　　　　031

第五节　差异教学与自主发展的关联性分析　　035

第四章　实施差异教学模式的保障系统　　037

第一节　全方位校园保障系统　　　　　　　038

第二节　教师能力提升系统　　　　　　　　040

第三节　校本教学资源支持系统　　　　　　051

第五章　差异教学模式的操作结构　　065

第一节　预学查异　　　　　　　　　　　066

第二节　初学适异　　　　　　　　　　　088

第三节　研学导异　　　　　　　　　　　108

第四节　拓学展异　　　　　　　　　　　123

第六章　差异教学模式的学科变式　　137

第一节　语文差异教学学科变式　　　　　138

第二节　数学差异教学学科变式　　　　　166

第三节　英语差异教学学科变式　　　　　194

第四节　音乐差异教学学科变式　　　　　218

第五节　体育差异教学学科变式　　　　　228

第六节　美术差异教学学科变式　　　　　234

第七节　科学差异教学学科变式　　　　　242

第八节　信息技术差异教学学科变式　　　251

第七章　差异教学模式的实施效果　　　261

第一节　学生的成长　　　　　262

第二节　教师的发展　　　　　269

第三节　学校的变化　　　　　276

后　记　　　281

前 言

差异教学： 让教师的核心素养落地
——写在《模式与变式：一所学校的差异教学探索之旅》付梓之际

教育的成功在于教师，教师的成功在于核心素养。什么是教师的核心素养？国家督学成尚荣先生从价值取向的角度提出三个第一：第一动力——人的内部动力；第一品质——反思的品质；第一专业——儿童研究与学生研究。这里的"第一"，是一种价值排序，把诸多价值要素排序起来，它是前提性的、必须排在第一位的东西。校长是学校的灵魂人物，其首要任务是引领和促进教师核心素养的形成。然而，面对一所年轻的民办学校，教师年轻且流动性大，拿什么来留住教师且提升教师的核心素养？唯有借助课题研究，建立共同的价值取向，让教师的核心素养落地，才能形成教育生产力，实现"为师生持续发展服务"的办学愿景。

差异教学——教师成长最美的遇见

当年轻老师满怀热情地走上讲台，一厢情愿地想把自己所学的知识传授给学生时，他们发现，现实远不是想象的那么简单。在一个班集体中，总有一些孩子离经叛道，让他们束手无策，甚至产生职业恐惧或职业倦怠。究其原因，由于学生个性特征及智力发展水平的不同，对于同一事物理解的角度和深度必然存在着明显的差异。而基础教育长期实际形成的教学模式，往往以整班学生的学习需要为出发点，强调统一要求、齐步走，难以适应学生差异，难以充分照顾学生的不同兴趣、爱好、特长，造成学生被动学习，缺乏兴趣、动力，不会学习，也就阻碍了学生的自主发展，更不能使其适应未来社会发展的需要。

随着课程改革的深入，适应学生个性差异，满足学生学习需要，促进每个学生在原有基础上得到充分发展的"差异教学"成为课程改革的新增长点。中国教育科学研究院华国栋研究员在《差异教学论》一书中把差异教学界定为：在班集体教学中立足学生的个性差异，满足学生个别学习的需要，以促进每个学生在原有基础上得到充分发展的教学。2007 年开始，我校参与了华国栋研究员主持的全国教育科学"十一五"规划教育部重点课题"学生的不同学习需要和差异教学策略研究"的子课题，即中央教育科学研究所①立项课题"学科课程中差异教学实施策略的研究"，取得了丰硕的成果，并顺利结题。通过该课题的研究，差异教学理念在我校深入人心，从照顾差异的教学目标设定、教学内容选择、教学方式运用、教学评价实施等方面，老师们形成了具有学科特点的差异教学实施策略。然而，在研究过程中，我们也发现了一些新的问题，对我校的教育教学提出了新的要求。针对年轻教师较多的实际情况，我们需要建构一种稳定的差异教学模式，为常态的教学中提供一种支撑和助力，提升教师专业发展水平，将无形的差异教学理念转化为有形的教师教学行动，让已经形成的差异教学策略在更大程度上发挥其功能，从而促进学生自主地、可持续地发展。因此，"十二五"期间，"适合小学生自主发展的差异教学模式的研究"也就应运而生了。通过理论研讨与课堂观察，我们逐步形成了适合小学生自主发展的差异教学模式，即在教学活动中，依据小学生的年龄特点和学习需求，尊重小学生个体之间、个体内部的差异，最大限度地满足不同学生的学习需要，指导有效学习，促进小学生自主发展的教学模式；形成了"预学查异—初学适异—研学导异—拓学展异"的环节流程，并形成了每个环节的基本要求：诊断—尝试—研讨—提升。

　　差异教学策略和差异教学模式的研究与实践，有效化解了年轻教师课堂教学的难点。他们在研究过程中逐渐认可学生之间和学生个体内差异的存在，并把这种差异作为教学资源，调整自己的教学目标、教学手段，做到心中有"人"，先学后教。当教学问题在课题研究中得到了解决，自己对教育教学有了新的认知，教学能力得到有效提升时，老师们的职业幸福感增强了，而这种职

---

① 中央教育科学研究所 2011 年更名为中国教育科学研究院，2006 年课题立项时尚未更名。

业幸福感就是其工作的内在动力。至此，教师的核心素养——第一动力已经具备。差异教学成为了教师成长最美的遇见。

模式与变式——催生教师的反思品质

适合小学生自主发展的差异教学模式，是基于差异教学理念，以儿童自主发展为核心而建立起来的较为稳定的教学活动结构框架和活动程序。预学查异、初学适异、研学导异、拓学展异四个模块充分体现了小学生的认知规律。四个模块中的前两个字主要侧重于学生，指的是按照学生认知顺序时间安排教学流程。"预学"是指强调大面积地照顾差异，不是消极地接受差异；"初学"是强调自主学习，小学生自主学习的水平不高，有的甚至还不太会学，所以只能叫"初学"；为了促进学生自主发展，不能仅停留在个人自主学习的水平，还应通过同伴合作、老师指导，从而进入到"研学"；最后在"研学"的基础上进行"拓学"，其目的在于促进学生最大限度的自主发展。四个模块中的后两个字则偏重于教师，"查异"即教师查找学生问题所在，明确差异在何处，教师在教学前要做到心中有数。"适异"强调自主学习时，教师要提供可选择的学习内容和活动、多样化的学习途径和方式，以适应学生的差异，满足学生的不同需求。但"适异"不是消极的适应，而是要适应并且促进其发展。"导异"便是在"适异"的基础上，对学生学习的提升和优化，这是自主学习的一种升华。通过同伴间的合作学习，老师的进一步指导，学生的潜能得以开发、展示，也即形成"展异"，最终促进了学生最大限度的发展，而此发展就全班来说必为差异性的发展，体现在知识的丰富、加深、拓展以及创造性的应用上。

这样的模式充分体现了以人为本、以生为主、以学定教的教学思想，最大限度地满足了不同学生的学习需要。但是，教学有法，但无定法，贵在得法。老师们在教学实践中又展开了深层次的反思：这样的模式与策略是否适合于所有学科的教学？是否适合于同学科中不同内容的教学？于是，在尊重课程资源的差异性和多样性的基础上，老师们在教科室的组织引领下依据我校差异教学模式的研究进行变革，初步建构了体现不同学科、不同课型或不同教学内容的"差异教学模式的学科变式"，并运用于课堂教学，在实践中进一步提炼和完善各种变式。模式的变革和运用主要涉及小学课程中的语文、数学、英语、体育、美术、音乐、科学等学科。如语文学科派生出小学语文阅读教学课差异教学模式、小学语文习作指导课差异教学模式、小学语文习作讲评课差异教学模式；数学学科派生出小学数学概念课差异教学模式、小学数学计算课差异教学模式、小学数学解决问题课差异教学模式；英语学科派生出小学英语对话课差异教学模式、小学英语 Project 综合语言实践项目课差异教学模式、小学英语单元复习课差异教学模式；音乐学科形成小学音乐器乐课差异教学模式；体育学科形成小学体育运动技能课差异教学模式；美术学科形成小学美术手工制作课差异教学模式；科学学科形成小学科学探究课差异教学模式；信息技术学科形成小学信息技术课差异教学模式等。

从模式创生到变式演化，老师们在专家引领下经历了探索、反思、改进的实践过程。不同的变式都依据总模式的四个环节，并对总模式加以内化和深化，这些变式对不同的教学内容更具针对性和指导性。为了在教学中有效照顾学生的差异，充分灵活地运用环节下的各个操作策略，老师们养成了边教学边反思的习惯，在实践中又不拘泥于一招一式。如此一来，模式与变式便催生了教师的反思品质。

教学与研究——促进教师专业角色转变

教师要谨防"专业主义"，不应该把自己的专业仅仅局限在所任教的学科里，以学科为专业会窄化自己的视野，一叶障目，看不见教育的远方。因此，教师要跳出所谓"专业"，以教育的对象——儿童为研究专业，从儿童生命成长的纬度去考量，以儿童研究为专业是教师的核心素养之一。

当"十二五"课题"适合小学生自主发展的差异教学模式的研究"即将结题之际，我们欣喜地看到，随着课题研究的深入，老师们从最初研究如何上课，逐步转变为研究如何优化儿童的学习方式和学习习惯，其研究重心由物化的课转向儿童的生命成长。走在差异教学研究之路上，每一位老师都或多或少地留下了研究的痕迹：丰富的课例、深刻的反思、典型的个案、视角独特的文章，等等。在华国栋研究员的指导下，我们组织老师们着手撰写了本书——《模式与变式：一所小学的差异教学探索之旅》。本书共分七章，分别为"差异教学模式的研究背景"、"差异教学模式的形成过程"、"差异教学模式的理论阐释"、"实施差异教学模式的保障系统"、"差异教学模式的操作结构"、"差异教学模式的学科变式"以及"差异教学模式的实施效果"。

　　通过本书的撰写，老师们共同回顾学校十年来对差异教学的研究的研究历程，全面梳理差异教学的内涵与外延，将差异教学研究实践转化为理论成果，提炼教学主张，传播研究思想，丰富差异教学理论。如果说教学是一种技能，那么研究则是一种智慧。老师们从教学走向研究，从学科研究走向儿童的教育研究，体现的是自身专业素养向核心素养的升级。差异教学研究改变的不仅是课堂教学策略与模式，更是教师的教育教学理念。在研究和实践差异教学模式与变式的道路上，我们不断积攒着前行的动力，保持清醒的反思，执念于自身专业角色的转变。我们坚信，只有面向儿童的研究才能让教师的核心素养落地，唯其如此，才能真正实现"一切为了孩子，为了一切孩子，为了孩子的一切"！

第一章　差异教学模式的研究背景

　　任何活动都不可能回避价值问题，追求价值是人们认识与实践的内在动因，教育教学活动亦如此。差异教学的产生和发展也是立足于本身的价值追求，这种价值追求包括：促进每个学生最大限度发展的人本价值、实现高水平高质量教育的教育学价值、推进社会民主进程的社会价值和促进多元文化发展的文化价值。只有正确理解差异教学的价值取向，全面认识差异教学的本质，深入了解国内外及地区小学教育的现状及问题，结合学校发展实际，才能促进这一理念在学校层面的进一步完善与健康发展。

第一节　国内外小学教育的发展及改革

当代社会生活方式的变迁以及科学技术的突飞猛进，对每个社会成员都提出了全新的挑战。可持续发展观念和战略，要求每个社会成员具有终身发展的意愿和能力，具有自主获取新知识的意愿和能力。因此，我国《基础教育课程改革纲要》提出了转变学生学习方式的任务，提倡自主、合作、探究的学习方式，而有效的合作学习和探究学习一定是建立在自主学习基础上的。因此，倡导自主学习、引导自主发展成为转变学生学习方式的首要任务。

然而，从我国当前教学的实际情况来看，传统教学方式把学习建立在人的客体性、受动性、依赖性的一面上，从而导致人的主体性、能动性和独立性不断销蚀。长期以来，课堂教学沿袭满堂灌、满堂问的教学模式，使学生的学习变成了一种在外力强制下的被动行为、他控行为。这种缺乏能动性、自觉性的被动学习，完全丧失了促进主体发展的长远价值与意义。因此，《国家中长期教育改革和发展规划纲要（2010—2020年）》提出，改革人才培养模式、全面实施素质教育，已经成为我国教育发展的主要目标之一。同时，由于学生个性特征及智力发展水平的不同，对于同一事物理解的角度和深度必然存在着明显的差异。真正的自主学习必然千姿百态、异彩纷呈，而基础教育长期实际形成的教学模式，往往以整班学生的学习需要为出发点，强调统一要求、齐步走，难以适应学生差异，难以充分照顾学生的兴趣、爱好、特长、不同的学习方式，造成了学生被动学习，缺乏学习的兴趣和动力，不会学习，进而阻碍了学生的自主发展，更不能使其适应未来社会发展的需要。

未来的教育应追求卓越与公平的辩证统一。一方面，我们承认受教育者之间以及同一个受教育者的不同发展方面都存在很大差异，他们学习与发展的需求不完全相同。即使教育资源配置完全相同，学生也不可能取得同样的成就，真正的公平不是学生享有同样资源，而是学生不同的学习与发展的需要都能得到很好的满足。另一方面，我们也应看到，尽管我国政府普及义务教育，大力推进教育公平，但当前我国不同地区、不同学校的教育资源还是不均衡的，特别是资源中的关键因素——教师的水平差距很大，优秀教师的资源大多集中在城市的优质学校。如果我们师资均衡配置，教师能实施差异教学，满足不同学生的学习与发展需要，让每个儿童在原有基础上得到充分发展，潜能得到开发，这才是教育公平应该追求的最重要的实质性目标。好的教育是适合学生需要的差异性教育，这种教育也是公平的、有效率的、追求卓越的教育。①

正如《学会生存——教育世界的今天和明天》一书所说："给每一个人平等的机会，并不是指名义上的平等，即对每一个人一视同仁，如目前许多人所认为的那样。机会平等是要肯定每一个人都能受到适当的教育，而且这种教育的进度和方法是适合个人的特点的。"② 因此，随着课程改革的深入，适应学生个性差异，满足学生学习需要，促进每个学生在原有基础上得到充分发展的差异教学必然成为课程改革的新增长点。无论人们是接受还是拒绝，适应学生个性差异，满足学生学习需要的差异教学，都正在走向课程改革的前列。

因材施教一直是学校教育追求的目标，也是学校教育发展到一定阶段的必然趋势。孔子最早提出因材施教的主张，但当时的教育形式主要是个别教育，班组学习只处于萌芽状态。差异教学继承了因材施教的教育思想，但在此基础上又有了新的发展。我们倡导的差异教学，是立足于班集体教学，在班集体教学中照顾差异、实现因材施教的教学。这与在个别教学中因材施教有不尽相同的地方，它追求的是在集体的共同活动中发展学生良好的个性。

国外许多专家、教师对学生差异给予了关注和研究。美国在反思个别化教学的基础上，在差异教学理论与实践方面做了许多有益的探索，包括推行小班化制度、"分层课程"教学模式、课外计划等。特别是"分层课程"教学模式，针对班级授课制下不同学生的学习风格和多样性的学习差异，如根据学生在学习对视觉、听觉和动手操作等不同学习类型的偏好和实际能力，将学生的课程由高到低分为 A、B、C 三层，学生可以在教师提供的多种学习任务和课程中自主选择。但是，分层教学与差异教学并不完全相同，在实施过程中容易产生"贴标签"的效应。美国学者卡罗尔·安·汤姆林森（Carol Ann Tomlinson）所著《多元能力课堂中的差异教学》，黛安·荷克丝（Diane Heacox）所著《差异

---

① 华国栋. 卓越与公平：普通班的英才教育 [M]. 北京：教育科学出版社，2014：10-11.
② 联合国教科文组织国际教育发展委员会. 学会生存：教育世界的今天和明天 [M]. 华东师范大学比较教育研究所，译. 北京：教育科学出版社，1996：105.

教学——帮助每个学生获得成功》等书，对差异教学从实践层面进行了研究，有许多值得我们借鉴的实践经验。但是，由于各国的文化和教育背景不一样，学生的学习需要、学习内容、学习方式等也不完全相同，西方的个性化教学从某种意义上看，无论培养目标、教学活动、学习速度及教育资源等方面，都与我国不尽相同，因此我们不能生搬硬套国外的差异教学模式。

差异教学自倡导以来，已经得到了广大教育工作者的普遍关注和理解，北京、天津、山东、辽宁、江苏、广东、浙江、湖北、四川等许多地区及学校都在积极开展差异教学实验。近年来，国内许多学者、教师在学生的自主发展、教学模式、差异教学策略等方面开展了不少研究。但从实践层面来看，较多的研究者往往从某一个学科的角度研究差异教学策略及模式，或是仅从自主发展的角度研究教学模式，而较少从"适合小学生自主发展"的角度研究"差异教学模式"。岳德秀《小学生自主发展教育模式研究报告》（发表在《江苏教育研究》2000 年第 11 期）、杜桂英的《"自主探索，自主发展"教学模式研究实验报告》（发表在《教育探索》2003 年第 10 期）多从课程体系、课堂教学结构、课外活动、评价体系等方面论述自主发展教育的实施途径，甚少涉及差异教学的角度；陈学忍的《小学语文"分层施教，自主发展"教改策略》（发表在《新课程论坛·基础教育》2010 年第 4 期）则从学科角度探讨了促进学生自主发展的方法与途径，但基本未涉及差异教学模式。此外，郭正旭的《教育公平理念下成人教育差异教学模式的实施》（发表在《广东技术师范学院学报》2011 年第 10 期）则主要介绍了成人教育中差异教学模式的探索。

近些年来，关于差异教学，国内论述较为全面的著作是中国教育科学研究院华国栋研究员的《差异教学论》，书中将"差异教学"阐释为"在班集体教学中立足学生差异，满足学生个别需要，以促进学生在原有基础上得到充分发展的教学"。《差异教学策略》一书也对差异教学的理论基础、策略方法进行了整体构建。姜智与华国栋老师合作的《"差异教学"实质刍议》（发表在《中国教育学刊》2004 年第 4 期）、史亚娟与华国栋老师合作的《论差异教学与教育公平》（发表在《教育研究》2007 年第 1 期）等研究成果，对本课题研究具有重要的理论指导价值。

第二节　扬州市小学教育的现状及面临的挑战

一、扬州教育现状及思考

扬州市小学教育系统近年来以素质教育为追求，以"轻负优质"为目标，以"创新教育、精致学校、幸福师生"为理念，以"行政启动、自主行动、骨干带动、项目推动、区域联动"为路径，深入实施素质教育"五大工程"，推动着扬州市小学课程的改革步伐，优化着提升教育教学质量的长效机制。

然而，从体制上看，扬州的教育结构仍然比较单一，学制僵硬，缺少弹性，各类学校之间虽然有一定的开放和交流，但是校际之间、小学与中学之间都衔接得不够好，虽然实行了均衡教育，严格执行就近入学，但是农村和城市之间的教育资源、学习条件以及师资配备并不是完全均等的，电脑派位、就近入学也带来了班级学生差异的增大；从课程的角度看，以往课程及内容对于学生而言没有选择机会，在当今课程改革中情况虽有所好转，但不同的学生该学什么性质的知识、对学生有什么不同的标准、怎样满足后进生对课程的需要等实践中面临的问题仍未得到很好的解决；从评价体系看，对学生的考核与评价仍然沿袭了传统的机制，内容固定，标准单一，一个班级、一个年级，乃至一个学校，用着同样的评价内容和评价标准，怎样体现不同年级学生之间的年龄差异、学习差异、心理差异？怎样体现同一年级内学生的知识、能力、过程、方法、情感、态度与价值观的发展差异？这些问题也都有待进一步解决。

二、教师困境及不足

美国学者黛安·荷克丝认为：差异教学是指教师改变教学的进度、水平或类型，以适应学习者的需要、学习风格或兴趣。汤姆林森也指出，在差异教学课堂中，教师会根据学生的准备水平、学习兴趣和学习需要来主动设计和实施多种形式的教学内容、教学过程与教学成果。这些观点都对教师的专业发展、教科研水平和实施差异教学的能力提出了很高的要求。

随着教育管理部门对小学教育大刀阔斧地改革与推进，扬州市教师的专业发展和教科研能力的培养得到重视与提高。虽然师能建设"百千万工程"、创"优秀教学模式"单位等一系列的活动对教师提出了新的更高的要求，但现状仍然不容乐观。

从教科研方面来看，通过调查发现，扬州市小学教师对自身专业自主发展的认识程度还有待提高，对自身自主发展水平的现状定位不够准确。教师普遍缺乏教科研意识。教科研活动缺乏实效性，教科研知识、能力不足等，都妨碍了教师通过实际的教科研得到发展，在省级、国家级的教学比赛以及论文评比中，扬州教师的获奖情况明显低于苏南地区。此外，城乡之间、各校之间、同一学校内部、不同年龄之间教师水平的差异都很大。因此，如何创建有效的教科研活动模式，如何促进教师教科研素质的发展，强化教师自主发展的管理，缩短教师之间的差距，都需要不断地探索与努力。

从实际的课堂教学方面来看，扬州的学校教育绝大部分还是以知识为中心，以课程标准为要求，教学模式和方法陈旧，学生被动听课。教师实行"一刀切"式的教学，忽视了学生的差异，忽视了学生的不同学习需要，这种课堂只适应了部分学生知识学习的需要，缺少了教学的针对性，教学效率不高。这样的课堂，呼唤着教师实施差异教学；同时，差异教学也对教师提出了挑战。

三、学生差异及挑战

《差异教学论》一书把差异教学界定为在班集体教学中立足学生的个性差异，满足学生个别学习的需要，以促进每个学生在原有基础上得到充分发展的教学。学生个性差异是差异教学的立足点，也是差异教学区别于其他教学的关键之处。

作为扬州市的小学教育工作者，目睹学生之间的差异，我们曾产生了许多的困惑：为什么现在许多孩子学习成绩挺好，但动手能力很差呢？为什么现在许多孩子多才多艺，但心理素质很糟糕呢？为什么现在许多孩子在学校里是个"小乖乖"，在家里却成了"小霸王"？为什么学习同样的课程，学生对课程内容的理解、掌握、应用程度不同呢？为什么学生在课程和教学中获得的实际发展机会和发展程度也有很大差异呢？经过调查，我们发现，扬州小学生的差异性可以从以下三个方面来理解。

一是学生之间生理、心理上具有的不同个体特征，这种差异称为个体间差异。扬州近年来实施均衡教育、就近入学，在一定程度上体现了教育的公平。但班级中学生的差异，特别是学习基础、学习水平、学习能力等方面的差异也随之增大；同时，大量的外来务工人员的子女也就近入学，客观上也加大了学生之间的差异，在许多城乡接合部的学校，外来务工人员子女已经达到60%以上。另外，还有一些学生因为父母在外地工作而成为留守儿童，这样的孩子由于缺少父母的关爱和照顾，而成为班级的弱势群体或后进生，成为不受重视甚至被排斥的群体。

二是学生个人素质结构上的差异，这种差异反映在个体内，因此又称为个体内差异。扬州大部分家长望子成龙心切，比较关注孩子的学业，极少部分会关注孩子的情感、态度、价值观。正是由于每个家庭对孩子的关注点不一样，学生自身所具有的各种兴趣、能力、智力等就会随着关注点而有所侧重，从而导致个体内素质不平衡。即使同一学生的智力发展水平，在智力的不同侧面也具有差异性。研究表明，学生的智力发展也存在着个体内差异，如同年龄、同年级、同班级的两个儿童A和B，A儿童在语言发展方面特别突出，但其他方面的智力表现却一般，B儿童动作协调水平接近成人，但其他方面的智力却比成人低很多。

三是家庭之间的差异。小学时代是一个人从幼儿走向少年的重要阶段，学生良好行为习惯的形成，必须是良好的学校教育与良好的家庭教育密切配合的结果。然而，教师们常常会发出这样的感慨——学校辛辛苦苦地教育了五天，难以抵挡家庭消极教育两天。俗话说得好，"父母是孩子的第一任老师"。家庭教育既是摇篮教育，也是终身教育。扬州作为一个中小型城市，高素质人才相对集中在城市中心，而周边城郊、乡镇以当地农民、外来务工人员居多，家长的品德修养、文化水平、教育方法以及家庭环境条件都存在着不同程度的差异，而这些因素恰恰对学生品德和心理成长有直接而重大的影响。所以，家庭教育的差异，也是孩子出现差异的重要原因之一。

发生在学生身上的种种差异，不能不引起我们教育工作者的深思，这也是对我们学校教育最大的挑战。综上所述，既然短时间内我们无法改变教师状况和学生状况，那么，改革课堂教学、实现高效课堂就成为当务之急①。而真正的高效课堂，就应该使不同的学生在学习和发展上的需要都能得到满足，促进每个学生最大限度地发展，这些恰恰是差异教学所倡导的理念和实施的内容。

第三节　我校教育的现状及实施差异教学的迫切性

扬州育才实验学校是一所股份制民办学校，创办于 2004 年。现有 100 个教学班，近 4000 名学生。建校以来，学校践行"育真人、求真知、成真才"的校训，实施"精致管理、差异教学、活动育人"的治校方略。十余年来，学校先后获得"全国教育科研先进单位"、"江苏省模范家长学校"、"江苏省平安校园"、"江苏省健康促进学校（金奖）"、"江苏省科技特色学校"、"扬州市教科研样本校"、"扬州市小学教育新课程改革先进校"、"扬州市素质教育先进校"、"扬州市数字化校园"、"扬州市收费规范学校"、"扬州市体育卫生工作先进学校"等荣誉称号，赢得了学生、家长及社会各界的广泛赞誉与高度信任。

然而，学生众多、师资年轻且流动性大的现状，也给学校教育与管理带来一定的难度。尤其是生源众多，学生个性迥异、素质参差不齐，这就需要我们在班集体教学中发展学生良好的个性，追求个性与共性的和谐统一。我们要既发展学生的个性，也培养学生集体主义精神；既要针对学生提出不同的学习要求，也要有共同的基本标准；既要追求个性化教学，也要强调教学的社会化；既要强调学生独立自主，也要强调合作分享；既要注重认知过程，也要注重个性的其他方面。

随着素质教育的不断深入，如何使学生的个性和各方面才能都在其天赋允许的范围内得到尽可能充分的发展，已经引起我校教师的高度重视，实施差异教学迫在眉睫。作为教育工作者，我们相信，只要教育得当，每个学生都能够

---

① 高琼. 初中高效课堂的探索 [M]. 上海：上海教育出版社，2013：2-3.

成才，积极开发每一个学生的最大潜能，是教育工作者应尽的责任。尊重科学、实事求是，就要尊重学生之间存在的客观差异，有鉴于此，我校提出：在着力推进素质教育的今天，我们不应选择适合教育的学生，而应创造适合学生的教育，为学生自主发展、彰显个性提供更加广阔的空间。创造适合学生的教育，事实上是要让教育更好地为学生服务，进而使学生适应时代的特点，迎接时代的挑战。这就是说，只有让教育适合学生，才能让学生适合时代的需要，更好地实现教育目的。

当然，必须承认，学生广泛存在的差异会给在集体教学中照顾学生差异带来一定的困难，可以这样说，相比其他理念与模式，差异教学不仅因其科学性与多元化为课程改革增添了一个新亮点，更因其在实施层面的高难度与复杂性，对教师提出了新的考验。它呼唤着专家型、诊断型、管理型、以人为本的教师登台献艺。

由此，结合我校教育发展现状和课题研究基础，自 2007 年始，我校参与了中央教育科学研究所（后更名为"中国教育科学研究院"）华国栋研究员主持的全国教育科学"十一五"规划教育部重点课题"学生的不同学习需要和差异教学策略研究"，并承担了子课题"学科课程中差异教学实施策略的研究"，取得了丰硕的成果，并顺利结题。通过该课题的研究，我校的办学声誉与日俱增，差异教学理念深入人心，从照顾差异的教学目标设定、教学内容选择、教学方式运用、教学评价实施等方面，形成了具有学科特点的差异教学实施策略。然而，在研究过程中，我们也发现了一些新的问题，对我校的教育教学提出了新的要求：针对青年教师较多的实际情况，我们需要建构一种稳定的差异教学模式，为其在常态的教学中提供一种支撑和助力，提升教师专业发展水平，将无形的差异教学理念转化为有形的教师教学行动，让已经形成的差异教学策略在更大程度上发挥其功能，从而促进学生自主地、可持续地发展。

基于上述经验和认识，我们申报了江苏省教育科学"十二五"规划课题"适合小学生自主发展的差异教学模式的研究"，并于 2011 年 12 月顺利获得批准，正式立项。

《多元能力课堂中的差异教学》的中文版译者刘颂将差异教学的核心思想概括为"将学生个别差异视为教学的组成要素，教师从学生不同的准备水平、兴

趣和风格出发来设计差异化的教学内容、过程与结果，最终促进所有学生在原
有水平上得到应有的发展"①。我校围绕差异教学的研究正是朝着这样的方向努
力着，虽然还需要接受实践的进一步检验，但它一定能在实践中进一步走向成
熟和完善。

---

① 汤姆林森. 多元智力课堂中的差异教学 [M]. 刘颂，译. 北京：中国轻工业出版社，
  2003：2-3.

第二章　差异教学模式的形成过程

教学模式是在一定的教学理论指导下，一组相对稳定的教学方法和策略的总称。构建与完善课堂教学模式是一个复杂的过程，管理者和一线教师是其中重要的实施主体。研究表明，对于管理者而言，课堂教学模式的构建往往经历了"启动—规范—总结—推广"四个阶段；对于一线教师而言，课堂教学实践则又常常经历了"理解—实践—验证—升华"四个过程。通过"十一五"差异教学课题的研究，差异教学理念已深入育才实验学校每一个教职员工的心田。此时的我们，在内心深处已开始思考，按照差异教学理念建构的课堂教学，究竟该是什么样儿的？随着实践探索的逐步深入，无论是学校管理者，还是一线教师，都已经相当关注差异教学理念指导下的教学模式。特别是对于学校管理者而言，面对众多缺乏课堂教学经验积淀的青年老师，我们急需构建一种相对稳定的教学模式，帮助他们将科学的理念转化为实践，进而促进学生自主地、可持续地发展。于是，"适合小学生自主发展的差异教学模式的研究"便应运而生了。

第一节　萌发期：聚焦"内需"

"十一五"课题研究使差异教学的理念在扬州育才实验学校深入人心，并初步形成了一些差异教学策略，但在研究过程中，也发现了一些问题，这些新的问题对学校的教育教学提出了新的要求。

一、学生个性发展的需要

学生由于个性特征及智力发展水平的不同，对于同一事物理解的角度和深度必然存在着明显的差异。尽管学校早已提出为学生的健康成长服务的理念，但反观教学现状，教师上课的教学内容、取材、施教、评估等都还在以整班学生的学习需要为出发点，强调"一刀切"、"齐步走"，难以适应学生的个别差异，不能充分照顾学生的兴趣、爱好、特长，也不宜发挥学生的创造性和探索性。与此同时，随着学校体量的增大（截至 2016 年，已拥有 100 个实际教学班），生源构成日益复杂，学生差异不断增大，如何更好地尊重差异、适应差异、利用差异，使得每个学生的个性和各方面才能都在其天赋允许的范围内得到尽可能充分的发展，这是每一位教育者都应该思考的问题，更是我校实现再次腾飞必须面对与解决的首要问题。

二、教师专业发展的需要

育才实验学校是一所拥有 100 个班级的年轻的民办学校，其中 97% 的教师年龄在 40 岁以下，75% 的教师年龄在 30 岁以下，教师平均年龄不足 30 岁。由于学校体制发生变化，原有公办性质的骨干教师分批调离了我校，学校教师队伍开始呈现年轻化，没有足够的成熟型教师帮扶刚踏上工作岗位的新教师成长，教育行政部门组织的培训则又杯水车薪，校内的培训影响也有限，部分年轻教师的课堂教学呈现出低效、随意的状态。如何让年轻教师尽快地熟悉并胜任自己的岗位，提高教学技艺，需要学校管理者提供一种常态的支撑和触动力，进而提升教师专业发展的水平，让年轻教师走上科学的专业发展道路。

三、学校内涵发展的需要

学校特色是学校文化的主要表现，学校文化是学校内涵的重要组成部分。我校的办学理念是"为师生的可持续发展服务"。在课题研究中彰显我校的文化，是我们不懈的追求。差异教学理念如一缕清风迎面而来，但若要让这无形的理念落实到所有教师的教学行动中去，让差异教学理念成为我校课堂中重要而鲜明的元素，则需要寻找一条切实可行的途径，践行我们的办学思想，创建具有独特品质和魅力的学校文化。

基于以上三个方面的需要，我们以初步的研究成果《在学科课程中照顾差异的教学策略》为基础，开始走上了以差异教学为核心理念，以课堂教学模式研究为主要方向的新的探索征程。

第二节　尝试期：聚焦"差异"

2010年9月，扬州市教育局颁布了一份文件：《关于组织申报优秀课堂教学模式的通知》。该通知指出，"为了进一步落实《扬州市中小学课堂有效教学基本要求》和《扬州市中小学课堂有效教学评价建议》的精神，进一步总结全市各级各类学校在建构课堂教学模式中的经验，优化课堂教学模式，发掘具有代表性的教学特色，打造具有代表性的课堂教学模式，经研究决定，举办全市'优秀课堂教学模式'评选活动"。任务使然，激发我们尝试走进"差异教学模式"这一研究领域。在前期研究与思考的基础上，我们聚集"差异"，初步概括出"尊重差异　发展个性"教学模式。

一、"尊重差异　发展个性"教学模式框架结构

经过"十一五"立项课题"学科课程中的差异教学实施策略研究"，差异教

学理念已根植于每个育才实验人的心田，特别在课题研究中心组成员的头脑中，这一理念更为清晰。在讨论适合学校发展的课堂教学模式时，我们认为，该教学模式必须达到如下两个目标：①在班集体教学中，实施差异教学策略，将集体教学、小组合作和个别辅导有机结合，提高学科整体教学质量；②实施学科差异教学策略，最大限度地满足学生个体的学习需要，促进学生个体有差异地发展。为此，我们聚集"差异"，初步形成基于差异教学理念下的"尊重差异 发展个性"教学模式（如图 2-1），该模式框架结构如下。

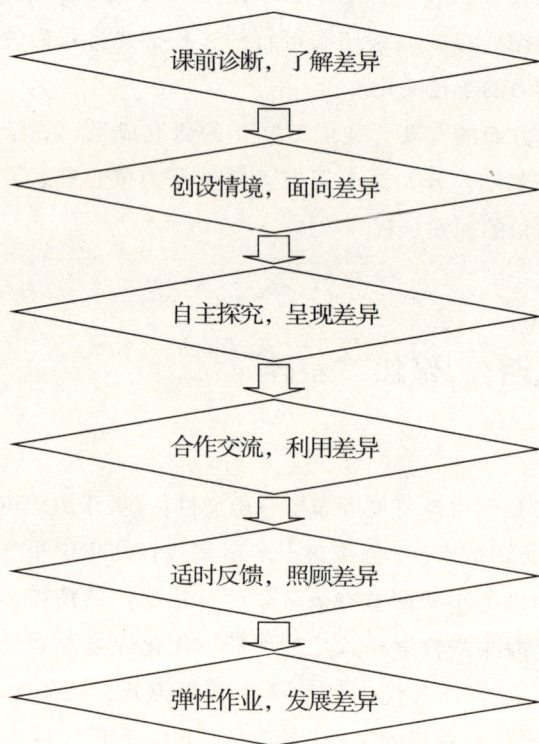

图 2-1 "尊重差异 发展个性"教学模式框架结构

（一）课前诊断，了解差异

课前及课堂初始阶段，教师通过观察、测验、调查问卷、小练习等方式，了解学生在学习目的、动机、能力、兴趣、学习方式、态度等方面的差异。根据诊断结果，设定照顾学生差异的教学目标。

（二）创设情境，面向差异

教师围绕教学目标，立足学生差异，依据教学内容，创设情境，让不同学生能够入情入境，激起学生的好奇心和求知欲望。

（三）自主探究，呈现差异

教师引导学生自主提出问题，共同筛选最有价值的问题，再选择自己喜欢的方式，自主探究问题，完成对知识主动的、初步的建构，并做好交流的准备。

（四）合作交流，利用差异

教师先组织学生运用自己喜欢和合理的方式交流、展示初步探究的结果，再把握预设与生成，根据不同学生的需要，提出有坡度、有层次、有启发性的符合认知规律的具体引导，如采用设计对话、反思、游戏、体验等活动，让不同学生在教师的点拨和同伴的启发中，修正探究结果。

（五）适时反馈，照顾差异

教师围绕教学目标，照顾学生差异，灵活运用练习、提问等方式，反馈教学效果，并依据反馈情况，兼顾教学重点、难点和不同学生的需要，进一步引导和点拨。反馈的方式要体现多样性、选择性，对后进生的辅导要到位，对优等生的提高要凸显。

（六）弹性作业，发展差异

教师依据学生差异，通过可选择的弹性作业，促进学生深化基础知识的理解，强化基本技能的掌握，保持不同学生课后继续探究的热情。学生完成课堂作业时，教师要巡视，以便及时发现问题并予以指导。学生完成课后作业时，教师要及时跟踪、了解，为不同学生提供后续学习的指导。

二、"尊重差异　发展个性"教学模式实施过程及分析

为了做好"十二五"课题申报前期准备与实践工作，我们并没有把"尊重差异　发展个性"教学模式停留在完成市级任务的层面上，而是将该模式推进到了实践研究尝试期。

（一）实施保障

为了确保研究的高质量，得到较为科学的实践经验，在模式研究过程中，

我们做了以下保障措施。

1. 理论引领

学校长期聘请了校外专家，深入课堂听课，开展专题讲座，引领学科课程中差异教学模式的实践与研究。差异教学在我校已有深厚的研究基础，从 2007 年差异教学课题研究立项至今，华国栋研究员也多次亲临指导。

2. 教师队伍

学校有一批肯钻研、高素质的骨干教师队伍，在走出去、请进来等一系列师资培训的活动中，年轻教师也得以迅速成长。强有力的师资，使模式的探索得以走向深入。

3. 特色活动

学校颇有特色的主题教学研讨活动是保障，"同课异构"、"携进式"教学竞赛等活动的开展，营造了浓郁的研究氛围，对模式研究的顺利开展发挥着重要的作用。

（二）现状分析

在大量研究课与专题研讨的基础上，我们对"尊重差异　发展个性"教学模式进行了反思，发现该模式能够立足学生差异，满足学生个别的需要，促进学生在原有基础上得到充分发展；有利于教师因材施教；能发挥学生的自主性和创造性；有利于培养学生相互合作的精神。但它对教师要求较高。学生如果对教学内容不感兴趣，课堂上就不会专注听讲，也不会主动参与到学习中去，那在课堂上就有可能一无所获；这一模式要求教师非常敏锐地观察学生的学习情况，根据差异状况，针对不同学生进行讲解和教学，在大班教学时这种难度还会增加；最为基本的是，该模式环节过多，导致教学重点不突出，实效性不足，致使课堂教学过程中存在教学目标意识不清、教学目标设定不准、教学目标达成度不高的现状。

聚焦"目标"，精减模式流程，已成为我校深入研究差异教学模式迫切需要解决的问题。

第三节　反思期：聚焦"目标"

"烟花三月下扬州"，春天到了，三月的扬城更是美艳动人，百花争艳，桃红柳白，柳絮如烟，烟雾迷蒙，而 2011 年的 3 月，育才实验人更觉如此。因为学校申报的全国教育科学规划"十一五"教育部重点课题"学生的不同学习需要和差异教学策略研究"子课题——中央教育科学研究所（后更名为"中国教育科学研究院"）"十一五"立项课题"学科课程中的差异教学实施策略研究"结题活动于 3 月 25 日、26 日顺利举行。结题活动中的主题观摩课立足于不同能力学生需要，关注了全体学生，尊重学生差异，比较全面地实现了教学目标；每个学生都能最大限度地提升；结题活动回顾了学校实施差异教学课题研究的过程，回放了研究进程中一些难忘的瞬间。真情实感、精彩纷呈的讲述，受到了来自全国各地近 80 名与会代表的一致好评。活动中，由我校发起成立"全国差异教学实验学校联盟"，并举办了"全国差异教学实验学校联盟首届论坛"。该联盟的成立增加了校际交流，深化了差异教学研究。在本次论坛活动中，我校提出了差异教学模式前期探索过程中所遭遇的困境，得到了与会专家、同仁的悉心指导。我们在此基础上对差异教学模式的定位与框架结构进行了修改，确定了"差异发展　目标导学"的差异教学模式。

一、"差异发展　目标导学"教学模式框架结构（如图 2-2）

"差异发展　目标导学"教学模式基于差异教学理念，聚焦"目标"。该模式框架结构如下。

（一）预学查异，确定目标

课前及课堂初始阶段，不同能力的学生通过预习、复习、自由回忆、小组讨论、游戏等方式，唤起不同量的相关准备知识。教师通过观察、测验、调查问卷、小练习等方式，了解学生在学习目的、动机、能力、兴趣、学习方式、态度等方面的差异。同时，特别注意帮助学习困难的学生沟通知识的内在联系。

（二）初学适异，感知目标

在预学的基础上，学生开展初步尝试性自主学习，感知学习目标。教师根

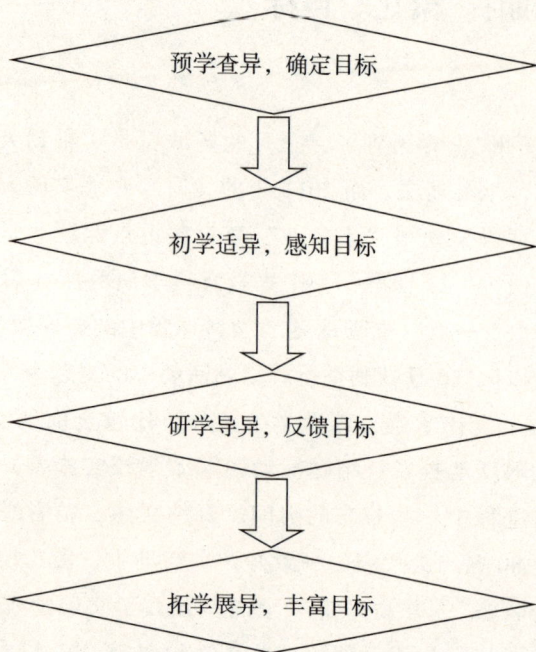

图 2-2 "差异发展 目标导学"教学模式框架结构

据课前诊断结果,设定适合学生差异的教学目标。围绕教学目标,立足学生差异,依据教学内容,创设情境,让不同学生能够入情入境,激起学生的好奇心和求知欲望。

(三)研学导异,反馈目标

不同能力学生选择自己喜欢的方式,自主探究问题,并做好交流的准备。教师引导学生自主提出问题,共同筛选最有价值的问题,教师可先组织学生运用自己喜欢和合理的方式交流、展示初步探究的结果,再把握预设与生成,根据不同学生的需要,提出有坡度、有层次、有启发性的符合认知规律的具体引导,如采用设计对话、反思、游戏、体验等活动,让不同学生在教师的点拨和同伴的启发中,修正探究结果,反馈教学目标。

(四)拓学展异,丰富目标

教师围绕教学目标,照顾学生差异,灵活运用练习、提问等方式,反馈教学效果,并依据反馈情况,兼顾教学重点难点和不同学生的需要,进一步引导和点拨。反馈的方式要体现多样性、选择性，对后进生的当堂辅导要到位，对优等生的提高要凸显。

课后，教师依据学生差异，通过可选择的弹性作业，促进学生深化基础知识的理解，强化基本技能的掌握，保持不同学生课后继续探究的热情。学生完成课堂作业时，教师要巡视，以便及时发现问题并予以指导。学生完成课后作业时，教师要及时跟踪、了解，为不同学生提供后续学习的指导，从而丰富教学目标。

二、"差异发展　目标导学"教学模式实施过程

教学目标是指教学活动实施的方向和预期达成的结果，是一切教学活动的出发点和最终归宿，同时它也是我们顺利实施差异教学的根本条件。"差异发展　目标导学"教学模式基于差异教学理念，聚焦"目标"，这样的定位基于前面的研究困境，更是基于我校教师队伍的整体现状（相对年轻、经验不足）。为了更好地实践差异教学的理念，我们倡导老师们通过深入、细致地钻研教材，将课程目标具体化，为课程的有效实施和科学评价提供依据。同时，为了更好地实施差异教学，在教学目标研制与落实方面，我们做了以下工作。

（一）研制教学目标与双向细目表

大部分教师对教学目标并不陌生，但对双向细目表则多少会感到有些新鲜。双向细目表是一种体现考查目标和考查内容以及它们之间比例的列联表。它不但是科学命题的依据，而且是教学评价的有效工具。① 为了能让年轻老师们迅速认识、并能自己动手开始研制本年级、本学科的双向细目表，课题组首先进行了多次的分层培训（如图2-3）。

通过这些层层深入的培训活动，全校所有语、数、英教师基本上都能开始研制双向细目表。当然，由于经验、能力等因素，个人研制的双向细目表还存在着很多问题。为了形成一套高质量的双向细目表，造福于更多教师。课题组通过几番研制与修订，一至六年级语、数、英三个学科全套的"小学教学目标

---

① 曾桂兴．命题双向细目表的教学评价功能［J］.上海教育科研，1991（1）：60.

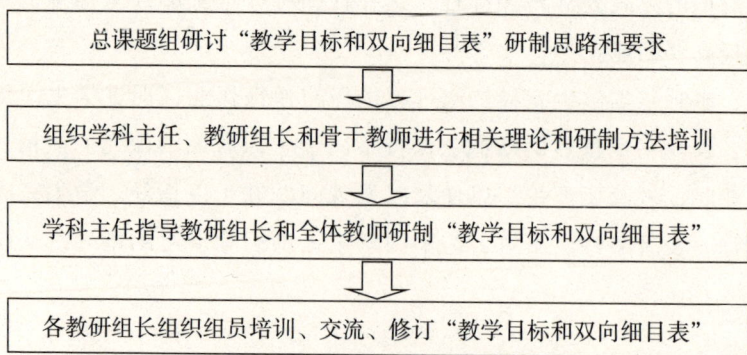

図2-3 课题组分层培训次序

与双向细目表"终于研制成功。

[附]

六年级数学第五单元《分数四则混合运算》单元教学目标

编制人：   时间：

6.1 分数四则运算的运算顺序

理解 （1）理解并掌握分数四则混合运算的运算顺序，并能按运算顺序正确
计算。

（2）使学生增加相关运算律的理解。

简单运用 能运用运算律进行有关分数的简便计算。

复杂运用 运用运算律进行有关分数的简便计算，体验简便计算的优越性。

6.2 较复杂的分数乘法实际问题

理解 （1）帮助学生正确理解分数实际问题的意义。

（2）启发学生利用解答整数和小数实际问题的经验确定解决实际问题的

基本思路。

简单运用 能运用所学的分数运算解决一些稍复杂的实际问题。

复杂运用 能借助线段图正确分析和理解数量关系，能选择适当的策略解决实际问题。

6.3 较复杂的分数乘法实际问题

理解 （1）理解并掌握用分数乘法和加、减法解决一些较复杂的实际问题的思考方法。

（2）启发学生利用解答整数和小数实际问题的经验确定解决实际问题的基本思路。

简单运用 能运用所学的分数运算解决一些稍复杂的实际问题。

复杂运用 能否借助线段图正确分析和理解数量关系，能否选择适当的策略解决实际问题。

为了让这些研究成果效益得以最大化的发挥，我们将这些成果装订成册，学校每个学科的教研组在进行集体备课时，基本上是每组一册在手，备课时人人都以双向细目表（如表 2-1）中研制的教学目标为准，不降低、不增大教学难度。这就有效地控制了因教学目标设置不当而影响学生不均衡发展的可能性。

表 2-1　双向细目表

坐标 目标层次 水平 知识点		识记	理解	简单应用	复杂应用	创见
6. 分数四则混合运算	6.1	√	√		√	
	6.2		√		√	
	6.3	√	√		√	√

（二）深化备课改革，形成校本特色

为了将差异理念落实在每一节课中，让所有孩子都能承认彼此的差异，并能享受这些差异带来的不同学习机会。我校将上述"教学目标与双向细目表"研究成果与差异教学理论相结合，形成新的备课格式，深化备课改革，逐步形成校本特色。

1. 模板培训

分学科组织开展备课模板（如图2-4）培训。培训旨在引导教师在备课过程中，从知识与技能，过程与方法，情感、态度与价值观三个维度关注课时教学目标的有效达成；特别是在"知识与技能"目标层面，推广学校差异教学的研究成果，明确了每课时具体教学内容的"识记、理解、简单运用、复杂运用、创见"目标；突出了关注教学过程中对学生差异的照顾；精心设计板书，鼓励教师及时记录课后反思，提高反思质量。

课　　题		第　课时	月　　日
	知识与技能	过程与方法	情感、态度与价值观
教学目标	识记：		
	理解：		
	简单运用：		
	复杂运用：		
	创见：		
教学重点			
教学难点			
教学过程			关注差异

图2-4　备课模板

2. 反复调研

在学习新模板备课要求的基础上，老师们开始使用新模板备课，教研组长及时了解并组织交流备课过程中的得失经验。为了解一线教师使用新模板备课的真实想法和使用情况，学校教科室组织了备课新模板使用情况的中期调研和期末调研，并撰写了翔实的调研报告。

[期中调研的部分结果]

备课改革带来的好处：

①老师们普遍认为新模板的使用能提高课堂教学的目标意识，并且使目标逐步清晰、细化，对教学行为有指导作用；

②新模板中关注差异的部分能提醒自己兼顾不同层次的学生，使差异教学理念的实践运用落到了实处；

③新增加的"板书设计"一栏，对规范教学行为有积极作用，对提高教学效果有推动作用。

备课改革带来不便的地方：

①使用新模板备课后，每次书写的时间占用偏长，对教学过程的思考时间少了；

②新模板中教学目标知识与技能栏目的书写空间小了。

对备课改革的建议：

①对新模板的使用可以把重心先放置到抓主备（即主要备课教师）的备课质量上，主备者可以在集体备课的基础上再次修改、上传，供其他老师共享。

②对有经验的老师来说，书写的过程可省略，直接将主备教案打印下来，二次备课，修改、完善。

[期末调研的部分结果]

全体教师参与了期末调研，共发放 232 张调查表。其中，语文 93 张，数学 49 张，英语 36 张，音乐 11 张，美术 10 张，科学、信息技术、综合实践活动共 11 张，体育 22 张。回收有效调查表 228 张。68% 的教师认为备课模板改革对于提高课堂教学质量有一定推进作用；67% 的教师认为模板结构和内容设计合理；57% 的教师认为新模板备课比较方便；80% 的老师要花费 1 小时或 1 小时以上备课；76% 的教师感觉"关注差异"栏目需要指导；75% 教师感觉"教学过程"栏目完成质量较高。老师们还提出许多建设性的意见和建议……

3. 跟进指导

在调研的基础上，我们采取跟进措施，聚焦问题，将重点放在老师们关注的热点问题上。要求各教研组在日常教研活动时，分析每一节课的教学目标，商讨关注差异的具体做法。教科室按比例抽阅各教研组部分老师的备课笔记，其中，重点突出调研"教学目标"和"关注差异"两部分的情况。同时，利用大组教研的时间，交流备课情况。一方面，请备课质量较高的老师介绍经验，放大优点；另一方面，指出调研中发现的问题，改正不足。

三、"差异发展　目标导学"教学模式困境分析

"尊重差异　发展个性"教学模式中暴露出来的目标问题与流程问题，在"差异发展　目标导学"教学模式的实践调整中得到了有效的改进。在"差异发展　目标导学"教学模式中，目标意识得到了应有的凸显。但在研究与实践过程中，我们发现，我们引以为傲的"目标"却成了有效教学的"绊脚石"。因为"目标导学"往往过分拘泥于预设的、统一的知识目标，忽视学生差异及目标的动态生成。对于培养学生的创造性和创新能力又有其自身的不足。

此外，长期指导我校研究与实践工作的华国栋老师对于"差异发展　目标导学"教学模式中"差异发展"的提法也提出异议，在他看来，差异教学的概念本身就内含发展的寓意，他同时建议我们就差异教学模式的名称与定位再进行商讨与确立。

差异教学模式的重新定位已迫在眉睫！

第四节　确立期：聚焦"儿童"

为了体现课题研究的延续性，彰显学校差异教学的研究特色，面对前面差异教学模式研究所遇到的困境，我们反复研究、几易其稿。除原课题组核心成员共同参与外，7月初，还邀请了扬州市教育科学研究院辜伟节院长和夏心军老

师两位专家对我们的教学模式逐项进行悉心指导。他们提出：差异教学关注的是每个儿童的发展，而且是儿童自主的发展，模式的定位应聚集儿童本身。在多方指导与我们自身思考的基础上，我们对差异教学模式重新定位，确立了"十二五"课题申报的名称为"适合小学生自主发展的差异教学模式的研究"。

通过理论研讨与课堂观察，我们逐步形成了"适合小学生自主发展的差异教学模式"，形成了"预学查异—初学适异—研学导异—拓学展异"的环节流程，并形成了每个环节的基本要求。但一线教师仍然感觉缺乏具体实施的指导性，每个环节的要素是什么、步骤如何、要达到怎样的效果、大约占时多少等都难以把握。在此基础上，教科室组织骨干教师，充分了解和听取一线教师的困惑与建议，结合研究课，反复推敲，最终形成以下环节流程和操作要点：预学查异（诊断）—初学适异（尝试）—研学导异（研讨）—拓学展异（提升）。

通过我们实践研究与理论分析，课题"适合小学生自主发展的差异教学模式的研究"的教育价值主要体现在以下六个方面：

①本课题研究着眼于建构适合小学生自主发展的差异教学模式，牢固确立以学生发展为本的教育理念，体现了对教学本质的回归。

②我们力求能够打通实施差异教学模式和适合小学生自主发展的联系，能够进一步丰富差异教学理论的内涵，拓展差异教学的实施空间，提升差异教学的实施质量。

③我们努力追求系统地建立适合小学生自主发展的教学策略，提高教师实施差异教学、促进学生自主发展的实际操作能力。

④我们研究"适合小学生自主发展的差异教学模式"，尝试探索小学生学习方式变革的操作平台和样板，从而促进教学方式的变革，实现学生生动、活泼、主动地发展。

⑤我们努力形成与课题相关的系列校本实践经验、案例，从而能够在更大范围内起到示范、辐射、推广的作用。

⑥学生的自主发展离不开教师的指导，我们探寻如何在教师有效指导下，通过实施差异教学模式，促进小学生自主发展，创造性地达到促进学生自主发展的高境界。

第三章 差异教学模式的理论阐释

　　适合小学生自主发展的差异教学模式，是基于差异教学理念，以儿童自主发展为核心建立起来的较为稳定的教学活动结构框架和活动程序。该教学模式始于最初的差异教学策略研究，我们在研究与实践过程中，逐渐形成关注差异、为每个学生最大限度发展而育人的教育价值认同。到后来，学校与学生发展的内需又进一步推进了我们对差异教学模式思想的研究，进入差异教学模式的探索阶段。这期间，差异教学模式的名称、定位、框架在实践研究以及专家指导的基础上得以不断完善、清晰。

第一节　差异教学模式的核心概念

适合小学生自主发展的差异教学模式，是基于差异教学理念，以儿童自主发展为核心，建立起来的较为稳定的教学活动结构框架和活动程序。

自主发展：指学生在教师的指导下，通过自主探索、自主发现、自主质疑、自主应用等自主学习活动，使自身的情感、智力、个性诸方面得到有效的发展。

差异教学：指在班集体教学中立足学生个性的差异，满足不同学生的学习需要，以促进每个学生在原有基础上得到最大限度发展的教学。

差异教学模式：指在差异教学理论指导下，基于尊重个体之间和个体内部差异的原则建立起来的较为稳定的教学活动结构框架和活动程序。

适合小学生自主发展的差异教学模式：在教学活动中，依据小学生的年龄特点和学习需求，尊重小学生个体之间、个体内部的差异，最大限度地满足不同学生的学习需要，指导有效学习，促进小学生自主发展的教学模式。

第二节　差异教学模式的基本原则

为充分尊重儿童差异，促进每个孩子自主发展，适合小学生自主发展的差异教学模式在实施过程中应努力遵守如下基本原则。

差异性原则：在承认学生个性差异的基础上，将学生的个性差异作为教学资源加以利用，开展有差异的教学活动，以适应学生的不同需求，促进每个学生的优化发展。

主体性原则：所有学生都是学习的主体，教学活动要围绕促进学生在原有基础上最大化发展来进行，加强师生的多项互动，鼓励学生的积极参与，发挥学生的主动性和主体作用。

公平性原则：教师要平等对待每一个学生，满足他们的不同学习和发展需要，为他们提供平等学习和发展的机会，并根据学生自身的特点，进行相应的教学，使每一个学生在其原有基础上都能获得和谐发展。

合作性原则：要加强师师、师生、生生之间，甚至学校与社会、学校与社区、学校与家庭之间的相互合作，照顾学生之间的差异，为满足每个学生的特殊需求提供丰富的资源，构成促进学生发展的合力。

民主性原则：教师必须充分尊重学生的差异，平等地与学生交流、对话，宽容对待学生学习中的幼稚与错误。只有当学生真正感受到教师将自己当作人格上与之完全平等的人，他们的学习自觉性才可能真正地调动起来。

成功性原则：教师要创设各种条件，帮助学生体验成功，促进学生主动、积极地争取成功。教师要树立"人人都能获得成功"的人才观，不断帮助学生获得成功，增强学习的自信心。

第三节　差异教学模式的环节要素

结合前期研究以及后期反复实践与改进，"适合小学生自主发展的差异教学模式"最终形成了以下结构流程和环节要素（如图 3-1）。

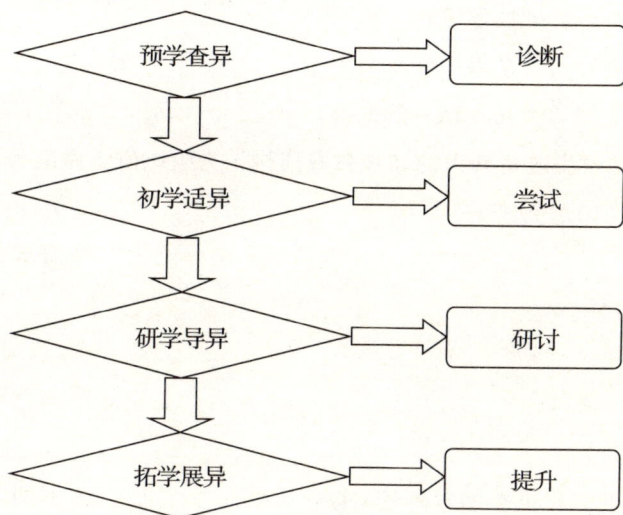

图 3-1　"适合小学生自主发展的差异教学模式"结构流程和环节要素

一、预学查异

环节要素：诊断

教学步骤：

（1）课前教师采用不同的方式测查学生差异；

（2）教师调整教学目标；

（3）学生开展预学活动。

教学效果：全体学生自主感知学习内容，弥补学习困难的学生的认知基础，减少初学障碍。

教学时间：课堂预学一般不超过 5 分钟，课前预学根据要求确定。

二、初学适异

环节要素：尝试

教学步骤：

（1）教师出示初学要求，适当引导初学方法；

（2）学生开展尝试性学习；

（3）学生进行初学结果的展示与汇报；

（4）教师了解学生初学结果的差异。

教学效果：学生进行知识的初步自我建构，为组织研学做准备。

教学时间：10 分钟左右。

三、研学导异

环节要素：研讨

教学步骤：

（1）师生共同讨论、确定研学问题；

（2）教师重点指导研学方法；

（3）学生开展研学活动；

（4）师生互动，教师做出针对性指导；

（5）学生独立练习。

教学效果：不同层次的学生在教师的点拨和同伴的启发中，反馈、修正探究结果，达成课前预设的基本教学目标。

教学时间：15 分钟左右。

四、拓学展异

环节要素：提升

教学步骤：

（1）师生确定拓学内容；

（2）学生开展拓学活动；

（3）学生进行拓学结果的展示与汇报。

教学效果：满足学生的差异需求，达成挑战性教学目标。

教学时间：课堂拓学 5 分钟左右，课后拓学根据需要酌情确定。

第四节　差异教学模式的理论基础

学校教学力求博采各教学理论之长，为我所用。适合小学生自主发展的差异教学模式的研究更离不开先进的教育理论作为研究基石。

一、建构主义理论

建构主义教学理论认为，学习者对知识的学习不是被动接受式的，而是通过自己的经验主动地建构的，同时，这一理论强调，教学应当力求使学生自己进行知识的建构，而不是要求他们复制知识。强调以学生为中心，强调学生是学习活动不可替代的主体，在学习活动中，学生具有主动选择、发现、思考、探究、应答、质疑的需要与可能。

二、人本主义理论

从某种程度上讲，人本主义是与科学主义相对立的现代哲学思潮。到 19 世纪，实证主义诞生，科学主义取得了理论形态。几乎与之同时，费尔巴哈的人本主义也诞生了。人本主义讲人，讲的是个体的人、理性和感性相统一的人。人本主义理论十分注意人的个性、重视理性和感性的统一，注重人的个性发展。新课改"以人为本，以学生的发展为本"的思想与其是一脉相承的。

三、差异教学理论

差异教学的立足点是学生存在个性差异。这个差异包括个体间的差异和个体内的差异，反映在学生的性格、兴趣、能力和认知风格、认知速度等方面[①]。差异教学认为：在班集体教学中，不仅要关注学生的共性而且要关注学生的个性差异，并且在教学中要将共性与个性辩证地统一起来；我们不仅要关注个体间的差异，还要关注个体内的差异，从而促进学生优势潜能的开发；差异教学强调满足不同学生的学习需要，但不是消极地适应，而是从个体的情况出发，引导学生学会学习，从而促进他们主动发展。

四、教学模式理论

"教学模式"一词最早出现在 20 世纪 70 年代美国布鲁斯·乔伊斯（Bruce Joyce）和玛莎·韦尔（Marsha Weil）关于教学理论的论述中，乔伊斯和韦尔在《教学模式》一书中认为："教学模式是构成课程和作业、选择教材、提示教师活动的一种范式或计划。"[②] 虽然系统完整的教学模式是从近代教育学形成独立

---

① 华国栋. 差异教学论［M］. 修订版. 北京：教育科学出版社，2012：16.
② 夏维功. 新课程下的信息技术教学模式探究［J］. 课程教育研究，2013（12）：146.

体系开始的，但作为教学活动的基本结构，在中外教学实践和教学思想中，很早就有了教学模式的雏形。在国内，近些年来，伴随着新课改的实施，各种教学模式百花齐放，比较知名的有"成功教育"教学模式、主体教学模式、创新教学模式、合作学习模式、"双主"教学模式、尝试教学模式和自学辅导教学模式等。这些模式最大的共同点是以学生的自学为主，最大限度地体现学生学习的主体性。当代的教学模式发展趋势主要为：从单一教学模式向多样化教学模式发展，由归纳型向演绎型教学模式发展，由以"教"为主向以"学"为主的教学模式发展，教学模式日益现代化。

五、布鲁姆的教育目标分类

布鲁姆的教育目标分类理论具有两大特征。一是具有可测量性。他认为，制定教育目标不是为了表述理想的愿望，而是为了便于客观地评价。二是目标有层次结构。布鲁姆把认知领域的目标分为六个主要类别，依次是知识（指对先前学习材料的记忆，包括对具体事实、方法、过程、理论等的回忆）、领会（指能把握材料的意义，可以借助转换、解释和推断三种形式来表明对材料的领会）、运用（指能将习得的材料应用于新的具体情境，包括对概念、规则、方法、规律和理论的应用）、分析（指能将整体材料分解成它的构成成分并理解组织结构）、综合（指能将部分组成新的整体，它强调的是创造能力，需要产生新的模式或结构）、评价（指对材料如论点、小说、诗歌、研究报告等进行价值判断的能力）。情感领域的目标分为五个主要类别，它们是接受或注意、反应、价值评估、组织、性格化或价值的复合。每个主要类别又都包括若干子类别，这些子类别也是依次排列的。这样，目标就由简单到复杂递增，后一类目标只能建立在已经达成的前一类目标的基础上，从而形成了目标的层次结构。

目标的层次性为我们照顾学生差异提供了充分的理论基础。差异教学对教学目标的制定提出"保底而不封顶"的要求。"保底"即坚守教材所拟定的基本目标要求，绝不因为学生的差异而人为降低教材学习目标，我们将这部分目标称为"基础性目标"。"不封顶"即根据学生的差异，本着让每个学生得到最大限度发展的目的，我们还为不同层次的学生设计了需要"跳一跳"才能摸得着的目标，我们将这部分目标称为"挑战性目标"。

六、加涅的学习结果分类系统

美国著名教育心理学家加涅（Robert Gagné）在《学习的条件》一书中，对学习结果进行了分类，提出了五种学习结果：言语信息、智力技能、认知策略、动作技能和态度。言语信息是指能用言语（或语言）表达的知识。其中又分为三小类：符号记忆、事实的知识、有组织的整体知识。智慧技能主要指运用概念和规则办事的能力。其中又分为五个小类：辨别（区分事物的差异的能力）、具体概念（识别同类事物的能力）、定义性概念（运用概念定义对事物分类的能力）、原理与规则（应用原理或规则办事的能力）、高级规则（将若干简单规则组合而成新规则的能力）。认知策略是指运用有关人们如何学习、记忆、思维的规则支配人的学习、记忆或认知行为，并提高其学习、记忆或认知效率的能力。动作技能是指通过练习获得的、按一定规则协调自身运动的能力。态度是指习得的对人、对事、对物、对己的反应倾向。加涅的学习结果分类系统，可有效指导学校教师形成科学、全面和可测量的差异教学目标，保证差异教学效果与教学目标的一致性。

七、多元智能理论

加德纳认为，人的智能是多元的，每个人都具有言语-语言智能、逻辑-数理智能、音乐-节奏智能、视觉-空间智能、身体-运动智能、自然观察智能、交往-交流智能和自知-自省智能等多种智能。而每个人的智能结构又是不一样的，每个人的优势智能和弱势智能也是各不相同的。多元智能重在个人内在差异的分析，强调扬优补缺，各展其能。我们不应把人的智能差异性发展变成教育的负担，而人的智能都是可培养的，应把差异性发展作为一种资源，因材施教。

第五节　差异教学与自主发展的关联性分析

一、学生差异——自主发展的基本特征

大自然之所以绚丽多彩、生机盎然，就在于它是由千姿百态、千差万别的不同物质所构成。就学生而言，每一个学生都是独立的个体，他们有着先天素质差异，同时，由于每个人成长的环境不尽相同，其在社会化过程中的个人选择也不同，因此，逐渐形成了各自鲜明的个性特点。

"自主"（Autonomy）一词源自希腊文"autonomia"，意为"自治、自制权、自由"。"自主学习"（Autonomous Learning）这一概念是教育学领域对教与学的新认识，属于教育哲学的范畴[①]。自主学习就是要尊重学生学习上的差异，给予学生选择学习内容与寻求学习资源的自主权，允许学生按自己的学习方式、方法学习。当然，在自主学习的过程中教师及时给予学生指导与帮助是不可缺少的。自主发展则是指个体在充分发挥主体地位和主体作用的前提下，促使自己实现积极向上的变化。即依靠自身的动力，按着既定的目标，有计划地发展自己。因此，学生在学习过程中，即使面对同一学习内容，因其学习起点不同，知识基础情感准备不同，学习能力倾向不同，对学习内容的选择、学习速度及所需要的时间也会不同。所以，学生差异是小学生自主发展的基本特征之一。

当然，如果学生不愿去学习，或者说完全是在被动地学习，那何谈照顾学生个性的差异，何谈自主发展呢？为了照顾学生差异，一段时期内，一些学校开展过分层教学的实验，即在教学的过程中，为了照顾差异，人为将学生分成若干层次，而这样的分层是被动的，它是以教为中心的。相比较而言，差异教学强调的是创造条件、时机，然后给学生提供选择的机会，让每个学生自主选择地学习。较之分层教学，优势显而易见：一个是以教为中心，被动分层，被动学习；另一个是以学为中心，主动选择，自主发展。

---

① 汤敬安，吴玲英. 自主学习的定义与理论研究 [J]. 陕西教育，2007（12）：61-62.

二、自主发展——差异教学的人本价值

对于"自主学习"的特点，华国栋研究员是这样理解的：①学习是自身的内在需求，是自主的，不是教育者强加给学生的，更不是家长强迫给学生的，它应该是学生自主、自愿地学。②学生要会有选择地学习，选择适合他（她）的学习内容和学习活动。③学生要善于学习，要会学习。不会学，就不可能实现自主发展。④学生在掌握课本内容和要求的基础上，对学习自我计划、调节、监控，能够超越课本，超越老师，实现创新，这是自主学习的最高境界。

自主学习的目标就是实现学生的自主发展，促进每个学生最大限度的发展，真正的自主学习，必然是异彩纷呈，各不相同的。而这正是差异教学的人本价值追求。由此可以看出，差异教学是建立在自主学习的基础上的，自主学习与发展是差异教学的重要内涵，差异教学就是要从学生差异出发，通过差异教学策略的运用，满足学生在自主学习中的不同需求，促进他们最大限度的发展。差异教学和自主学习都是为了让学生能更好地学习，能够在自己适应、乐意的环境中进行学习，学习得更加轻松和快乐，从而能够提高学习效率，得到更大的自主发展。

第四章　实施差异教学模式的保障系统

　　教学模式的有效实施离不开强有力的保障。我们努力构建全方位的保障体系，努力设计差异教学理念引领下的校本课程，努力实施提升教师能力素养的校本研修，以促进教师进一步理解差异教学的内涵，掌握差异教学的策略，践行差异教学模式，最终实现"让差异教学成为育才实验办学的品牌与特色"这一目标。

第一节　全方位校园保障系统

为了确保差异教学模式的有效实施，我校在研究过程中充分借鉴其他学校的先进经验，并立足学校实际，建立了全方位的保障体系，从人、财、物等方面提供全面的支持。

一、队伍保障

教师队伍的科研能力和创新意识是教学模式实施的关键。我校有一批肯钻研、高素质的骨干教师队伍，在走出去、请进来等一系列师资培训活动中，年轻教师也得以迅速成长。研究队伍的核心成员有江苏省特级教师 1 名，扬州市学科带头人 5 名，其他成员均是区级以上骨干教师。

研究队伍的所有核心成员，都是学校中层领导、学科业务骨干，他们朝气蓬勃、积极进取，具有年龄优势和一定的教学经验，分别参与过省、市级各类"九五"、"十五"、"十一五"课题的研究，积累了较丰富的课题研究经验，形成了较强的研究能力，取得了较好的研究成果。例如，课题主持人林俊，是江苏省特级教师、正高级教师，主持过多项省级以上课题并顺利且高质量地结题。全国教育科学"十一五"规划教育部重点课题的子课题"学科课程中差异教学实施策略的研究"，就是由林老师主持并带领全校教师完成的。杨宏权，扬州市小学数学学科带头人，高级教师，扬州育才实验学校副校长。他参与或主持过多项省级以上课题，是课题"学科课程中差异教学实施策略的研究"的主要负责人，具有较强的课题研究与组织能力。

学校教师是实施差异教学模式的主体，学校特别注意在实施过程中吸引教师积极参与。为落实差异教学模式的实践研究成果，我们按照学科、教研组、教师三级分解任务，落实责任。同时，设立"课题研究共同体"，做到"点面结合、重点突破"。"课题研究共同体"由学科带头人、学科主任和业务骨干组成，严格按照课题的实施方案规范运作，确保研究任务顺利完成。我们成立学校教育科学研究领导小组和课题研究中心组，成立专家组，聘请华国栋研究员，全国著名特级教师、扬州教育学院金成梁副教授，扬州市教育科学研究院辜伟节院长等知名专家学者组成顾问团，对我们的研究与实践进行专业指导。

从校内到校外，从一线教师到专家学者，完整的队伍结构成为"差异教学模式"实施的首要保障。

二、管理保障

有了强而有力的研究队伍，还需要在实施过程中设计行之有效的管理措施。我们修订与完善学校《课题研究管理办法》和《课题研究工作制度》，使课题研究有章可循，保证课题研究正常、有序地开展。我们还建立课题研究的管理网络，形成课题研究目标及研究任务的时间推进表，层层落实。同时，加强过程管理，规范研究过程。根据课题研究方案，有计划、分阶段地展开研究，定期研讨、交流。形成学期课题研究总结制度，进行课题中期成果汇报。评价、调控研究的目标与内容、过程与方法。注意课题研究资料的收集、整理与总结。保留有一定价值的研究过程性资料、原始资料。分析阶段性研究资料，积累典型案例，收集学生个案，提炼研究成果，建立学生差异发展档案。

我们把课题组建在教研组，使课题研究融入日常教育教学，做到"常态工作研究化，研究工作常态化"，提升教师常规工作的质量，实现"教学—教研—科研"一体化、"教学—学习—培训"一体化。另外，通过每学期的优秀教研组评比奖励办法，教研组也在努力推动常规工作的开展。这种环环相扣的管理模式，为差异教学模式的实施提供了重要保障。

在校外，我们还充分发挥全国差异教学实验学校联盟的优势，让差异教学研究跨越校内研究，走进校际研究；利用差异教学课题研究专题网站加强交流；充实学校资料室的图书、报刊资源。

经费投入方面，我们科学预算，足额设立课题研究专项基金，根据实际需要合理分配、节约使用、适度投入研究经费（不低于每学期50000元的标准），保证差异教学模式的深入推进。

第二节　教师能力提升系统

教师是实践、推广差异教学模式的关键角色。教师的教学水平、业务素养以及对差异教学模式的认识，决定了其践行这一模式的能力。提升教师的能力素养，提高教师校本研修的水平，是差异教学模式实施的重要保障。为此，我校建立了差异教学模式教师能力提升系统，确保差异教学模式顺利实施。

一、调查研究明确努力方向

研究初期，针对我校教师队伍比较年轻、理论研究水平比较欠缺的现状，我们首先了解教师对差异教学模式的理解情况、对能力提升的需求是什么，并进行了翔实的调查研究。此次调查，共发放问卷 209 份，回收有效问卷 209 份，有效率为 100%。设置的问题主要集中在两个方面，具体分析如下。

（一）对差异教学的理解

1. 关于教学目标

调查结果显示，15%的教师每节课都向学生出示教学目标。24%的教师多数课时会出示教学目标。32%的教师偶尔出示教学目标。26%的教师则不出示教学目标，认为没有必要。85%的教师每节课上课前对本课的教学目标都很明确、清晰，且教学活动都是围绕教学目标展开的。14%的教师较为明了每节课的教学目标，但更关注上课程序。有 1%的教师不明了每节课的教学目标，只满足于完成教学流程。关于弹性目标的设定对学生学习效果是否有效方面，27%的教师认为效果很好，71%的教师认为有一定效果，只有 1%的教师认为基本无效。关于设置挑战性学习目标方面，18%的教师认为应该面向学优生，5%的教师认为应该面向中等生，7%的教师认为应该面向学困生，70%的教师认为应该面向不同层次的学生。总体而言，随着我校备课制度改革的深入，教师们开始形成较强的目标意识，大多数能在课堂上以目标为导向设计教学内容，多数教师对设置挑战性学习目标的理解比较正确。

2. 关于教学内容

在备课方面，大多数教师能做到心中有学生，其中，20%的教师以备教材内容为主，兼顾学生学习状况的了解。20%的教师以备教学方法和学生状况为主，兼顾教学内容。60%的教师教学内容和学生状况以及教学方法并重。在教学内容的选择方面，绝大多数教师能做到学以致用，其中，70%的教师讲授知识丰富，创设情境，把所教知识与学生实际生活相结合。28%的教师以教材为主，有时会把所教知识与学生实际生活相结合。仅有2%的教师讲授内容和举例陈旧，脱离学生实际生活，枯燥无味。在教学重难点的处理方面，71%的教师能经常将重难点进行板书，并有意识地指导差异群体掌握该重难点。20%的教师能板书，但不能有意识地照顾差异群体。9%的教师不板书，通常用课件代替，但能有意识地照顾差异群体。62%的教师总是会从学生学的角度分析授课内容中的重难点，37%的教师有时会从学生学的角度分析授课内容中的重难点，仅有1%的教师不会从学生学的角度分析授课内容中的重难点。在教学过程中，发现正在教的内容大部分学生已经掌握了时，7%的教师会照顾少数学生，依然执行原来的教学计划。26%的教师会照顾多数学生，提供难度较高的问题，或直接进入下一个内容。67%的教师会兼顾不同学生，采取异步教学，实现优化发展。教学内容对学生有难度时，17%的教师会降低要求，79%的教师会给予讲解和示范，3%的教师会只要求一部分学生掌握，仅有1%的教师会放弃。从以上数据可以看出，我校教师的主要群体基本能够在教学内容的设置方面以生为本，体现差异教学的思想，并努力践行之。

3. 关于教学评价

在对优等生的学习评价方面，15%的教师更关注独立思考，1%的教师更关注作业完成，11%的教师更关注小组中的合作，74%的教师更关注创造性的发现。在对学困生学习的评价方面，34%的教师更关注独立思考，42%的教师更关注作业完成，15%的教师更关注小组中的合作，9%的教师更关注创造性的发现。从对不同层次学生的评价上可以看出，我校教师能够以差异教学为导向，结合学生的具体情况进行评价，这一现状有利于促进学生的自主发展。

（二）对教学模式的理解

1. 教学模式的实施现状

关于课堂教学中是否有固定的教学模式，59%的教师认为有，33%的教师认为没有，8%的教师表示不知道。关于运用的教学模式的产生方式，14%的教师认为是上级统一规定的，58%的教师认为是自己总结的，28%的教师认为是借鉴他人的。自新课程标准全面实施后，44%的教师对原有的传统教学模式做了很大改变，54%的教师对原有的传统教学模式略有改变，仅有2%的教师的教师对原有的传统教学模式没有改变。在运用教学模式方面，28%的教师认为自己在授课过程中体现的教学思想是自主探索，15%的教师认为是合作交流，54%的教师认为是差异教学，3%的教师认为是其他。结果表明，在实际教学中有教学模式的教师，大多是自己总结的，虽然也能体现差异教学的思想，但是仅仅停留在最初阶段。还有部分教师对自身的课堂没有清晰的认识，缺乏固定的教学模式，体现的教学思想也不能聚集差异。

2. 对教学模式的认识程度

总体而言，我校大多数教师对教学模式的作用有比较正确的理解，有研究的意识和愿望。关于教学模式与小学生自主发展的关系，55%的教师认为相互促进，模式促进发展，发展丰富模式。42%的教师认为两者相互促进，有时相互制约，关键在于适合。仅有3%的教师认为相互制约，模式束缚发展，发展突破模式。关于差异教学模式的主要制约因素，14%的教师认为是学校的推进力度，40%的教师认为是教师的认可程度，20%的教师认为是教研氛围，26%的教师认为是其他。在运用引领课堂教学方面时，81%的教师一直在进行尝试、摸索，15%的教师在检查、公开课时有所尝试，仅有4%的教师不太想尝试。在运用教学模式时，70%的教师会针对不同的年级、不同的内容随时调整操作程序，30%的教师会有时调整。

（三）立足调查，明确努力方向

本次调查，我们基本掌握了教师能力水平的现状，针对存在的问题，明确了下一阶段提升教师能力的努力方向。

1. 明确差异教学模式的实施意义和重要价值

我们在课堂观摩、课后研讨等活动中，让每一位教师充分认识到：通过建立差异教学模式，可以引导教师将视线落在每一个孩子的身上，让每一个孩子都得到关注、得到认可，得到成长中的自信，使每个孩子的潜能得到激发；通过建立差异教学模式，可以引导教师提高本学科的专业化水平，规范自己的教学行为，增进教学技艺，使课堂变得高效、有趣，感受到课堂教学的幸福，良性循环中促进为人师者的专业化水平的发展；通过建立差异教学模式，可以引导教师群体形成一个共同的关注点、共同的话题，形成良好的教科研氛围，教师在教中研、研中教，逐步将学校课题思想的核心分化为教师个体的教学主张。有了充满个性的学生和拥有自己教学主张的老师，学校的内涵自然得到发展，也就能推动学校办学特色的形成。

2. 清晰差异教学模式的实施流程和操作方法

为了更好地落实差异教学模式的研究，我们采取了一系列有效的措施，让差异教学模式的实施流程和操作方法入于心、导于行。各学科围绕拟定的研究主题，采用"骨干示范引领—组内同课异构—校级展示交流—围绕主题评课—撰写案例反思—开展主题研讨"的活动流程。无论是示范课，还是校级展示课，我们都随即在课后进行评课活动。评课时，先由执教者阐述设计意图，再由听课教师点评，指出优点，分析不足，在研讨氛围中，老师们对模式就会有更深刻的认识。

3. 建立差异教学模式稳步推进的保障平台

教学模式的形成绝非一日之功，它是一个长期的、系统的工程。首先，要继续深入推进备课制度改革，从源头抓起，让每一位教师在日常备课时就能体现差异教学模式的流程，突出关注教学过程中学生差异的照顾，并倡导教师养成精心设计板书，及时记录有含金量的课后反思的习惯。其次，要继续有效推进校本教研与校本培训，实行"校本研训一体化"的思路，探索促进形成差异教学模式的有效途径，以学生自主发展为中心，以各项制度为保障，营造浓厚的校本研修氛围。

4. 重视教学模式相关理论的系统学习

当前基础教育新课程改革的一项核心任务是推动传统课堂教学的革命，从根本上提高课堂教学的质量和效率。在这一背景下，教学模式以其中介性的独特地位开始引起人们的注意，并逐渐成为当代教学理论和教学实践研究的一个热点问题和重要课题。因此，学校在校长的引领下，从管理层面开始更新理念，组织不同形式的考察、学习、交流活动，全员全面研究，努力使广大教师真正认识到教学改革的迫切与必要，在理念上达成共识，从而形成深入研究的不竭动力。

基于以上认识，我们采取了一系列措施，确保教师践行的能力稳步提升：通过实施系列化的教科研举措推进校本培训；通过制定骨干教师培养办法打造名师队伍；通过针对性的考核评价保障教师能力提升的积极性。

二、教科研举措提升业务水平

我校始终坚持扎实开展教科研工作，高级别课题的选择，指明了科研兴校的方向；差异教学模式的践行，奠定了科研兴校的基础；个性化发展的实现，彰显了科研兴校的成果。在开展教科研工作中，学校采取了多项措施，提升教师业务水平，为顺利践行差异教学模式练好"内功"。

（一）专家指导

在已成立的专家顾问团基础上，我校长期特聘校外知名学者或特级教师，定期到学校听课和举行讲座，传播新课程理念，引领新课程实践。我们多次聘请扬州市教育科学研究院赵华副院长、区教研室朱彤、吴成慧等老师到校指导教学工作。先后聘请作文教育专家曾曦、儿童文学家周锐、《少年文艺》杂志社副主编及诗人徐东达等各界专家，到校与师生进行专题互动与交流。

（二）专题研讨

为更好地服务于师生的发展，学校教科室于2012年秋季学期末至2013年春季学期，先后三次举行"研究务虚会"，组织课题组骨干教师，反复研究、讨论差异教学模式的操作流程及实施要点。分管校长、学科主任以及各学科骨干教师都参与了该活动。大家结合自己的教学经验和对差异教学模式的思考，热烈研讨，解决了我们在实施差异教学模式过程中的一个个难题。

（三）校长引领

2013年4月，贾传泳校长在广陵区教育系统校长课堂教学展示活动中执教了四年级语文课《生命"桥"》。这一课充分体现了差异教学模式，为模式的研究和推广起到了强有力的促进作用。在平时的教学中，贾校长也经常参与到教研活动中，与老师们共同交流，引领广大教师专注于课堂，研究差异教学模式，倾心于专业成长。

（四）主任示范

为促进差异教学模式有序、稳步和深入实施，2013年春季学期伊始，学校组织课题组骨干成员到差异教学模式实施的先进学校——宝应实验小学开展"取经"活动，随后在校内开展"主任示范课"活动，并邀请了课题顾问华国栋研究员全程参与听课、评课。各学科主任在本次活动中突出学生主体地位，以学定教，遵循学生的认知规律，合理运用差异教学策略，体现差异教学模式的结构流程，彰显各自的教学风格。华老师对各位主任的展示课也给予了高度评价，认为学校的研究已走在差异教学联盟学校的前列，并形成了校本特色和学科特色。也正是通过本次活动，"预学查异—初学适异—研学导异—拓学展异"的"差异教学模式"操作流程变得更加清晰，逐渐深入人心。

（五）骨干带头

继"主任示范课"活动之后，2013 年 9 月，学校组织骨干教师到实施教学模式的先进学校——泰兴市洋思中学，开展了"取经"活动。随后，各学科的骨干教师带头实践，如郑金平老师、王平老师、黄俊杰老师……他们的课堂尊重学生个性，运用差异教学策略，板块结构清晰。骨干老师的带头实践，使得研究逐步走向深水区。

（六）群体跟进

校长引领、主任示范、骨干带头为差异教学模式向常态课推广奠定了扎实的基础，也为全体教师的共同实践提供了宝贵的可借鉴经验。各年级各学科教研组都在组内组织了老师运用差异教学策略，开展同课异构活动，再在校级层面进行展示。每学期的差异教学模式课题教学竞赛已经成为我校的品牌活动。

［附］

2013 年秋季学期差异教学模式课堂教学竞赛方案

（活动负责人：学科主任）

1. 活动流程

（1）各学科围绕差异课堂教学模式，选择一个研究领域开展课堂教学竞赛。具体安排如表 1 所示。

表1 差异课堂教学模式竞赛安排表

语文	小学阅读课（第一课时）差异教学模式
数学	小学数学计算新授课差异教学模式
英语	体现单元整体意识的小学英语课差异教学模式
音乐	照顾学生歌唱技能差异的音乐教学模式
体育	照顾学生技能差异的体育教学模式
美术	照顾学生表现力差异的绘画教学模式
科学、信息技术、综合实践活动	科学实验课自主实验差异教学模式

（2）9月份，各教研组围绕研究主题，确定研究课的内容，制订组内差异教学模式课堂教学考核的安排表。

（3）11月份，四至六年级开展校级差异课堂教学模式竞赛活动。

（4）12月份，一至三年级开展校级差异课堂教学模式竞赛活动。

（5）12月中旬，各科教师结合平时上课、听课情况，撰写案例反思，参加评比，各学科组织专题研讨活动。

（6）12月下旬，各科教师结合对差异课堂教学模式的实践与思考，撰写教学案例；学科主任组织骨干教师整理优秀案例，提炼教学模式，细化实施策略，此项评比结果纳入优秀教研组评比之中。

2. 操作要求

（1）组内的差异课堂教学模式研讨活动要做到人人参与（含行政人员），确保每节课都能清晰体现差异教学模式的流程及环节要素，组内课采取过关式，不能过关的要重上。

（2）校级课堂教学竞赛在组内研讨的基础上推选优秀教师执教，每一节课要精心准备，反复打磨，力争精益求精。

（3）课堂教学竞赛活动结束后，各学科要及时组织研讨活动，分析模式的实施效果，交流优秀的案例反思。

3. 评比办法

（1）课堂教学竞赛分1~3、4~6两组分别进行评比，每组产生一、二、三等奖各1个。本着宁缺毋滥的原则，如果课的质量较低，一等奖可以空缺。

（2）在校级差异课堂教学模式竞赛活动中，学科中心主任组织人员对各教研组推出的课进行评比，评比的总分与案例反思的积分相加作为教学竞赛考核的依据。

考核反馈：教科室组织修订、完善评价标准，突出"以生为本、以学定教"的理念，注重教学效果。各学科评委对照评价标准予以评分，差异课堂教学模式竞赛的考核结果与各科教师的绩效考核挂钩。

预设成果：学科主任组织骨干教师从课堂教学竞赛活动中精选优秀课例，打造、完善、形成能充分体现差异教学模式的课堂教学精品课例，力争发表。

三、名教师工程加速专业成长

教师的专业成长是学校发展的基础。立足我校教师专业发展现状，为了提升教师践行差异教学模式的能力，有效促进教师专业发展，推动我校骨干教师队伍建设走上合理化、规范化、科学化轨道，营造优秀教师脱颖而出的氛围，实现我校教师队伍整体素质的提高，参照市、区级骨干教师评选办法，我们制定了《扬州育才实验学校三级骨干教师评选与培养办法》，并于 2013 年 10 月起实施。

（一）重视师德建设

重视教师的政治学习与师德教育，教育并督促自觉遵守相关教育法律法规。鼓励教师爱岗敬业、勤奋工作、乐于奉献，形成过硬的思想作风和师德修养。对有违师德规范的教师，实行一票否决制，不予参选、推荐。

（二）安排学术活动

在承担科研课题、安排参加学术活动和社会活动方面，我们优先考虑骨干教师培养对象，为他们创造脱颖而出的条件，给他们压担子、提要求。

（三）实施青蓝工程

为了加快学校培养骨干教师的力度，促进青年教师的成长，我校选派思想素质高、业务能力强、教学经验丰富的教师与青年教师结对，指导青年教师的教育教学工作，开展听课学习、观摩研讨、反思总结等教学活动，不断提高他们的教育教学能力，促进其专业成长。

（四）开展重点培养

我们注意物色、选拔一批具有一定潜力的教师，根据他们的兴趣、专长和能力，及时提升相应的荣誉、职称，或提拔到合适的行政岗位上来，以适应我校师资队伍建设和发展的需要。在校级骨干教师中择优推荐参加市、区级骨干教师评选。在优秀教研组评比中，将骨干教师的发展状况作为重要标准。

四、绩效考核引领卓越追求

为进一步深化学校人事制度改革，增强学校内部的生机和活力，建立起与民办学校机制相适应的重实绩、重贡献、自主、灵活的学校内部奖励机制。根据《江苏省教育厅关于义务教育学校教师绩效考核工作的指导意见》，参照《广陵区义务教育学校绩效考核工作的指导意见》精神，为科学地实施好奖励性绩效工资改革，结合学校实际，制订了学校教职工30%奖励性绩效考核分配意见。我校教师绩效考核有以下几个侧重点。

一是尊重人才成长规律。以教师为主体，充分体现教师工作的专业性、实践性、长期性的特点。

二是以德为先、注重实绩。坚持德才兼备，把师德放在首位，注重教职工履行岗位职责的实际表现和贡献。

三是激励先进、促进发展。奖励性绩效工资要坚持向骨干教师、优秀班主任和有突出贡献的人员倾斜，鼓励教职工全身心投入工作，引导他们不断提高自身素质和教书育人、管理育人、服务育人的能力。

四是化整为零、注重过程。由于我校教师流动性较大、性质多元，客观上给绩效工资的实施带来了不便。为了发挥绩效工资的积极效用，从2011年起，我们变一年一次的绩效考核为按学期进行的"5+1"考核（5次月度考核，1次学期考核）。

五是评聘分离、绩效优先。为了更好地体现优绩优酬的思想，学校按学期累积教职工考核得分，按积分从高到低将全体教职工评为四星级、三星级、二星级、一星级教师。

绩效考核机制既充分肯定优秀教职工的工作成绩，使教师提高工作热情，同时又激励和鞭策着那些工作中相对落后的教职工，促使他们提升自我、改进不足。

我校三年级英语老师应珊姗说："管理出高效，管理强素质。我自 2009 年进校至今，在学校精致化的管理制度和星级教师评价制度的引领下，我的工作目标更加明确，业务能力日益见长。我在工作中遇到疑难时，也得益于学校完善、健全的管理制度，让我工作思路更开阔，条理更清晰，这一切印证了我校'为师生的持续发展服务'的办学理念。我坚信，在这种全面、细化的管理制度下，能实现我成为一名敬业爱生、能力过硬、教学精湛的教育工作者的美丽梦想！"

五、星级动态评价激发百舸争流

星级教师评价是按学期累积教职工考核得分，按积分从高到低将全体教职工评为四星级、三星级、二星级、一星级教师。评定工作每学期进行一次，学校综合教职工一学期的工作业绩，于每学期期末对其进行评定。级部根据学期考核数据累加结果，评选出四星级教师。学校四星、三星、二星、一星级教师比例为 2：3：3：2。三星级以上的教师，在下一学期的月度绩效考核中，学校将给予不同津贴补助。每学期评定的星级教师，下一学期发放星级教师津贴，为期 5 个月，至学期结束止。星级教师评定后，学校将颁发证书，并在外出学习培训等活动中优先考虑星级教师。星级教师评定实行师德表现一票否决制，凡师德师风方面受到通报批评、警告、记过、记大过、降级、撤职、处分的不参加星级评定，已经评定的立即撤销。

四星级教师吴化静曾感言："在我们学校实施着一种激励机制——四星级教师评价。作为一名获得四星级荣誉的老师，感觉这种机制不仅是对我工作的肯定，更是对我的一种激励和鼓舞。获得了四星级既让我感受到了荣誉，更让我感受到肩上教育责任的重大，这是一个终点却更是一个起点！"

六、多项措施带动全面提升

差异教学模式教师能力提升系统的建立，带动了我校教师践行差异教学模式能力的全面提升，具体表现在如下方面。

（一）教学模式内于心

研究后期，为了了解我校教师在提升教师践行差异教学模式能力方面的整体状况，我们又进行了调查。与以往调查不同的是，这次调查中，我们设计了大量的主观问答题，以期更为细致地了解教师践行差异教学模式的能力现状。从调查结果看，100%的教师能按照差异教学模式的要求进行备课；近98%的教师能在日常课堂教学中按照差异教学模式的流程开展教学活动；近95%的教师在回答各种问题时均能围绕研究主题……这些调查结果说明，践行差异教学模式已成为我校教师的自觉行为。

(二) 备课机制渐深化

从2014年春季学期开始，我校各学科、各教研组都已使用差异教学课堂模式的流程备课。每学期，教科室组织三次备课笔记检查：第一次主要检查模式的使用情况，找出问题，进行反馈，提出整改建议。第二次主要检查教学反思和单元分析的撰写情况，找出问题，进行反馈，提出整改建议；同时我们还进行了优秀备课笔记展评，带领教师观摩优秀备课笔记，组织备课经验交流。第三次是普查，检查结果与绩效考核挂钩。该备课机制实施以来，提高了年轻教师的备课质量，同时也充分落实了差异教学理念，让差异教学模式真正走进常态教学，这对于提高课堂教学效率、提升教学双方生命质量起到了推进作用。

(三) 专题研讨有实效

每次校级展示课之后，学校都会组织差异教学模式专题研讨活动。活动中，各学科首席教师分学段对差异教学模式展示课进行点评，并提出实施建议。为了调动广大教师的积极性，激发他们对课题研究的深入思考，各学科教师代表也交流了自己的优秀案例反思，这些反思有观点、有思考、有深度，令大家深受启发。同时，各学科主任也结合展示课，对差异教学模式做总结与提炼，并提出下一学期"差异教学课堂模式"的研究思路。活动结束后，老师们纷纷表示收获颇丰，对于差异教学模式研究促进儿童和谐发展有了更加深刻的把握，对今后的研究思路、研究重点有了更加清晰的认识。每次校级竞赛课后的研讨活动，老师们交流研究成果，碰撞思想，再形成教学案例、反思、论文，在各级评比中屡获佳绩。

(四) 校际交流获赞誉

为了发挥全国差异教学实验学校联盟的优势，加强差异教学课题研究和学校管理工作的交流，提高学校教师的教育教学水平，彰显差异教育课程文化，我校积极参与校级交流活动。几年来，杨宏权、孙冬梅、黄婷、王敏、朱婷婷等一大批教师先后代表学校赴四川、浙江、湖北、辽宁执教观摩课。我校教师在课堂中注重学生的主体性和互动性，创设真实情境，设计多种开放性问题，充分展现了我校的差异教学模式，让学生在体验中学习，在合作中探索，教师在教学过程中也表现出了良好的教学机智，得到了听课老师们的一致好评。

第三节　校本教学资源支持系统

爱因斯坦认为，教育不是用"好胜心"去诱导学生的竞争心理，而是用"好奇心"激励学生的科学兴趣。兴趣能使儿童的求知欲望逐步增强，并随学习体验的加深而升华为强烈的学习动机，成为较稳定的个性心理，从而使儿童的学习成为有明确目标的意向活动。当学生全身心地投入感兴趣的学习中时，就能尽情释放能量，发挥自己的潜能。从教育安置方面来说，由于学生的学习水平、学习能力、学习习惯等方面的差距较大，传统的教学模式、课程很难顾及每一个学生，如果能做到尊重学生的差异，从学生的兴趣出发，小班、大班、个别等多种教学方式有机结合，必将给学生更多的自主学习实践的机会。因此，我们在进行差异教学模式的研究过程中，努力开发、建设校本教学资源，最大限度地支持、推动差异教学模式的实施。

我们从差异教学的内涵出发，以促进儿童的可持续发展为主旨，践行"以生为本"的教学理念，以"尊重和理解每一名学生"的差异教学为方向，构建差异教学理念引领下的校本课程，旨在进一步探索差异教学的内涵，丰富差异教学的构成，构建适合儿童发展的课程体系。我们试图通过选择性的课程设置以及灵活多样的教学组织方式，尽可能满足每个学生不同的学习与成长需要。我们坚持"立足学科、面向差异、适度拓展"的原则，为学生的个性发展，全面成长，开发了系列课程。

一、校本学科课程，丰富教学模式的实施内容

怎样让差异教学模式由课内走向课外，让更多的学科内容能在差异教学理

念的指导下得以有效实施？校本学科课程无疑是一个很好的突破口。

（一）"个性表达"课程

"个性表达"课程（如图4-1）针对学生的个性特点，尊重儿童的个性差异，通过诵读经典引领学生吸收古今中外优秀文化，提高思想文化修养，丰富精神内涵；以写话、习作和演讲的形式，引领学生用个性化的语言来表达内心的情感与思想；开展综合实践活动，创设语用平台，激发学生口头表达与书面表达的兴趣，提升表达能力，养成良好的表达习惯。

图4-1　"个性表达"校本教材

"个性表达"课程按照低、中、高三个级段分为经典诵读（第一学段一、二年级）、生本作文（第二学段三、四年级）和主题演讲（第三学段五、六年级）三个课程形态。三个课程形态相对独立，又彼此交叉渗透。

1. 经典诵读，让学生爱读

经典诵读课程重点设置在低年级段，依托校本教材《个性表达：经典诵读》，序列化地开设古诗、国学吟诵课，名著导读课，并开展了丰富多彩的诵读活动。每周一至周四中午1：00—1：15，是孩子们诵读国学经典的快乐时光，校园里，孩子们那整齐响亮、抑扬顿挫的吟诵，是一道亮丽的风景。

2. 生本作文，让学生乐写

中年级段实践生本作文课程。生本作文课程旨在培养学生的表达兴趣，引导学生关注生活、关注自然、关注社会、关注自身成长，用自己个性化的语言表达自己的思想与情感，真正达到"我手写我心"的境界。

3. 主题演讲，让学生善说

高年级段实践主题演讲课程。围绕名著阅读展开的主题演讲，围绕学生成长展开的话题演讲，以及各种即兴演讲与辩论，这一课程锻炼了孩子们当众演讲的胆量，规范了演讲的口头语言、神态语言以及肢体语言，让孩子们具有"小小演说家"的气质。

(二)"数学广角"课程

"数学广角"（如图4-2）是以《义务教育数学课程标准（2011年版）》为指导，立足学校特色，着眼于学生差异发展而精心编写的校本教材。内容包括"游戏园"、"故事汇"、"实践场"和"思维操"。

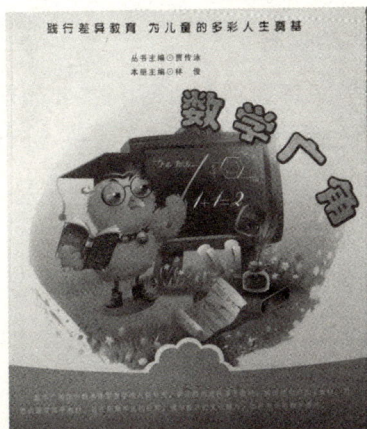

图4-2 "数学广角"校本教材

"数学广角"课程实施体现了以下原则。

1. 拓展性原则

作为数学课堂教学的有益补充，"数学广角"课程中设计的问题及其思维的价值源于教材，但其展现的思维空间则宽于教材，且更有深度。课程注重与教材内容、教学进度相结合，拓展学生的视野，展示数学的文化魅力，培养学生的数学素养。

2. 选择性原则

教师可以结合班级实际，对校本教材中的内容进行选择性教学；学生可以根据自己的兴趣，对校本教材中的内容进行选择性地学习，这一点，充分体现了差异教学的理念。

3. 挑战性原则

课程中编排了大量富有挑战性的数学实践活动，以提高学生灵活运用所学知识解决问题的能力，培养学生应用数学的意识，训练学生的数学思维。

4. 趣味性原则

课程中设置了趣味性、操作性强的数学游戏，以激发学生学习数学的兴趣，增强学生的求知欲。

5. 科学性原则

课程对应的教材根据课程标准设计，依据小学数学教材的特点、小学生的数学思维水平来编写，努力体现了数学学科的科学性、严谨性。

（三）"小鬼当家"英语课程

自建校以来，我校英语学科在课时设置、教材选择、教学研究、学习成果等方面已形成一定特色。通过学科中心和广大英语教师的长期积累和集中研发，"小鬼当家"英语校本课程（对应教材为《小鬼当家》，如图4-3）应运而生。

图4-3 "小鬼当家"校本教材

"小鬼"意指儿童，我们倡导在这门课程中开发与儿童生活相关的课程内容，选择儿童喜欢的呈现形式，采用儿童容易接受的实施方法。"当家"旨在鼓励儿童在自己所处的真实情境中，体验到学以致用、当家做主的成就感。"小鬼当家"英语校本课程传递了独具特色的课程主张,具体如下。

1. 本土表达

引导儿童用英语表达具有浓厚校本特色和本土文化的人、事、物,体验用英语表达身边真实事物的自豪感和成就感。

2. 个性表达

为不同年段、不同能力的学生提供具有开放性、差异性的话题,为学生的个性独特表达提供可选择性的探究内容和菜单式的学习方式。

3. 差异表达

提供具有一定开放性、差异性、可选择性的话题或场景,在提供基本范本模式的基础上,倡导每个儿童进行差异表达。

我们希望通过"小鬼当家"校本课程的实施,各年级学生能够理解、记忆、运用不同难度的"小鬼当家"百句脱口秀和趣味三字经,并尝试在真实的场景中运用。中年级学生能用英语介绍育才实验学校基本情况,包括地理位置、班级数、学生人数、开设课程、校园环境、功能教室、校训校风、"新叶娃娃"的含义、校园明星人物等。高年级学生理解、记忆、运用有关扬州城市、著名景点、特色饮食、家乡名人、扬州特产等话题进行对话。结合综合实践活动、学科活动进行尝试性的模拟英语导游。真正地让学生学有所得,学以致用。

(四)"行知实验室"科学课程

"行知实验室"科学课程(对应教材为《行知实验室》,如图4-4)主要是为我校的科学活动提供活动内容,也是对三至六年级学生进行科学探究启蒙教育的一门校本课程。它主要引导小学生在实实在在的动手探究活动中,初步掌握发现问题、提出问题、分析问题、解决问题的基本方法,学会在动手实践中去动脑思考,促使手脑合一,在动手动脑中有所发现、有所创造,并充分体验发现的愉悦、创造的快乐,进一步培养和提升基本的科学探究能力和素养。

"行知实验室"校本教材主要引导小学生在实际动手中初步掌握科学探究的基本方法,在与科学的实际触摸中乐于发现一些科学现象和科学问题,并能围绕自己的问题展开自主探究,在探究中再发现、再创造,从中体验发现和创造的乐趣。这一教材与传统教材的根本区别就在于它不以知识传授为目的,而是以体验科学探究乐趣、发现科学探究方法、自主探究科学问题为宗旨。

图4-4 "行知实验室"校本教材

（五）体艺课程

1. "活力体育"课程

"活力体育"课程是依据学生自身的特点、天赋的差异开展的体育类活动课程。它通过丰富多彩的可选择的活动项目，让每一个学生敢于参加、乐于参加，让每个学生获得相应的活动体验和技能提升。它强调对活动的积极参与和体验，让学生的体育特长和天赋尽可能地在活动中获得展示。它充分尊重学生个性选择，学生在课程活动中，可以根据自身特点充分展示自我、释放自我，并使学生的创新意识得到很好的激发。

"活力体育"课程主要包括"跳绳"、"踢毽"、"快乐篮球"等活动内容。首先是依托体艺"2+1"活动，通过跳绳、踢毽项目以及校本课程"快乐篮球"，培养学生体育活动的兴趣。结合"跳绳"、"踢毽"、"快乐篮球"的课堂教学、大课间活动及课余体能训练，确保学生在校每天至少有1小时的体育锻炼时间。其次是积极开展丰富多彩的体育活动项目，如亲子运动会、趣味运动会、田径运动会、三人制篮球赛、跳绳踢毽对抗赛等，激发全体学生积极参加体育锻炼，逐步养成终身锻炼身体的习惯和技能。

为了有目的、有针对性地实施"活力体育"课程计划，体育组相继出台了"活力体育"课程实施方案和"活力体育"课程评价标准。根据方案和评价标准，体育组积极策划和举办了一系列的体育活动，有力地推进了"活力体育"

课程的实施。另外，为提高篮球队训练质量以及体育教师的课堂教学水平，体育组相继研发了两本校本教材《快乐篮球》（如图4-5）和《篮球教学案例集》。通过多年规划及实践，我校开展的体育竞技活动已形成自身特色，如一年级开展亲子运动会，二年级开展趣味运动会，三至六年级举办田径运动会，一至六年级开展跳绳踢毽对抗赛，一至六年级开展乒乓球争霸赛，五年级开展三人制篮球赛等一系列阳光体育竞赛，这样不仅丰富学生的课余生活，而且逐步提高了学生体质和健康水平。

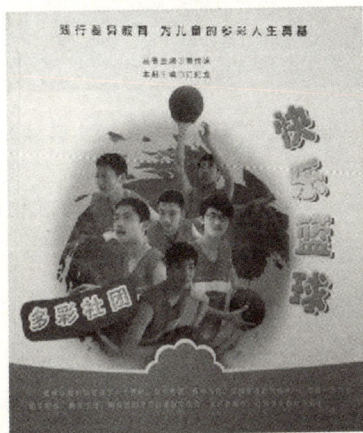

图4-5　"快乐篮球"校本教材

2. "魅力纸艺"课程

"魅力纸艺"课程（对应教材为《魅力造型》，如图4-6）是以提升学生动手能力、审美能力、创意能力等综合素养为目标，由纸衍生的各种材质的艺术创意表现形式的课程。"魅力纸艺"美术特色课程旨在通过创造性地利用纸的相关材料，提高美术作品的艺术美感，提升学生的创新意识和审美能力，同时积累开发特色课程的经验。

"魅力纸艺"课程从纸浮雕、剪纸、绘画三大类别入手，分为线描画、纸线绳、衍纸画、撕纸、剪纸、刻纸、儿童画、国画、书法等近十个项目，将社团和平时课堂学习相结合，从基本的对称图形、最简单的线条入手，由浅入深、循序渐进地引导孩子们学习由纸的创意延伸的相关知识。

"魅力纸艺"课程开展后，孩子们的学习热情高涨，一幅幅精美绝伦的作品

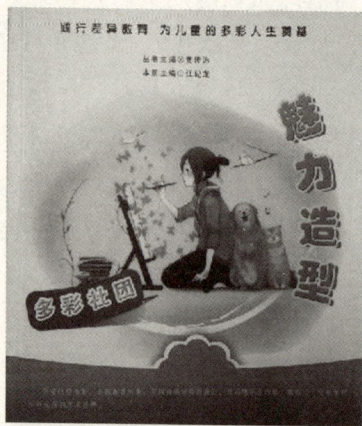

图4-6 "魅力造型"校本教材

让我们大开眼界。学校特意举办以"魅力纸艺"为主题的各类画展和研讨活动。如"庆元旦"学生优秀美术作品展、六年级毕业画展、第三届广陵国际"童玩节"、"我型我秀"静态艺术作品校级展示活动、"魅力纸艺"课程文化优秀作品展、区小学美术学科课程文化展示与研讨活动等。活动的目的是通过对"魅力纸艺"系列实践活动的开展,培养学生动手操作、自主创新的能力,同时立足学生差异与学校现状,打造办学特色,提升办学品味。

3. "多彩音乐"课程

"多彩音乐"的开设分为基础性课程、选择性课程和发展性课程。

基础性课程——依托课堂教学,着眼于让每一个学生公平地获得优质艺术教育资源。教师通过探究与实施,力求满足不同学生的需求。这一课程是面向全体学生、注重基础提升的普及型课程。

选择性课程——着眼于学生的个性化发展,提供选择美的自主空间,创设适合不同个体艺术发展的课程。这门课程在实施过程中依托学校社团,面向全体学生开设了贴近学生个性化需求的 11 个社团。

发展性课程——着眼于学生的自信萌发和长远发展,通过全员参与序列化的艺术实践活动,培养学生的艺术气质,通过侧重检验和展示学科课程质量及艺术效果的展演型活动,满足每个学生特长发展,充分让学生表达美、创造美、展示美。

在基础性课程方面，我们基于素质教育的基本理念以及学校改革的目标，以"课堂器乐——竖笛"为抓手，以提高学生的整体音乐能力和音乐素养为目标，使学生通过竖笛学习，激发音乐学习的兴趣，增强美感、乐感，帮助学生接近音乐、理解音乐，陶冶学生的情操、提高学生的鉴赏能力及创新能力。我校"多彩音乐"的基础性课程实施以常态化音乐课程管理为主要模式，面向三至六年级采用自然行政班的课程安排方式开设，利用每周一节的学校音乐课时间对全体学生进行竖笛普及教学。为推进竖笛教学工作，我们还编写了适合学生使用的《笛声飞扬》校本教材。通过配套的指法练习、必修曲目、选修曲目等逐步提高学生竖笛演奏能力。

在选择性课程方面，我们采取社团活动和实践活动相结合的方式实施课程。具体依托社团面向全体学生开设，实行学生自愿选择、教师自主选拔相结合的原则，其目的是为了满足学生个性化发展的需求。截至 2016 年，音乐学科开设了贴近学生个性化需求的陶笛、表演唱、合唱社团，以及弘扬地方音乐特色的古筝、木偶戏社团。同时，根据学校师资情况，我们还重点打造了具有品牌影响力的舞蹈、管乐社团，这类社团共计 11 个。

"小水滴"舞蹈社团——2012 年 9 月，"小水滴"舞蹈社团（如图 4-7）组建，一群喜爱跳舞的孩子聚集在一起。"小水滴"舞蹈社团坚持"营造艺术氛围、提高艺术修养、展现舞蹈风采、促进个性发展"的原则，为学生差异化发展提供了一个平台。组团以来，"小水滴"舞蹈社团先后有《老师》《上学了》《小水滴》等多部优秀作品在校级、区级等舞台展示。孩子们将自己的内心情感

图 4-7　"小水滴"舞蹈社团

融入肢体语言当中，增强了体质，改变了不良姿态，动作协调优美。虽然训练的过程是艰辛的，但是每一次的舞蹈演出都更增强了社团集体的凝聚力。

"绿芽儿"表演唱社团——2011年9月，"绿芽儿"表演唱社团（如图4-8）组建，一群喜爱歌唱的孩子聚集在一起。"绿芽儿"表演唱社团坚持"营造艺术氛围、提高艺术修养、展现歌唱风采、促进个性发展"的原则，同样在为学生差异化发展提供一个平台。组团以来，小小"绿芽儿"先后有《马兰花》《爱我你就抱抱我》《老师啊老师》《看木偶》《神笔马良》《快乐星猫》等多部优秀作品在校级、区级等舞台展示。孩子们将自己的内心情感融入一首首经典音乐作品，不仅在艺术表现力上追求"声"与"情"的完美统一，也在活动中展现了良好的精神面貌。社团开展以来，一个个生动的艺术形象，在孩子们的心灵深处生根，一部部优秀的艺术作品在孩子们的精彩演绎下熠熠生辉。

图4-8 "绿芽儿"表演唱社团

金牌管乐团——2011年9月，金牌管乐团正式成立。该乐团由毕业于四川音乐学院萨克斯表演专业的戴金老师主持任教。在学校领导的高度重视和戴金老师的悉心指导下，我校管乐团的演奏水平得到全面提高，短短几年里，乐队规模不断壮大，经过层层选拔，现有木管、铜管、长笛、萨克斯、单簧管、圆号、长号、小号、上低音号，以及大鼓、小鼓、爵士鼓等多种乐器，共计一百二十多名学员参加社团活动（如图4-9）。目前乐团的演奏技巧及水平进步非常大，能够合奏出多首不同风格的中外乐曲。这些乐曲分别在广陵区和扬州市中小学生才艺大赛等各级竞赛、交流中进行展示并获得一致好评。

图 4-9　金牌管乐团

在发展性课程方面，为了促进音乐课程环境建设进一步推进，营造"多彩音乐"课程文化氛围，根据小学生的年龄特点，我校一方面定期开设符合学生年龄特点、序列化实施的艺术实践课程，例如一年级的"唱响新春"童声歌会、二年级的亲子音乐会、三年级结合十岁成长礼的生日庆典、四年级的竖笛大比拼、五年级的诗歌朗诵、六年级的毕业汇报等；另一方面则设置了满足特长发展、侧重检验和展示学科课程学习质量的展演型活动课程，例如学校三级才艺大舞台、素质教育成果展示等。

二、校本德育课程，扩展教学模式的实施领域

每个孩子都是有着鲜活思想的独特个体，不同的生活背景、个人经历、知识积累及认知水平，决定了他们具有自己的发展需要和明显的个性特征。我国古代伟大的思想家和教育家孔子针对学生的个性差异进行教育，近乎完美地实践了"因材施教"，给后世留下了弥足珍贵的教育思想财富。校本德育课程，以其开展内容的多样化、生活化、趣味化让每个孩子的个性特长得以培养、展示，是差异教学理念的最好体现，为差异教学模式的深入实施扩展了新的领域。

（一）"我们的节日"德育课程

小学六年生活是孩子身心发展变化最大的时期，刚刚入校的每一个孩子都好似一张洁净的白纸，用怎样的画笔在这样的白纸上绘出孩子灿烂多彩的童年？

德育的任务首先是培养孩子良好的道德素质，学会感恩是孩子心灵成长的根基。然而，由于年龄差异，孩子对感恩的理解和感悟是不一样的，因此，我们要尊重学生的年龄差异，在学生不同的年龄发展阶段设计不同的精品化活动，让学生在活动中感悟、在活动中成长。

传统节日凝结着中华民族的民族精神和民族情感，承载着中华民族的文化血脉和思想精华，是维系国家统一、民族团结和社会和谐的重要精神纽带，是建设社会主义先进文化的宝贵资源。充分挖掘民族传统节日，如清明节、端午节、中秋节的文化内涵，开展丰富多彩的经典诵读、节日民俗、文化娱乐和社会实践等活动，有利于加强中华民族优秀文化传统教育和革命传统教育。

校园活动节日化，让感恩教育润物无声。迎新春亲子音乐会，给家长与孩子创设互相交流、互相学习的机会，使孩子在血脉相承的浓浓亲情中感受温暖、享受幸福、懂得感恩；十岁集体生日，通过回放一张张稚嫩天真的孩提时代照片，让孩子们回忆童年的美好生活，回忆长辈对自己的无限关爱，体会父母培养自己成长的艰辛，从而懂得要珍惜这份亲情，承担更多的责任，学会更多的本领；"5·19"慈善日跳蚤市场献爱心活动的开展，让孩子学会分享，学会关爱别人……

《我们的节日》（如图4-10）按照年级顺序，分为6个单元38课，生动活泼地再现了孩子们参与活动的全过程，留下了孩子们心灵成长的印迹，成为孩子们小学生涯中一份特殊的礼物。

图4-10　"我们的节日"校本教材

（二）"儿童梦·育才实验梦"课程

2014年5月24—25日，扬州育才实验学校在市工人文化宫大剧院里举行了为期两天的"儿童梦·育才实验梦"办学十周年素质教育成果汇报演出。这场演出以校园文化为背景，通过绚丽的舞美、精彩的演绎获得社会各界高度赞誉，市区领导、在校师生、学生家长以及英国伍德考特学校的嘉宾们共同见证了这个时刻。演出节目以"入学礼"、"入队礼"、"十岁生日礼"、"毕业礼"为形式主体，记录了育才实验的孩子在育才实验这个大家庭里每一个值得纪念的瞬间。我们以此为契机，确定了"儿童梦·育才实验梦"课程的实施内容，记录育才实验师生和学校的共同成长。

《"儿童梦·育才实验梦"办学十周年素质教育成果展示校本教材》（如图4-11）的编写，将珍贵的瞬间延续，让校本教材中的经典节目作为艺术教育的契机，在每一个学段都能陪伴孩子追寻梦想，与育才实验一起飞翔⋯⋯

图4-11 "儿童梦·育才实验梦"办学十周年素质教育成果展示校本教材

差异教学校本课程的开发，使课程更好地适应了学生的能力、兴趣、背景和需要，为不同学生达到共同的目标提供了多种可选择的方法，为不同学生寻求不同的目标和获得不同水平的成就提供了机会，而它的实施，是一项长期的实践活动。在以后的教育教学中，我们将继续深化研究、科学验证，让校本文化成为学校发展的软实力，化作学校腾飞的翅膀。我们也期望广大教师能继续深入践行差异教学，为儿童的多彩人生奠基！

第五章 差异教学模式的操作结构

预学查异、初学适异、研学导异和拓学展异四个模块充分体现了小学生的认知规律。四个模块中的前两个字"预学"、"初学"、"研学"和"拓学"侧重于学生,强调按照学生认知顺序时间安排教学流程。"预学"是针对认知准备的差异,通过"预学"使每个学生达到应有的学习起点,而不是消极地接受差异;"初学"是强调自主学习,小学生自主学习的水平不高,有的甚至还不太会学,所以只能叫"初学";为了促进学生自主发展,不能仅停留在个人自主学习的水平,还应通过同伴合作、老师指导,从而进入到"研学";最后在"研学"的基础上进行"拓学",其目的在于促进学生最大限度的自主发展。四个模块中的后两个字偏重于教师,"查异"即教师查找学生问题所在,明确差异在何处,在教学前要做到心中有数。"适异"强调自主学习时,教师要提供可选择的学习内容和活动、多样化的学习途径和方式以适应学生的差异,满足学生的不同需求。但"适异"不是消极的适应,而是要在适应的基础上促进发展。"导异"是在"适异"的基础上,针对有差异的学生进行有针对性的有效指导,促进其自主学习的升华。学生通过合作学习和老师的进一步指导,可以达到更高水平。"展异"是对所学内容的拓展加深和创造性的应用。学与教,是互相作用的,教师要发挥主导作用,充分发挥学生的主体性,尊重学生在学习中的主体地位,促进学生的潜能开发和最大限度的发展,而这种发展就全班来说,必为差异发展。

第一节　预学查异

预学查异视频资源（语文学科，执教者：丁华晴）

苏霍姆林斯基说过，不了解孩子，不了解他的智力发展，不了解他的思维、兴趣、爱好、才能、禀赋、倾向，就谈不上教育。其实，预学查异就是一个诊断的过程、了解的过程。透过学生的预学活动，教师能够彻底读懂学生，准确把握课堂的脉搏。也只有这样，教师才能制订出合理的教学目标和教学过程的方案。这样的目标就像一盏正确指路的明灯，照亮我们前行的脚步。唯有这样，我们才能营造出充满生命气息与情趣的高效课堂。

预学不是消极地接受学习起点差异，而是通过预学使每个学生达到应有认识准备水平。布鲁姆研究发现，一堂课的学习效果 50% 决定于学习者的认知准备水平。也就是说，课堂教学过程中造成部分学生学习困难的主要原因在于认知前提准备的差异，而这种认知前提准备的差异是可以弥补的。差异教学模式的"预学查异"，主要是针对某一节课的具体教学内容，这样的教学内容可以是新授，也可以是单元复习，我们所涉及的"查异"主要集中在学生认知前提准备的差异，在具体实施时要求授课教师利用教学前或是课堂教学的前几分钟，采用前测试卷、问卷、访谈等形式让学生对相关旧知复习或新知进行预学，通过对预学效果的分析测查出学生在新知学习之前的准备差异，并采用合理的教学干预手段，缩减这种差异的距离，让每个学生都尽可能地站在新知学习应有的起点水平。

现代认知心理学明确指出：有意义的学习过程是原有知识同化新知识的过程。也就是说，教学活动必须建立在学生的认知发展水平和已有的知识经验基础之上。而学生的已有知识经验基础，特别是基本原理和概念的理解与掌握情况，直接影响新知识的学习，影响知识技能的正迁移。预学查异，旨在通过多方预学的形式，查清学生在学习新知前的知识与技能方面的差异，找准学生学习起点，并对一些后进生进行有效的学前指导，这样就能很好地缩小他们和其他同学学习新知识的差距，从而提高学习新知识的质量，确保课堂学习目标的达成度。

一、教学前测，把准学习的认知起点

美国教育心理学家奥苏伯尔通过研究发现，影响学习的最重要的原因是学生已经知道了什么，教师应当根据学生原有的知识状况去进行教学。因此，教师在备课时必须把握学生的学习生长点，即弄清楚学生已经具备了哪些学习新知所必需的生活经验和知识技能，是否已达到或部分达到了教学目标所需要的认知基础，哪些知识学生自己能学会，哪些知识会与旧知产生冲突，进而需要教师的帮助与点拨。为了彻底摸清以上问题，号准课堂教学的"脉"，一般可采用课前测试方法查找学生的认知准备差异。课前预学时，教师可根据教学内容，将需要测查的内容编制成测查题或问卷，在新课教学之前对学生进行测查。通过对测查结果的分析，全面了解学生个体间的差异，这样才能制定适合学生的教学目标和教学过程，才能保证为他们制定的学习目标都在他们的最近发展区内。

"查异"的效果取决于测查题或问卷的编制，为了把准学习的认知起点、确定合理的教学目标，我们必须事先精心设计问题，估计被调查对象可能会怎么回答。问题要准确、清楚、明白，不带暗示。问题内容可以是事实性，也可以是态度性；可以是描述性的，也可以是动手操作性的；问题表达可以是开放式的，也可以是封闭式的。一般情况下，问题采用从易到难的顺序进行安排，这样能激发学生完成测查题的兴趣与激情。教学前测一般情况用在所学知识必须拥有明确的前提基础的课型中，常见于理科教学中。

[实践案例]

苏教版数学三年级下册《面积的意义》

《面积的意义》是苏教版小学数学三年级下册第四单元《面积》的起始课。本节课主要教学目标是：使学生通过观察、操作、估计和推理等活动认识面积的含义，初步学会比较物体表面和平面封闭图形的大小。那到底什么是面积，面积这一概念会与以往的哪些旧知产生冲突呢？其实"面积"这一词在学生的日常生活中早有所耳闻，如住房面积，地砖大小等。那么，学生凭着经验与直觉是怎样理解他们心目中的"面积"这一概念的呢？学生能比较两个图形面积的大小吗？带着这一系列的问题，我在两个班分别开展了两次预学查异活动，即问卷调查与专项调查。

问卷调查内容（如表1），其目的在于收集学生对面积概念的熟知程度、理解程度以及比较两个图形面积大小的方法这三方面信息。

表1　问卷调查

1. 听说过"面积"这个词吗？（　　）

（A）听说过。　　（B）没有听说过。

2. 如果听说过，你能举一个生活中有关面积的例子吗？举例：

3. 你能画图或用文字说明什么是面积吗？

专项调查内容（如图1），其目的是在不提供任何辅助工具以及提示信息的前提下，让学生比较两个面积大小接近、但又无法直接通过重叠比较的图形，从而了解学生的比较方法以及完成情况。

想办法比较下面两个图形的大小，并写出比较的过程。

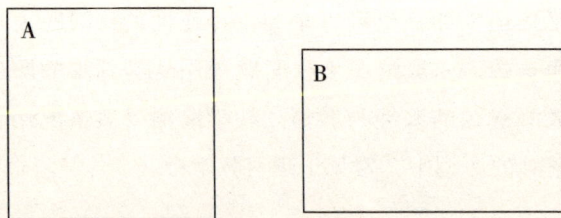

图1　专项调查

表2 预学查异的统计结果

问卷调查结果			专项调查结果		
知晓程度	理解程度	正确比较	比较正确	比较周长	无法比较
27人	16人	17人	18人	14人	8人
67.50%	40%	42.50%	45%	35%	20%

从上述预学查异的统计结果（如表2）可以看出：67.5%的学生知道面积概念的存在，40%的学生能通过举例或是画图表示出自己对面积概念的理解。由此可见，日常生活经验的积累，使得大部分学生对于面积这一概念并不陌生。但大多数知道面积概念的学生只能通过举例或画图的形式表示面积概念，他们无法用自己的语言表述面积概念，即他们对于面积概念的认知只是感性的，缺乏理性的认识。对面积大小比较的两次调查结果反映出：45%左右的学生能用先重叠再比较剩余部分的方法判断两个图形面积的大小，这充分说明学生具有判断两个图形面积大小的方法基础，但比较方法较为单一，特别通过摆标准面积单位比较面积大小的方法较少，这就说明：比较方法的多样性以及如何将两个面积大小的比较转化为两个数的大小比较应成为教学的重点。同时，通过对错误比较面积的方法进行分析，我发现：35%的学生是通过计算两个图形的周长得出两个图形大小相等的结论。通过访谈了解到，学生出现这种错误的原因主要有以下两个方面：一是误认为图形大小指的就是图形周长的大小；二是误认为两个图形的周长相等，它们的面积也必定相等。

根据以上预学查异所反映出的学生认知现状，从照顾学生差异的角度出发，将本课的教学目标调整如下。

基础性目标：能较为清晰地理解面积的含义，能通过直观法、重叠法与数格子的方法比较两个图形面积的大小。

挑战性目标：深刻理解面积概念的内涵与外延，知道周长与面积的区别，能用多种方法比较图形面积的大小，初步体会"全等形等积"和"面积的可加性"等公理。

（案例由杨宏权老师提供）

[实践案例]

苏教版科学五年级上册《简单电路》

《简单电路》是苏教版科学五年级上册第三单元《电力学》第一课。本课的教学目标是让学生知道一个基本电路的组成元素，了解开关的作用并能用开关控制电流，在实验过程中能够连接电路，并画出电路图。但是万事开头难，在没有接触电路之前，很多学生可能连电路中的基本元件都不认识，而有些同学平时在兴趣班活动中就接触过电路的连接，但是关于电路的理论知识并不了解。基于学生个体之间的差异需要老师做好预学查异的工作，因此，我以表格的形式在上课之前请学生们做了前测，分析结果如表1所示。

表1 基于学生差异的前测分析

题目	测试人数	正确人数	错误人数	错误率（%）	错误原因
1. 下面哪几个属于电路元件？	40	23	17	57.5	大多数学生能够判断出电池、开关、灯泡属于电路元件，但是像蓄电池、万用表这些生活中接触少的元件学生会忽视。
2. 如何正确地连接下列电路元件？	40	9	31	22.5	没有动手操作的经历，学生连接电路图就是想当然。正确与否，还需要实践的检验。

从整个前测来看，学生对电路元件有一定的了解，但对于电路图、通路等概念的认知不足，错误率较高。正是因为这样，我在设计教学时，根据前测中学生呈现出的差异，重点让学生认识电路元件，了解它们的用途。比如，我以一节一号电池

为切口，引出电路中的其他基本元件，学生会从生活经验出发，调动他们关于简单电路的已有知识储备。想法多的同学会知道电池的正负极、电压的单位、交流电、高压电等内容，想法少的学生也会想到家里常用的白炽灯、教室的日光灯、电池。这就是差异组合。学生初学时，老师就是要引导差异不一的学生初步在头脑里建构起简单电路的基本知识，其目的是让学生了解电路元件是多种多样的，学会融会贯通。

根据前测的分析我了解到，学生无法让灯泡亮的原因大多是没有动手的经历，所以，在课堂实验操作这个环节设计中，我大胆放手让学生去连接电路，但必须要依据自己设计的电路图。连接过程中，学生会思考灯泡为什么亮或者不亮的原因，通过不断地实验操作来真正了解什么是"通路"，什么是"断路"。以学生为主体，老师只是在适当的时候，给学生一点必要的暗示和引导，使学生的自主实验过程"柳暗花明"。而在教学过程中我们发现，实验设计能力较弱的学生，在实际操作的时候却能找到灵感，成功连接电路；设计能力强的学生，动手能力不一定强。先设计电路、再实验连接电路相结合的教学方法，客观上照顾到了理论水平和实践能力不能兼具的学生。

（案例由李秀萍老师提供）

二、访谈交流，了解学习的初始状态

各学科知识都有一定的内在逻辑结构，每一节课堂教学的内容都是这一逻辑结构中的某一点，该点之前的相关知识与技能都是学习新内容的基础与前提。但就某些学科（如语文、信息技术等）而言，对于新知学习起作用的并不仅仅只有这些。除了与新知识相关的前提知识基础外，学生的生活体验、日常阅读、耳濡目染的种种信息皆对新知识的学习起着一定的影响。为此，我们可以通过课前与学生的访谈交流了解学生学习新知前的原始知识储备，这些不同的经验和阅历会给课堂学习提供丰富的差异资料，这对于他们顺利学习新课是非常需要的。因此，这种访谈交流的预学查异策略在文科课程的学习中尤显重要。

实施访谈交流前，访谈者要有明确的谈话目的，并列出谈话的提纲或问题。访谈时应在自然亲切、相互信任的氛围中进行。访谈者在进行访谈的过程当中应当选择被访者熟悉的语言方式，一方面使双方更易于沟通，同时也能使被访者感觉亲切、放松，有利于访谈的顺利进行。每一个访谈都要从一个话头慢慢延展开来，而不能急于进入主题。访谈者应当先选择一些较为轻松的话题开始访谈，然后先提一些比较浅显、简单的问题，循序渐进，逐渐围绕访谈的主题，进行深入的访谈，这样才不会使被访谈者感觉突兀、没有进入状态，保证整个访谈过程自然流畅、顺理成章。此外，访谈时切记不要用自己的观点和态度暗示或诱导对方作答，这样的访谈获得的信息是不准确的。对访谈过程中收集到的学生的原始信息，访谈结束后要进行整理与分析，明确这些信息的差异所在，并将这些差异资源有效、合理地运用到新知识的学习过程当中去，从而获得事半功倍的效果。

［实践案例］

苏教版语文五年级上册《林冲棒打洪教头》

《林冲棒打洪教头》是根据我国古典四大文学名著之一的《水浒传》第九回改写的，作者是元末明初的小说家施耐庵。课文主要写了林冲发配沧州途中路过柴进的庄上，与洪教头比武并打败了他的这个小故事。由于大部分学生对《水浒传》比较熟悉，因此在教学本课时，预学查异环节我采用了交流访谈的方法，通过 5 个小问题，就课文及其相关内容向同学们做了简要的调查。

一、问题设计

1. 《林冲棒打洪教头》选自哪本书？

2. 说说你所知道的《水浒传》。

《四大名著》历久不衰，是汉语文学史中不可多得的经典作品，其中的故事、场景、人物等已经深深地影响了中国人的思想观念、价值取向。作为一位小学生，如果能从小养成读名著、学知识、懂事理的习惯，那么对于他（她）而言，这将会是受益终身的。围绕这一观点，我设计了上述两个问题，这既帮助我了解了学生的名著阅读情况，又为接下来的课外阅读教学提供了参考。

3. 预习时读了几遍课文？这篇课文主要讲了一个什么故事？简要说一说。

预习是学习知识的第一步，同时也是非常重要的一个环节，这个问题可以反映出学生的预习习惯和预习效率，让我能够在接下来的学习中有效地指导学生们进行预习。

4. 你觉得林冲是一个什么样的人？洪教头是一个什么样的人？

对于教师而言，课堂上解读文本是为了更好地引导学生钻研文本，服务于学生的语文学习。在这篇课文中，林冲这一人物是文章的"魂"。当然，为了更好地表现林冲的个性特征，洪教头的形象也不容忽视。通过第四个问题，我能够了解学生的阅读程度，以便在课堂上调整教学策略和教学内容。

5. 读了这篇课文，你还想了解什么？

学生的认知能力存在一定的差异，所以，不同的学生学习需求也是不一样的，这个问题能让我从学生的需要入手，更好地为学生的个性化阅读做好准备。

二、访谈实录

实录1

师：你认识图中的人物吗？

生1：我认识，他是林冲。

师：我们将要学习一篇有关他的课文《林冲棒打洪教头》，你以前读过吗？

生1：这是《水浒传》里的一个小故事，我不仅看过电视剧《水浒传》，还读过这本书呢！

师：真厉害！《水浒传》里，你最喜欢哪个英雄人物呢？

生1：我最喜欢宋江，因为他非常仗义，经常接济穷人。

师：看来，你也是一个小小书虫啊！

实录2

师：周末在家预习《林冲棒打洪教头》时，你一共读了几遍课文？

生2：我读了三遍。

师：你预习得很认真，在读书的过程中，你都了解了哪些知识？

生2：第一遍读书时，我圈出了生字词，并且通过查字典的方式去理解；第二遍读书时，我开始尝试去了解故事内容；在第三遍读书时，我已经能够模仿一些人物的语气去朗读了。

师：真了不起！你的预习收获真大！能简要说一说故事的内容吗？

生2：林冲被开封府发配到沧州，途中路过柴进柴大官人的庄子。柴大官人仰慕林冲已久，便要厚礼款待。这时，柴府上来了一位姓洪的教头，他觉得林冲只是骗吃骗喝，并没有什么实力，便要和林冲比试一番，林冲无奈，只好和他比试，最终，林冲打败了洪教头。

师：概况非常完整，如果能简洁一些就更好了！

实录3

师：在预习时，课文中哪个片段给你留下了深刻的印象？

生3：第三小节，林冲和洪教头在柴大官人家相见时的情景令我印象深刻。

师：通过阅读，你觉得洪教头是一个什么样的人？

生3：我觉得洪教头傲慢，我不喜欢这个人物。

师：那林冲又是一个什么样的人呢？

生3：虽然林冲是八十万禁军教头，但是他很谦虚，而且，面对咄咄逼人的洪教头，他一直在忍让。

师：你读书真认真！读了这篇课文，你还想了解什么？

生3：我还想了解接下来在林冲身上还会发生哪些故事。

师：不妨去读一读《水浒传》，里面有许多精彩等待着你去发现！

实录4

师：我们将要学习一篇课文《林冲棒打洪教头》，你以前读过吗？

生4：我没有读过这个故事，只是听同学们说过林冲。

师：预习完这篇课文，你还想了解什么呢？

生4：因为平时不怎么读书，所以课文中的一些词语不太理解。

师：哪些词语不太明白？

生4："八十万禁军教头"、"发配"等词语。

师：拿起字典或者请教同学，你一定会理解这些词语！

三、结果分析

以上是部分访谈实录，实录1、2中，访谈对象是男生，实录3、4中，访谈对象是女生。通过交流访谈，我发现大部分学生能够做到认真预习，并且掌握了一定的预习方法，不过从中也能看出，学生在学习中存在着一些问题。

（1）基础扎实的同学，学习的积极性很高，自主学习能力也较强；基础薄弱的同学，则缺乏一定的自主学习能力，在学习时需要老师、同学给予一定的鼓励或帮助。

（2）男女生的兴趣爱好和性格特征存在着一定的差异，这也在一定程度上影响到他们对于课外阅读书籍的选择和阅读的程度。从访谈情况来看，男同学对《水浒传》之类的小说更感兴趣，在阅读时，他们也更乐意去了解一些深层次的内容，拓展其知识面。

（3）五年级的学生，概括文章主要内容的能力还不是特别强，只有部分学生能完整地进行概括，极少数学生能做到简洁明了。所以，在进行概括训练时，老师应该进行指导。

（4）五年级的学生具备了一定的分析能力，能够结合人物的语言、动作等信息去分析人物性格，感知人物形象，但是，这样的分析和感知又是片面的。在分析时，学生往往会着重关注其所喜欢的人物，而忽视其他的人物。此外，大部分学生仅仅是围绕某一个片段去感知人物形象，并不能结合整篇文章进行整体感知。

四、课堂策略调整

基于访谈中呈现的一些问题，我制定了以下教学策略。

（1）生生合作学习。虽然少数同学学习生字词还存在一定困难，但是更多的同学已经具备了自学的能力，养成了预习的习惯。一方面，合作学习的方式给学生提供了展示学习成果的机会，强化了这种良好的学习习惯；另一方面，这一方式也为生生之间的交流搭建了一座桥梁，消除了后进生的自卑心理。

（2）有针对性地指导。学生的概括能力不是很强，因此，我根据文章特点，设计了三个问题，三个问题层层递进，学生在解决问题的同时，渐渐掌握了提取有效信息、概括主要内容的方法。在讲解课文时，我根据访谈情况，确定了以3~7小节为本课教学重点，充分挖掘人物的语言、动作，引导学生感悟人物形象特点，激发学生对于小说这一体裁的阅读兴趣。

（3）布置差异性作业。学生是阅读的主体，教师在授课时应以学生为本，尊重学生差异，给予其更多的自主探索的权利，培养其阅读兴趣。因此，在布置作业时，我提供了一道"二选一"形式的选做题：①选择你喜欢的《水浒传》故事，课后读一读。②三人一小组，演一演这个小故事。

五、结语

交流访谈的形式，能够切实地服务于学生的差异性发展，服务于小学语文课堂教学，活用这种方法，差异的课堂必将徜徉着和谐动人的旋律。

（案例由方健骅老师提供）

[实践案例]

苏教版信息技术三年级《电子邮件的发送》

本课是在学生已掌握了上网冲浪的基本技巧和学会申请免费电子邮箱、了解了电子邮件基础知识的基础上安排的新授课。本课内容丰富，灵活有趣，实用性强，既可培养学生学习兴趣，又可使学生在使用信息技术时学会与他人合作，并能利用网络与他人交流沟通，能帮助学生进一步学会借助信息技术手段解决实际生活问题，提高学生综合应用能力，培养学生发现问题、分析问题和解决问题的能力。

由于学生已具备了一定的观察分析能力和自我学习能力，并初步具备了网络操作能力，但是大多数学生仍没有使用过电子邮件，不明确电子邮件在实际生活中的作用，缺乏应用的基础知识，且学生之间也存在差异，所以，我决定利用课余时间对学生做一个简单的访谈，了解学生对本节课内容的认知情况，以便更好地设计教学环节。

访谈设计

问题1：在日常生活中，通信是我们交流信息、沟通情感的最基本的方式。由于因特网的诞生，人们传递信息的方式发生了巨大的变化。那么，你知道当今有哪几种现代通信方式？

问题2：你觉得在这几种方法中，你最喜欢的传送信息的方式是什么？

问题3：你觉得电子邮件传送信息效果怎么样？

问题4：你了解哪几种电了邮箱？（可举儿个例子引导一下）

问题5：你会使用你所说的电子邮箱吗？

问题6：你曾经发送过电子邮件吗？

访谈实录

师：在日常生活中，通信是我们交流信息、沟通情感的最基本的方式。由于因特网的诞生，人们传递信息的方式发生了巨大的变化。那么，你知道当今有哪几种现代通信方式？

生1：QQ、传真、电话。

生2：电子邮箱、电话、QQ。

生3：电话、短信、微信、QQ。

……

师：你觉得在这几种方法中，你最喜欢的传送信息的方式是什么？

生1：QQ。

生2：电子邮件。

生3：微信。

……

师：你觉得电子邮件传送信息效果怎么样？

生1：还行，但是觉得速度没那么快。

生2：可以发送内存较大的文件，而且可发送的文件种类也比较多，还可以定时发送，比较方便。

生3：没用过电子邮箱，不太了解。

……

师：你了解哪几种电子邮箱？

生1：QQ邮箱、新浪邮箱。

生2：新浪邮箱、126邮箱、搜狐邮箱。

生3：网易邮箱、新浪邮箱。

……

师：你会使用你所说的电子邮箱吗？

生1：QQ邮箱会，新浪邮箱没用过。

生2：会，方法大致差不多，只是界面不同。

生 3：只是看我父母用过，我不会用，我父母不允许我玩电脑。

……

师：你曾经发送过电子邮件吗？

生 1：发过，就是简单的回复，没有自己写过。

生 2：发过，我还用过附件。

……

访谈分析

从访谈中我了解到，大多数学生都见过自己身边的人使用电子邮箱，而自己本身则很少人使用。其原因主要分为两种：一种是父母不允许使用电脑，这是主要原因；还有一种就是学生自己还不会使用电子邮箱。

从访谈中我还发现，完全不会使用电子邮箱的学生其实很少，大多数学生都能知道个大概。例如在哪里写信、在哪里填写发送地址、在哪里填写主题，等等。只是学生对发送邮件的具体要求还不是很了解，例如发送地址的正确写法、添加附件等功能。

实施效果

根据上述访谈，我在本节课开始前已经让学生自己复习了注册并登录邮箱的方法，所以在课堂上，学生快速按照我的要求登录了自己的邮箱，为完成本节课的任务提供了必要条件。这一点也提醒了我要随时做好教学准备工作。

从之前的访谈中，我也发现了几位对发送电子邮件颇有心得的学生，我希望他们成为本节课的闪光点——让学有余力的同学充当一下"小老师"，让他们尝试角色的转变，这样不仅可以使学生获取成功的体验，而且能增强他们的学习动力与激情，从而进一步提高学生的信息技术素养。

从之前的访谈中，我也了解到学生之间存在差异。如何才能做到兼顾差异呢？我想到在基础练习之后添加了一个扩展练习，例如设置信纸、发送一首歌，等等。这是专门为那些学习能力、动手能力较强的学生准备的，这样课堂教学就会取得平衡——能力较弱的学生只需要掌握基本操作，而能力较强的学生则可以进行深入探索。

（案例由刘春燕老师提供）

三、课前预习，明晰学生的学习能力

"凡事预则立，不预则废。"学习也不例外。有些新授的内容可以让学生在老师讲课之前，先自己阅读、预习，做到初步了解，并做好学习新知识的准备工作。预习时，教师可以给学生提供一些自学的提纲（也称预学案），并指导学生预习的方法。不同的学科预习的方法是不一样的，一般预习主要分以下几个任务。

一是巩固复习旧概念，查清理解新概念，查不清、理解不透的记下来。

二是初步理解新课的这部分基本内容是什么、思路如何、在原有知识结构上向前跨进了多远。

三是找出书中重点、难点和自己感到费解的地方。

四是把本课后面的练习尝试性地做一做，不会做可以再预习，也可记下来，等老师授课时注意听讲或提出疑问。

一般情况下，前一天晚上预习第二天要上的新课，这样印象较深。第二天课前，教师要利用一定的时间统查或抽查学生的预习情况，也可以采用前述访谈交流的策略对学生的预习效果进行一个初步的了解与判断。由于学生间学习能力的差异不同，其预习效果自然是有差异的。面对这样的差异，教师要相应地改变教学策略，不能照本宣科、原封不动地使用课本提供的素材。教师必须站在学生发展的高度，根据学生预习的情况，从学科的总体目标拟定出每节课的教学目标，再根据教学内容与学生实际，灵活地选用教法，从照顾差异的角度出发，设计合理的、科学的教学过程。

采用预习的形式进行预学查异时，要注意合理安排好预习时间，切不可增加学生学业负担。对于准备让学生采用探究性学习方式学习的内容，就不适宜让学生先看课本，否则学生从课本中了解了概念推理的过程和解决问题的过程，就无须探究了。需要特别提出的是，该策略在小学低年级要尽量少用，一方面，低年级自主学习的能力不强；另一方面，低年级小学生的功课并非难到不预习不能理解的程度，对于部分聪明的学生而言，预习后常常会自觉都会了，从而削弱了听课的兴趣，养成不认真听课的习惯。

[实践案例]

苏教版《译林》英语 3A Unit 7 "Would you like a pie?"

《译林》3A Unit 7 "Would you like a pie?" story time 第一课时的教学目标如下。

1. 能通过练习区分 a 和 an 的用法。

2. 能用 "Would you like…?"、"What about?" 给他人提建议或提供食物。能用 "Yes, please." / "No, thanks." 回答。能有意识地将所学句型运用到实际生活中。

为了能使学生有目的地去预习，更好地理解文本内容，为了能让教师通过预习作业的检查诊断学生的知识准备状况，认清学生的学习能力，教师预习作业的布置要明确、具体、易于学生操作。根据这一原则和本课知识内容的特点，教师布置了如下预习作业：

---

1. 说一说、写一写课文情景图中有哪些种类的食物，并在这些单词前加上 a 或 an。

2. 预习课文，文中有哪些人物？Who are they?

3. Where are they?

4. 读一读、想一想，给别人提供食物或提建议时说什么？How do you offer people food?

在课堂的前五分钟预学查异环节，教师充分利用课文情景中的人物 Helen，紧扣故事情节主线，通过师生对话和 "What's on the mat?" 的猜测活动复习了曾学过的食物类词汇，并自然而然地将本课的重点词汇呈现。为了能让学生在接下来的表达中正确使用 a 和 an，教师又设计了单词分类的游戏，让学生分一分、想一想，自己归纳总结 a 和 an 的使用规律，为后来的语言输出打下了基础。该教学环节高效地将学生间原有的语言知识储备、语言能力的差距缩小了，为接下来学生"有话会说"创造了条件。

教师通过课前批改学生的家校本以及课堂前 5 分钟的"预学查异—检查预习作业"环节对学生的学习状况进行诊断。

教师通过预习作业 1 的检查，了解学生对词汇的理解。本课的词汇 cake, egg, hot dog 由于在以前的学习中都接触过，大部分学生对它们较为熟悉；而 ice cream, sweet, pie 这几个词班级中不少英语学习较为吃力的学生不能准确读出，原因在于这些学生对于 ice cream 中字母组合"ea"，sweet 中字母组合"ee"，pie 中字母"i"的发音把握不准。对旧知掌握比较好的学生能清楚地说出 a 和 an 搭配的单词，在他们的带动下，一些后进生也能理解并积极举手回答，在生生的交互中学会 a 和 an 的用法。

教师通过预习作业 2 和 3 了解了学生对文本的理解程度。学生能借助课文情景图，初步理解文本，了解文中的人物以及故事发生的地点。

通过预习作业 4，教师了解到，有一半的学生对本课重点句型"Would you like...?"还不能正确理解其含义，不知道给别人提供食物和提建议时如何表达。还有些学生将这里的"like"错误地理解为"喜欢"。学生在回答以上句型时，仅简单地使用"Yes"和"No"，并没有意识到西方国家用"Yes, please."和"No, thanks."表示礼貌。

以上四项预习作业的布置和检查，让教师充分地了解了学情，从而对于接下来的教学进行以下调整。

（1）为了帮助在朗读和记忆单词中存在困难的学生，提高他们单词朗读能力和记忆的效率，在教学中提高词汇 ice cream, sweet, pie 的复现率，同时关注其中"ea"、"ee"、"i"字母的发音，并将这些字母用红笔标注，让语音学习和词汇学习联系起来，帮助学生掌握拼写单词的方法。

（2）对于重点、难点句型"Would you like...?"、"What about?"的教学，不仅要让学生理解句型，学会在情景中使用句型。同时，教师在情景中呈现另一句型"Do you like...?"，能充分帮助那些学有余力的学生主动探究这两种句型的意义，自主归纳 like 在两种句型中的不同意义，进一步加深对本课重点句型的理解。

（3）教学中加强文化意识的渗透，在回答"Would you like...?"句型时用"Yes, please."和"No, thank you."，就会表现得礼貌和有教养，符合西方国家的语言习惯。

（案例由钟蓓蓓老师提供）

［实践案例］

苏教版语文三年级上册《金子》

《金子》是苏教版小学语文三年级上册第七单元的最后一篇课文，讲述了主人公彼得淘金无望、准备离去时，却发现这是一片肥沃的土地。智慧告诉彼得，在这片土地上种上鲜花，必将获得另一种成功。该文将极富哲理、引人启迪的深刻内涵寓于简单平实的语言文字中，深入浅出地为学生揭示了一个道理：要想获得财富或是成功，必须付出辛勤的劳动，必须拥有智慧的头脑。学生在课前自主阅读时做好预学，提出自己感兴趣的问题，能够为课堂提供认知前提的准备，能更好地激发学习动机，从而积极有效地投入到学习活动中去。

师：今天我们继续学习第22课。

生（齐）：金子。

师：听说有人在萨文河畔无意中发现了金子，淘金者就蜂拥而至。最终只有谁找到了真金？

生（齐）：彼得。

师：你是从哪里知道的？

生：从课文最后一个自然段——他不无骄傲地对人说："我是唯一找到真金的人！我的金子就在这块土地里。"

师：你是个善于发现的孩子。

师：同时，老师还发现，我们班的同学很会读书，也很会思考。课前老师读了大家的预学卡，很惊喜！

（PPT 出示几位学生的预学卡，如表1。）

表1　《金子》（第二课时）预学卡

通过第一课时的学习，你最感兴趣的问题是什么？	1. 2. ……

自己能独立解决的问题是?	问题:(填序号)
	回答:

师:老师整理后,发现同学们初学课文后提出的最感兴趣的问题有这些,我们一起分享一下。(PPT 出示问题)

生1:为什么说彼得是"唯一"找到真金的人?

生2:彼得是怎样找到真金的?

生3:彼得找到的"真金"究竟是什么?

生4:为什么彼得找到了真金,而其他人却没找到?其他淘金者和彼得有什么相同之处和不同之处?

生5:彼得成功的原因是什么?

……

师:在这么多精彩的提问中,老师发现第四个问题的视角很独特。一起读。

生(齐):为什么彼得找到了真金,而其他人却没找到?其他淘金者和彼得有什么相同之处和不同之处?

师板书:

	相 同	不 同
其他淘金者		
彼 得		

师:同学们提出的问题很有探究的价值,值得我们去细细揣摩。你最先想要弄懂哪些问题呢?让我们一起去书中寻求答案吧!

(生带着问题,自由读课文。)

在执教《金子》一课前,教师给每个学生发放了一张预学卡。通过预学卡的形式,测查学生不同的学习质量以及对文本不同的把握程度,也为课堂教学内容和教学策略的选择提供了第一手的教学资源。课上,教师言简意赅,直奔主题,分享学生预学卡上的思考、质疑,目的在于检测、诊断。这一环节是学习探索什么是"真金"的预热环节，问题的出示能够起到激发学生学习的兴趣，促动他们内心求知的欲望。它改变了"教师问、学生答"的传统教学方式，让学生自主提问，教师肯定问题的价值，再利用学生的问题，引导学生深入探究文本。这样的设计建立在尊重学生的预学成果前提之下，满足了不同学生的学习需求，遵循了"以生为本"的教学理念，尊重了学生在学习中的主体地位。

（案例由王安梅老师提供）

四、课初反馈，调整教学目标

有效的教学离不开对学生的全面了解，只有了解学生、读懂学生、明白学生真正需要什么，我们的教学才能有的放矢，才能真正做到"以生为本"。课前查异，是读懂学生最好的手段之一，但由于时间与精力的限制，日常的教学中，我们不太可能每堂课都对学生进行前测、访谈。为了确保我们的教学目标更为合理、更为贴近学生，也不妨采用课中查异的形式来了解学生。

课堂中，学生作为一个个鲜活的生命体，他们都有自己的生活经验、家庭背景，都是不可替代的独特个体，他们都带着自己的感受来到课堂进行交流、碰撞、对话。在这种背景下，课堂不再是一出按教案展开的"情景剧"，各种不确定因素随时都会出现。原先预设的教学目标在这变化莫测的动态课堂中，就显得有些教条。如果我们无视这些变化的存在，依旧我行我素，那我们的课堂将毫无生机，"以生为本"、"照顾差异"将不过是口号。为此，在进行新知教学时，我们可以让学生对新知进行预学，教师在课堂上通过对预学情况的观察，及时了解在此过程中有哪些问题学生能自己解决、在哪些环节还存在困难，不同层次学生对新知的理解差异在何处……并以此为依据，动态调整预设的教学目标，从而掌好有效教学的"舵"。

［实践案例］

苏教版数学六年级下册《列方程解决稍复杂的百分数实际问题》

《列方程解决稍复杂的百分数实际问题》是苏教版小学数学六年级下册第一单元的教学内容（如图1）。

例5 朝阳小学美术组有36人，女生人数是男生的80%。美术组男、女生各有多少人？

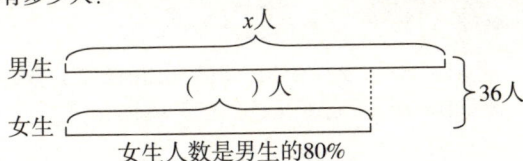

解：设美术组有男生x人，女生就有80%x人。
$$x+80\%x=36$$

图1

备课之初，依据对教师参考用书的解读，以及对本课教学内容的理解，我对教学目标预设如下。

1. 使学生在已经学会解决一些基本的有关百分数实际问题的基础上，初步学会列方程解决一些稍复杂的百分数实际问题。

2. 使学生在探索解决稍复杂的百分数问题的过程中，培养勤于动脑、独立思考的学习习惯。

上课伊始，在必要的复习铺垫后，直接亮出例题，让学生独立尝试练习，进行预学活动。我在行间巡视时，留心观察学生的预学情况，并在心中对完成情况进行统计（如表1）。

表1　完成情况统计

完成情况	用方程解	用除法解	用比例知识解	转化成分数解	不会解
人数	19	10	5	3	3

从预学统计中不难看出，全班有92.5%的学生能通过自己的理解独立完成该题，说明例题的解决对于绝大多数学生而言并不是难点。为什么在没有教之前，就有19名学生能自觉用方程解答，还有18名学生采用了不同方法进行解答呢？原来学生在

六年级上册就学过类似的知识（如图2）。

例2

北京颐和园占地290公顷，其中水面面积大约是陆地面积的3倍。颐和园的陆地和水面大约各有多少公顷？

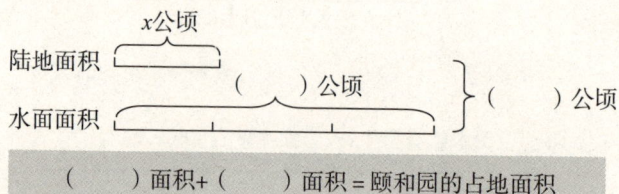

```
            x公顷
陆地面积  {‾‾‾‾‾}
                   (  )公顷        }(   )公顷
水面面积  {‾‾‾‾‾‾‾‾‾‾‾‾‾}
```

( ) 面积 + ( ) 面积 = 颐和园的占地面积

解：设颐和园的陆地大约有x公顷，水面大约有3x公顷。

$$x+3x=290$$

图 2

很明显这是同一类题，即都是有两个未知数，并且两个未知数之间有着倍比关系，都可以用列方程的方法来解决。只不过现在的倍比关系用百分数来表示而已。同时，由于在平时教学中，大量分数除法应用题以及百分数、分数、比之间转化的练习，使得大多数学生对于"80%"已不再陌生，他们会自然而然地将它转化成4/5或4：5，所以，出现多种解法不足为奇。面对这样的预学状态，如果我们仍按预设教学目标让学生从零开始，进行逐步"探索"，显然不合适。为此，我及时对教学目标进行了如下动态调整——

基础性目标：在回顾"列方程解决稍复杂的分数实际问题"的基础上，进一步掌握数量间相等关系的分析方法，学会列方程解决稍复杂的百分数实际问题。

挑战性目标：在辨析多种解法的基础上，沟通新旧知识之间联系，重建学生的知识结构；并在分析问题、解决问题的数学活动中，发展学生的数学思考能力，提高用方程表示数量关系的能力，进一步积累解决问题的经验，增强数学应用意识。

（案例由杨宏权老师提供）

[实践案例]

苏教版《科学的预设 艺术的生成》一年级下册《立定跳远》

作为新授课,一年级立定跳远技能教学第一课时预设的技能目标为:绝大多数学生能基本掌握立定跳远预摆动作的技能要求。

课堂教学中,在完成基本的准备活动后,我设置了一个自由练习的环节,在地上画两条相距50厘米的平行线形成了一条"小水沟",让学生依次试着从"水沟"一侧跳到另一侧(如图1),每人跳一次,要求双脚同时离地起跳,并在学生完成的过程中在心里进行统计(如表1)。

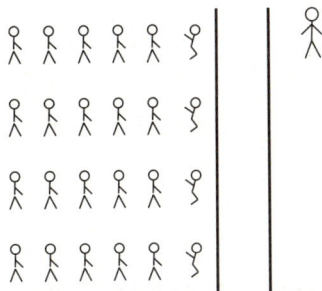

图1

表1　学生完成的过程统计

有无预摆	有			无	
动作情况	预摆较好	预摆不完整或错误	动作不协调	双脚起跳	单脚起跳
人　数	18	4	13	1	2

从以上统计中可以看出,92.1%的学生知道在跳远过程中运用预摆动作,且其中仅有4名学生的动作有明显错误,说明大多数学生对于立定跳远的预摆动作有一定的了解和掌握。为何新授内容学生却比较熟悉?原因在于立定跳远并非一年级"跳跃"这一教学单元的第一个教学内容,在之前的教学中,同学们常常会做一个叫作"高人、矮人"的反应游戏,其中"高人"的动作与预摆中上摆动作类似,

"矮人"动作则与后摆动作有些接近，而游戏过程中两个动作的快速转换，则与连贯的预摆动作要求相吻合；同时前几课时的跳跃课中，让学生尝试过用"高人、矮人"游戏接纵跳的练习。因此本节课出现这样的情况也理所当然，只是之前要求向上跳，现在尝试向前跳。

原先预设的掌握预摆动作的教学目标，面对此时的学情显然是不够的。之前的统计显示，在使用预摆动作的同学中有13名同学的动作不协调，占了有预摆动作学生数的37.1%，也就是说相当一部分学生仅仅会做动作，并不能很好地让预摆为自己的立定跳远服务，因此我将本节课的教学目标调整如下。

基础性目标：在正确掌握预摆动作的基础上，手脚配合、协调用力地向前上方跳出。

挑战性目标：完善自己的预摆动作，尝试利用预摆，使自己的立定跳远跳得更远。

（案例由陆翔老师提供）

第二节　初学适异

初学适异视频资源（数学学科，执教者：周萍）

差异教学立足于学生个性发展，并不是为了将学生的差异拉齐，但客观上，学生学习水平差距过大会给班级课堂教学带来一定困难。[1] 初学适异环节是在了

---

① 华国栋. 差异教学策略［M］. 北京：北京师范大学出版社，2009：85.

解了学生预习情况的基础上，让学生尝试对新知进行自主学习，并通过选择性的学习内容和多样化的学习方法等策略适应不同学生的差异，从而加快学生自我适应新知识的步伐，缩短课堂上接受新知识的时间。

教材中的学习内容都是按照学生的一般认知规律，由浅入深、由易到难编排的。但考虑到知识体系和学生所需，我们可以通过灵活安置教学内容、调整教学手段、提供其他的辅助教学资源等方式，向学生提出不同梯度的初学要求，让学生开展尝试性的自主学习。教师在学生尝试性自主学习的过程中提供适合不同学生的差异性的方法与技术的指导，并通过学生的大面积及时反馈了解学生对新授知识的掌握情况，以便教师为后面的研学做好充足的准备。因此，教师还需要组织学生进行初学成果的汇报，了解学生初学结果的差异，并在汇报中进一步整体感知学生在学习过程中形成的认知差异，以便及时调整下一个环节的教学方法。

一、挑战性学习目标，适应不同学生的最近发展区需要

学生作为发展中的人，他们自我的体验应当得到尊重，在制定学习目标和问题设计时，多设计一些能促进学生思考的开放性问题，为学生的自主学习提供广阔的空间。

每个学生的学习目标都在自己的"最近发展区"内，挑战性学习目标是对自己已有水平的挑战与跨越。有效、优质的教学要求教师在课堂教学中尊重学生独特的感受、体验和理解，多一些欣赏，多一些机智，把握住生成，从而制定出对不同层次的学生都具有挑战性的学习目标。挑战性学习目标的基本制定策略是：在了解学生认知准备水平与学习兴趣的基础上，先多后少，从粗到细，预设、调整与动态生成相结合。

在初学适异环节，根据学生认知的差异制定不同层次的教学目标，能够有针对性地激发不同层次学生的学习欲求，挑战性的教学目标最有利于调动学生学习的主动性、积极性，也能照顾学生的差异。它对于一般教师的课堂教学而言，同样也是具有挑战性的，它需要教师在课堂上迅疾地做出反应，以及时应对接下来的教学环节，以期改善自己的课堂教学，提高课堂效率和教学质量。

教师可以依据预定的教学目标，结合学生的学习情况，通过师生、生生互动合作等形式，生成新的学习目标。

[实践案例]

苏教版语文四年级上册《奇妙的声音》

《义务教育语文课程标准（2011 年版）》对四年级习作提出了"乐于书面表达，增强习作的自信心。愿意与他人分享习作的快乐"的要求。因此，我们要关注学生写作兴趣、观察能力的提高以及观察习惯的养成。兴趣、能力、习惯都是内隐的非智力因素，是习作教学非常重要的目标之一。所以，在习作教学中，教师要关注学生参与习作时的情感、态度、方法、行为的变化。同时，教师还要依据学生的学习差异，引导学生在动态的学习过程中，不断挑战自己，挖掘学习潜力，使教学目标差异化，符合学生学习特性。

苏教版语文第七册中有一篇习作《奇妙的声音》，在执教这一课的讲评课时，教师匠心独运，从教学目标出发，将学生在习作中的题目分类整理，一下子就吸引了学生。

师：俗话说，题目是文章的眼睛，老师选取了本次习作中你们文章的题目：

老鼠最怕"滋滋"声

"洗刷刷，洗刷刷"

绿茵进行曲

鱼锅的矛盾

幽灵的呼唤

师：哪个题目吸引了你？为什么？

生：第一个题目吸引了我，因为这个题目中用到了象声词，我仿佛看到老鼠听见"滋滋"声那种害怕的样子。

生：我喜欢"幽灵的呼唤"，看到这个题目，我的脑海里浮现了令我害怕的场景。

生：我喜欢"鱼锅的矛盾"，看到这个题目，我特别好奇，想知道它们之间到底会发生了什么故事。

……

师：这些题目也同样吸引了我，题好一半文啊！你看，它们有的直接将象声词表现出来，有的未见其文先知其意，还有的给了我无限遐想的空间。

师：现在读读你的题目，分小组讨论，看看可不可以修改得更精彩？（小组讨论交流，尝试修改题目）

师：你的作文题目是不是变得更令人期待了呢？（指名交流）

生：我把原来的题目是"小蚊子"改成了"嗡嗡声来袭"。

师：不错，题目中用到了象声词。之前的题目更像是状物类文章，改成"嗡嗡声来袭"后更加生动了。

生：我把"小马路大家庭"，改成了"马路工作室"。

师：题目果然比刚才更吸引人。

生：我把"夏天的夜晚"改成了"虫虫歌会"。

师：题目富有童趣而又充满想象，内容真令人期待。

……

给作文取一个新颖的名字，对于四年级的学生来说还是有一定的难度的。好的作文题目既能反映学生的概括能力，也能从中看出学生的语文素养。这种能力的培养不是一朝一夕完成的，需要在习作练习中慢慢形成。从学生的作文题目讲评入手，也是提升学生习作能力的常规训练。在这一环节，围绕教学目标，教师把此次习作中的作文题目进行了分析和整理，使学生作文题目中的亮点得以凸显，便于其他学生借鉴和学习。这时教师相机点拨，激发学生修改自己习作题目的欲望，生成新的具有挑战性的学习目标。在学生赏析题目时，教师的点拨指导也指向了教学目标，并促使学生完成挑战性的学习目标。在此基础上，让学生小组讨论尝试修改自己的作文题目，既立足于学生基础，让大多数学生通过努力基本能实现教学要求；又有利于他们个性差异在各自的起点上有所发展。差异指导，层层递进，在完成既定教学目标的基础上完成了新的挑战性目标。

（案例由郑金平老师提供）

[实践案例]

苏教版科学四年级下册《摆》

《摆》是苏教版小学科学四年级下册第三单元《物体的运动》的第五课，旨在通过学生自制摆，发现摆速不同这一问题，进而探究影响摆快慢的因素。在实验中，教师带领学生学会控制变量，培养学生在解决问题时的合作意识和探究能力。四年级的学生对科学实验兴趣十足，已基本具备了观察、思考和整理数据的能力，也能够对收集到的数据进行比较、分类。我们更鼓励学生能够根据自己制作的摆，依据预定的教学目标，结合实验情况，推测影响摆摆动次数的因素，经历一个观察现象—推理判断—制订方案—论证计划的可行性的活动过程，开放学生的思维，生成新的更具挑战性的学习目标。

1. 演示摆

师：根据摆钟图片，请问摆由哪些部分组成？你能否也做一个？

学生小组讨论并制作摆，老师有选择地演示。

师：摆由摆线和摆锤组成。用钩码做摆锤；棉线做摆线，摆线一端的线圈套在铁架台的圆环上，线头系紧后，一个摆就做成了。将摆锤提起在某个高度后，所形成的角度叫作摆角。

2. 正确使用摆

师：如何可以让摆正确摆动起来呢？

学生演示。

老师演示并强调：稳定支架，拉直摆线，将摆锤提起在某个高度（高度不宜过高），手不加力轻轻一松，使单摆在竖直面内摆动。注意：不能形成圆锥形摆动。

3. 探究实验

师：下面我们要做一个小实验，测试每组的单摆在 15 秒内摆动的次数。

师：摆怎样才算是摆动一次？

生：从左边最高点到右边最高点算一次……

师：单摆从左边起始位置摆到右边最高点，再从右边最高点回到左边起始位置，算摆动一次。如果出现半次，就如实记录为 0.5 次。每组实验 3 次，求均值。

学生实验，汇报，老师记录在黑板上（如表1）。

表1　集体记录单

组　号	1	2	3	4	5	6	7	8	9	10
次　数	12	13	13	15	15	14	12.5	10	10	9

师：我们知道，次数多说明摆得快。次数少说明摆得慢。根据各组数据，对摆的实验，你们还有什么想要进一步了解的？

生1：我想知道，影响摆的因素到底有哪些？

生2：我还想知道，如果这些因素都一致了，摆的次数是不是就相同了？

在最初试教时，没有设计上述导入实验，学生因操作机会少而错误操作较多且实验目的不明。导入环节实验后，看到各组的数据时，学生是疑惑的——"为什么三次实验后各组均值都不一样？我们组的数据错了吗？我们的操作有问题吗？"其实是老师给各组准备的摆线长度不一，便于引出本课核心问题———"影响摆运动快慢的因素"。在后续实验也会出现数据不一的问题，操作不当、计时不当、教学设计需要等都可能是原因。所以，在重新调整教学目标、设计教学环节时，我注意引导学生反复练习让单摆正确摆动这一操作，通过对比15秒内每组单摆摆动次数均值不同，让学生动态生成本课的核心问题，也是具有挑战性的新任务——"影响摆运动快慢的因素"。

（案例由朱彤老师提供）

二、梯度性学习问题，适应不同学生的思维需要

叶圣陶先生认为，教师对学生是有帮助的。所谓帮助，主要不在于传授知识，而在于引导学生自己去求得知识，也就是引导学生自己去发现问题，自己去解决问题。在初学环节的教学设计中，教师利用学生已知已会的知识与新知之间的关联性来设计不同梯度的问题，引导学生根据自己的预学储备开展不同程度的尝试性自主学习。这样，既能让学生轻松愉快地接受新知识，激发学生学习的兴趣，缩小他们学习新知识之间的差距；又能让学生主动探究，去发现问题、提出问题、解决问题，为下一阶段的研学打下基础。

通过预学，不同的学生个体已经储备了不同程度的学习新知的能力，初学部分主要是结合课前预学卡上的预习情况，更有针对性地指导学生学习。梯度要求的设计就是通过比较简单的问题提问，针对平时学习基础比较薄弱的学生，我们设计了"了解、记忆、应用和理解"目标层面上的问题，让他们能在自己的能力范围内独立解决；对于学优生，我们一般设计的问题则处于"应用、分析、评价、创造"目标层面上，从而让这些问题更具挑战性，激发这部分学生的好奇心，体验挑战后的成功快乐。梯度设计学习问题的策略最大程度上尊重了学生的差异，并利用差异进行转化，让每一个学生都能在课堂教学中有所收获，有所提高。

［实践案例］

苏教版语文三年级上册《石头书》

《石头书》是苏教版语文三年级上册第六单元的一篇科学小品文。全文共有14个自然段。课文通过川川和磊磊这两个小朋友与勘探队员的对话，介绍了许多有关岩石的科学知识，告诉我们石头就像一本书，里面蕴含着许多学问。同时，课文也赞扬了这两个小朋友爱"刨根究底"的科学探索精神。课文情趣盎然，寓科学知识于充满童真的对话之中，使科普作品犹如儿童读物一般有趣。

师：课前，老师看了同学们的预学卡，发现这些词大家觉得比较容易读准确，你会读了吗？（课件出示生词：叔叔　奇怪　一册书　脚印　足迹　矿物　贝壳　煤炭　化石）

（生分排读，齐读；师适时点评，相机纠错，"脚印"的"印"是前鼻音。）

师：这些词有些同学觉得比较难读，请同学们对照拼音再练习读一读，读准字音。（课件出示：勘探队员　不禁　雨痕　刨根问底　聚精会神　趴在　读书　光秃秃　地壳）

（生自由读、"小老师"领读。）

师：有没有哪些字的读音是要提醒大家注意的？

生："不禁"的"禁"是前鼻音。

师：你知道什么是"不禁"吗？

生："不禁"就是经受不住、抑制不住。

师：你是怎么知道的？

生：通过查字典的方法。

师：这个方法非常好，可以教给班上其他同学。还有什么需要提醒注意的吗？

生：刨根问底的"刨"是多音字，要注意。

师：你能再给它分别组个词吗？（多媒体出示：禁、刨）

师：这里还有个词"聚精会神"，这个词我们以前学过，谁能用自己的话说说这个词是什么意思呢？（形容精神高度集中）你能给它找一个近义词吗？（目不转睛、专心致志、全神贯注）

师：现在这些词都会读了吗？我们一起读一读。

师：字词我们会读了，那生字会写了吗？（PPT出示）这些字，你有好方法记住它们吗？

师：伸出手跟着老师来写一写？

叔——左右结构，上的一横写在横中线上，左右写得一样宽，竖勾和竖是两笔。

册——中国汉字包含丰富的文化内涵，有时候我们从造字方法推测出它们的意思。（讲解演变过程）这是一个独体字，哪一笔最主要？横，要写在横中线上。

印——左高右低才站得稳，注意笔顺。

迹——半包围结构，先写里面再写外面，哪一笔在横中线？哪一笔在竖中线？最后的捺是一个平捺。

师：字词我们都已经会读了，再来看看课文。课前你读了几遍？读流利了吗？谁来给我们展示一下？（开火车分自然段读，师指导朗读，相机纠正读音）

这一案例在教学设计时，将比较简单的字词罗列出来，让平时语文基础比较薄弱的学生自主学习，让他们能够感受到学习的轻松愉快，调动他们学习的热情，减缓他们的畏难情绪。文中重点、难点词语则针对理解能力比较强的学生，让他们有挑战成功的喜悦。教学中教师采取了用旧知牵引，设计不同梯度的学习要求来帮助学生理解新知的策略。例如"聚精会神"这个词学生以前学过，教师要求学生用自己的话说说这个词的意思，再给它找一个近义词巩固理解。设计有梯度的学习要求的策略让不同的学生不同程度地适应了新知识，减少了一部分学生的畏难情绪，也缩短了他们与其他学生在课堂上的距离。

（案例由龚蕾老师提供）

[实践案例]

苏教版信息技术四年级《在 WPS 文字中插入图片》

信息技术课上，在 WPS 表格中插入图片是 WPS 表格软件学习的第五课，之前一课，学生们已经学习了怎么样在 WPS 表格中插入艺术字，因此在能力上已经具备了一定的基础。

在初学适异环节学生在知道本节课的新的知识点后，根据自己原本的旧知来完成老师布置的新任务。从而掌握以下几个知识点：①插入图片的方法；②调整图片大小；③改变图片的位置；④会使用文字环绕工具。教师采取任务驱动教学法，在学生操作的过程中进行巡视，能够发现每一位学生的操作能力的差异，从而为接下来的教学奠定基础。

师：我们的家乡扬州是一个闻名的旅游城市，"烟花三月下扬州"这句话很好地表达出了扬州旅游的最好时光！作为一个扬州人，我很想为扬州的旅游事业尽一点力量，老师特意设计了旅游传单，我设计了两份（打开两个文档），请同学们帮我选一选，看看哪一份更好。

师：看，这是老师为扬州市旅游发展设计的两份宣传单，你们觉得哪种宣传效果更加形象生动，更能起到很好的宣传效果呢？

学生的回答肯定是带图片的那份，我趁热打铁提出第一个任务。

任务一：当我们学习在 WPS 文字中插入图片之前，我们先回顾一下上节课操作——插入艺术字，请你为你的文档插入艺术字标题——最美扬州。

提出任务后，学生动手操作，练习上节课讲过的知识点，插入艺术字。学生在操作过程中，我巡视帮助有困难的学生。

任务二：同学们先自己动手试一试，如何在 WPS 中插入图片？

学生自己动手操作，尝试解决本节课第一个知识点。

在学生操作的时候，我进行了巡视，了解每一位学生的操作能力，对能力不足的学生进行个别适当辅导。

任务三：改变图片的大小。

学生自己动手操作，尝试改变图片的大小。

教师巡视指导学生探索最简单的方法，发现鼠标形状的变化。

教师以扬州旅游节为出发点，从身边的事物出发，激发学生的学习兴趣，同时还增强学生对家乡扬州的热爱之情。任务一插入艺术字这样的设计既让学生复习旧的知识，又让学生为接下来插入图片的任务做准备，发现两者的相同点：都是在"插入"菜单栏下的命令。任务二提出后，学生们思考讨论，然后教师提示学生插入图片同样要使用"插入"菜单，让学生自己动手实践，看看谁最先找到插入图片的方法，这样的目的在于培养学生通过旧知牵引进行主动探索的学习习惯。在动手实践过程中，学生的差异会显示出来。有些学生很快就找到了插入图片的方法。但是，也有少数学生不能完全掌握。这时，教师请已学会的学生担任小老师，指导其他同学，并鼓励学生走上讲台为大家演示插入图片的方法，给学生提供一个展示才能的机会。最后，教师再进一步利用事先做好的课件，演示操作步骤，归纳操作方法。这样做，既突出了本节课的重点，又强化了学生对重点知识的掌握。任务三的提出，是针对学习能力较强的学生有梯度地设计的学习任务。他们已经完成前两个任务，作为能力的拓展，这个任务的完成必须以前两个任务为基础，细心的学生会发现利用鼠标位置移动的变化来改变图片的大小，同时为下一个环节设置图片大小具体值奠定基础。

（案例由张露老师提供）

三、选择性学习内容，适应不同学生的认知需要

教材作为学习内容的载体，由于其自身所处的特殊地位，其使用覆盖面广、内容兼顾性强，但相对目前我国班额较大的情况，要照顾学生差异是比较困难的。换而言之，如果我们只是用教材教教材，那就会出现两种情形：①学优生面对所学内容，一会儿就能自主解决，接下来就在无事可做的状态下"等待"；②学困生面对所学内容，不知所措，无从下手，他们得不到任何帮助，整个自

主学习的过程都处于"闲置"状态。无论哪一种状态，都是对学生学习时间极大的浪费，"一刀切"的学习内容无法照顾学生的差异。在差异教学理念指导下的课堂，同样也使用同一本教材，但这并不等同于教学内容也完全一样，可以对教学内容做适当的调整和组织，以适应不同的教学要求和目标，使水平高的学生在自己的原有基础上水平得以提高①。同时，为学困生在自主学习的过程中"搭梯子"（提供更丰富的学习准备材料等）提供必要的帮助，通过低一级内容（相对学生自主学习的内容而言）的自主学习为新知提供方法、知识基础等方面的准备，从而保证这些学生通过自身努力，顺利进入新知的自主学习中去。

[实践案例]

苏教版语文三年级下册《你必须把这条鱼放掉》

《你必须把这条鱼放掉》是苏教版语文三年级下册第六单元第一篇课文，讲述了汤姆和爸爸去钓鱼，在离允许钓鲈鱼的季节还有两小时时，他钓上了一条从未见过的大鲈鱼，并在父亲的要求下自觉遵守规定把鲈鱼放回湖中。文章将深刻的道理根植于父子平实的对话中，深入浅出地为学生揭示了一个道理：遵守社会公德、社会规定应该成为自觉的行动。这篇文章的结构不复杂，去钓鱼、钓到鱼、放鱼、放鱼后的感受。对于三年级的孩子来说，一读就知道。当然，学生在阅读中也能寻找到最重要的段落是放鱼。为什么要放鱼？学生的认知差异、情感差异以及让学生在课前预学自主阅读时的思考是不尽相同的。在初学环节，教师要为学生提供丰富的自学素材和要求等，让学生自主选择学习内容、更好地激发学习兴趣，让学生积极有效地投入到学习活动中去。

出示学生初学课文第二段提出的几个问题：

（1）小作者是在几个小时以后钓到这条大鲈鱼的？

（2）他凭什么判断出上钩的是一条大鲈鱼？最大的鲈鱼有多大？

（3）他估计是大鱼，为什么不马上扯上来，却小心翼翼地一放一收？

---

① 华国栋.差异教学策略 [M].北京：北京师范大学出版社，2009：117.

（4）鲈鱼捕捞开放日是怎么一回事？

（5）父亲说的那一段话是要告诉我们什么深刻的道理吗？

……

师：你们选择其中自己最感兴趣的一个问题，用自己最喜欢的方式来朗读课文。

生有的默读，有的轻声读，有的边读边以动作帮助理解，有的合作朗读父子的对话，也有的边读边画边想象文中所描写的情境。

师：前后左右的同学中（只要不下位四处走动），选择相同问题的再互相讨论一下。

师：谁来汇报一下，你已经解决了哪个问题？

生：我解决了第一个问题，大概是四个小时以后。

师：你怎么判断出来的？

生：开头有"夜幕初垂"，大概是晚上六点。第8自然段中，爸爸又说"现在是晚上10点"，中间差不多有四个小时。

生：我觉得只有三个小时。因为月亮出来的话，一般都要到天黑了。

生：我觉得时间没有这么长。汤姆还是个小孩子，他怎么可能有耐心等这么长时间？

师：你们能各抒己见，根据课文内容或者自己的生活经验来说出自己独特的见解，都是善于思考的孩子。

生：我弄懂了第3个问题。因为我跟爸爸一起去钓过鱼，爸爸告诉过我，鱼儿上钩的时候不能猛地一拎，这样反而会让鱼跑掉。

师：你记住了爸爸说的话，真不错！谁能从书中找到依据？

生：汤姆是个钓鱼的高手，你看，他一上来就把鱼饵套上鱼钩，然后甩起鱼钩，把钓线抛向远处，动作特别熟练。

师：把掌声送给自己。你太会读书了！就请你来读一读这几句话。（生读）

生：我弄清楚了第2个问题的一半。

师：哦！没关系，你说，剩下的一半还有老师和大家在呢！

生：文中说"鱼竿弯成了弧形"，那就表示钓到的是一条大家伙。

师（笑）：看来你也是个钓鱼的高手呀！

师：老师在网上查过，韩国渔民曾经捕获过一条 1.7 米长的巨型鲈鱼。你们可以想象一下，这条鱼得有多大！（生惊叹）

师：还有两个问题没能解决。没关系，我们来继续探讨。

在阅读学习中，学生的个性差异有多种表现，其表现之一为对阅读材料兴趣点的不同，学生感兴趣的词句段落或问题往往各不相同。教师应尊重这种个性差异，允许学生根据自己的需要选择自己最感兴趣的内容入手，让学生选择其中自己最感兴趣的问题再读课文，合作学习，探讨答案，学生表现得兴趣盎然，学习效果非常好。同时，允许学生用自己最喜欢的方式来朗读：有的默读，有的轻声读，有的边读边以动作帮助理解，有的边读课文边和同学讨论，有的合作朗读父子的对话，也有的边读边画边想象文中所描写的情境。这样的教学，以学生为中心，以学生的需要和兴趣为出发点，学生可以充分发挥自己的学习自主性，充分发挥自己的个性，从而学得主动、自在投入。一千个读者就有一千个哈姆雷特。在阅读教学中，教师还必须给每个学生理解和表达阅读材料的机会，鼓励学生各抒己见，把自己独特的见解、感受尽情表达出来，允许仁者见仁，智者见智，千万不能把学生的理解往一种标准、一种答案上套。从不同的角度，大家就会有不同的理解、不同的领悟。面对不同的见解，我们绝不能简单去否定，孩子是单纯的、真实的、脆弱的，为人师者一定要站在儿童的角度，"蹲下来"观察、体会，先尊重他们、理解他们，然后才能有效地引导他们。

（案例由王安梅老师提供）

[实践案例]

苏教版数学六年级上册《解决问题的策略》

本单元教学"假设—替换"策略。在之前的授课中，已经教学了常用的解题思路，从条件向问题推理与从问题向条件推理；教学了理解题意、整理信息的常用方法列表和画图；还教学了枚举、转化等思想方法。应该说，这些策略的教学，大幅度提高了学生解决实际问题的能力。同时，"假设"策略在日常教学中也早已渗透于其中，为了摸清学生对"假设"策略的认知情况。我们在教学之前进行了测试分析（如表1）。

表1 前测数据分析

解法	一种解法		两种解法		三种解法	不会写
	方程	替换	方程+替换	两种替换	方程+两种替换	
人 数	7	6	5	10	3	6
百分比	19%	16%	14%	27%	8%	16%

依据上面的前测分析，我们进行了如下的初学环节的教学。

出示例题：小明把720毫升果汁倒入6个小杯和1个大杯，正好都倒满。小杯的容量是大杯的 $\frac{1}{3}$ 。小杯和大杯的容量各是多少毫升？

师：请同学们齐读例题。

师：认真思考一下，自己能独立完成吗？（停顿）

师：如果有困难也没关系，可以先完成黄色作业纸上的"试一试"，找一找灵感，然后再完成作业纸上的例题。如果会写就可以直接在作业纸上完成，完成后试着挑战一下红色作业纸上提出的更高要求，祝你好运！

黄色作业纸：

（1）小明把720毫升的果汁倒入9个相同的小杯中，正好都倒满，每个小杯的容量是多少毫升？

（2）小明把720毫升的果汁倒入3个相同的大杯中，正好都倒满，每个大杯的容量是多少毫升？

红色作业纸：

除了你已完成的方法外，你还能用其他不同的方法解决这道题吗？开动脑筋，大胆地试一试吧。

学生独立完成。

教师巡视学生自主完成情况，重点关注学生差异化的问题解决方式，对于选择"黄色作业纸"的学生也主要询问：

（1）黄色作业纸的练习，能完成吗？

（2）完成后有没有受到启发，说给老师听听？

此时，教师可适当地为学困生做一些个别课间间隙辅导，从而缩短与学优生的认知差距，以确保其在以后的"研学"过程中能参与、能领悟。

师：停笔！老师发现，很多同学例题已解答完成。请已经完成例题的同学举手。（学生举手）例题完成后，又继续挑战红色作业纸上的任务，并且有收获的同学，请将红色作业纸举起来给大家看一看。（学生举手）你们敢于挑战，真了不起！

师：开始有困难，通过完成黄色作业纸中的"试一试"练习找到灵感，顺利完成例题的同学，请将黄色作业纸举给大家看一看。（部分学生举起作业纸）你们遇到困难，能够自我解决，真棒！

师：从开始的不会，到"试一试"中找解题的方法，然后顺利完成例题，最后又能在红色作业纸进行挑战的同学，请把你们双手高高举起。（学生举手）老师真心佩服你们，因为你们通过自身的努力，实现了两次超越！

通过前测数据分析，我们不难看出，全班有84%的学生都能独立完成例题的自主学习，但还有16%的学生不能自主学习。为此，在出示例题进入初学环节时，我们另外设计了两个层次的学习内容：①黄色作业纸，是专为不能自主学习的学生准备的，当他们自主解决例题遇到困难时，可以通过完成"试一试"中较易的题目，寻找"假设"的灵感，从而为解决例题提供策略帮助，促进学生自主完成例题的学习；②红色作业纸，是专为学优生或是完成例题的学生准备的，可以让学生充分发挥自身的能力特长，开放思维，创造性地向多种解法进行探索，这也是为后面的"研学"做好充分的知识储备。从实施效果看，具有可选择性的学习内容，为不同学生的自主学习提供了超越自我的可能，实现了自身最大限度的发展。

（案例由周萍老师提供）

四、多样化学习活动，适应不同学生的能力需要

纽约圣约翰大学的邓恩夫妇（Kenneth Dunn & Rita Dunn）的调查表明：仅有30%的学生记得其在标准的课堂时间所听到的内容的75%；40%的人记得他们读到或看到的内容的3/4。这40%的视觉学习者又分两类：一些人以语词的形式处理信息；另一些人以图表或图片的形式保留他们所看到的东西。15%的人需

要触摸物体，写、画，以及参与具体的经验。另外 15% 的人则需要通过身体运动才能使他们学习得最好。邓恩夫妇指出，我们每一个人通常都有一种主要的能力，还有一些次要的能力。在一个课堂或者学习班里，如果学生的主要知觉能力不适应教学方法，他们也许会有学习上的困难，除非他们能用其次要的知觉能力弥补。根据平时观课的经验，我们深刻体会到，动觉和触觉的学习者是传统学校课堂中的失败者。因为在有限的课堂时间内，教师不太可能让他们有过多时间通过触摸、运动等方式进行学习。这样他们就会感到被排挤、被遗忘以及乏味无趣，从而产生厌学情绪。

有学者将个体学习通性（指个体在学习活动中惯于采用的学习方式）分为三大类型：①冒险型，这类个体参加学习活动积极主动，因此教师宜提供有趣味的教材和活动；②沉思型，这类个体较重视学习细节，因此教师宜运用编序教学法；③任意型，这类个体学习分心，因此教师在教学中需要不断改变学习活动，并运用行为改变技术，提供易获得成功感的教学。

学生不仅在学习方式上存在差异，在思维的类型上也有所不同。许多数学家与心理学家（如庞加莱、阿达玛、克鲁捷茨基等）都认为存在不同的数学气质类型。一般分为分析型、几何型和调和型三种。分析型特点是高度发展的语言逻辑成分比微弱的视觉形象成分明显地占优势。很容易运用抽象模式进行运算，在问题解答中，不需要形象化的东西或模型的支持，即使是在问题的已知数量关系中，已经"暗示"出视觉概念时，也是如此。几何型特点是发展得非常好的视觉形象成分比语言逻辑成分占优势。常感觉需要形象地解释抽象的数量关系，并在此表现出巨大的独创性，常用图形表示取代逻辑。当以形象化方式解答问题失败时，用抽象的方案进行运算就有困难。总是坚持用视觉的图式、表象和具体的概念进行运算，甚至当问题依靠推理很容易解决，使用形象的方法显得多余或困难时也是如此。调和型特点是在语言逻辑成分的主导下，语言逻辑成分和视觉形象成分发展得相对平衡。① 为了适应不同学生的能力需要，照顾学生差异，在初学环节，我们采用多样化的学习活动，让学生根据自身能力的需要自主选择，从而为每个学生提供最大限度

---

① 朱文芳. 函数概念学习的心理分析［J］. 数学教育学报，1999（11）：24.

发展的机会和可能。

其实，无论是学习内容的选择，还是学习方式的选择，都是一个非常复杂的过程。选择本身就是一种学习过程，有选择就必然有放弃，在选择与放弃的过程中，学生的认识水平在提高，思维能力在增强。选择的过程是一个快乐的过程，也是一个痛苦的过程，而学生的智慧就在这样的选择中生长，学生的身心就在这样的过程中成熟，进而形成健全的个性，发展成为更好的自我。

［实践案例］

苏教版数学六年级上册《长方体和正方体的认识》

《长方体和正方体的认识》这一课是学生由平面图形到立体图形的一次过渡，是学生学习其他立体图形的基础，对于学生空间观念的发展是一次质的飞跃。在教学之前，学生已经能直观认识长方体和正方体，甚至能够迅速、正确地识别长方体和正方体；并且，生活中长方体和正方体的物体比较多，学生对长方体和正方体的感性认识也比较丰富。但他们的认识仍然是粗糙的，并不能全面、有层次地把握长方体和正方体的结构特点。

初学部分是学生初步认识长方体的面、棱和顶点这三个概念后，从这三个角度有层次地进一步深入自主探究长方体的特征的过程。为适应和尊重不同学生学习能力的需要，我们给学生提供了多样化的学习活动。

师：同学们，看来大家都已经认识长方体是什么样子的。下面我们还要进一步研究长方体的特征，大家觉得我们可以从哪些方面进行研究呢？

生：研究长方体的面。

师：很好。（板书：面）

生：还可以从长方体的边进行研究。

师（指着长方体的一条棱）：同学们，长方体上两个面相交的线叫作棱。我们还需要研究长方体的棱的特征。（板书：棱）

生：还有"点"。

师：你能指一下你认为的"点"在什么地方吗？（学生上台指）

师：这一"点"在长方体中叫作顶点。我们还可以研究长方体的顶点的特征。
（板书：顶点）

师：接下来，请同学们通过顶点、棱、面这三个方面去研究长方体的特征。出示学习记录单（如表1）：

表1　学习记录单

长方体	面			棱		顶点
	个数	形状	大小	条数	长度	个数

出示初学要求：

（1）可以直接观察你准备的长方体物品，独立填写记录单；

（2）可以摸一摸、量一量、画一画或剪一剪，再填写记录单；

（3）也可以小组合作，选择老师准备的长方形硬卡纸或小棒制作一个长方体或长方体框架，再填写记录单；

（4）如果有困难，还可以找老师帮忙。

学生独立探究，教师巡视，及时帮助有困难的学生。

有学生通过仔细观察，独立学习；有学生通过在长方体模型上操作、演示，自主探究；也有个别学生通过小组合作，在组员的帮助下完成探究学习。

师：通过观察长方体直接填写的同学请举手；通过摸、量、画或者制作你准备的长方体模型，然后再填写的同学请举手；有选择长方形硬卡纸制作长方体的吗？有选择小棒制作长方体框架的吗？

学生的学习方式总是多种多样的。有些学生善于观察，有些学生需要触摸物体、需要动手操作；有些学生喜欢独立探索发现，有些学生需要合作学习。为此，在出示学习记录单后，教师为学生提供了多种多样的学习方法。当有些学生不能通过观察发现相对的面完全相同时，他们可以通过剪下长方体的面比一比，也可以在用硬卡纸制作长方体的过程中体会；当有些学生不能通过观察研究棱的分组与长度关系时，可以通过量一量或是操作小棒围成长方体模型找到思路。部分学生独立探索有困难时，可以在小组合作中得到组员的帮助，听懂组员的发言或看明白组员的操作后，自己再去亲自操作，最终体会并理解长方体的特征。多样化的学习活动不仅可以适合不同学生的能力需要，且有助于学生对概念的深刻理解。

（案例由王小杰老师提供）

［案例描述］

苏教版科学六年级上册《我们的地球》

本课的前一课是《地球的形状》，后三课是《地球的内部》《火山和地震》和《地表的变迁》。"地形"是贯穿整个单元的主题。在教学之前，学生已经"去"过除平原以外的其他地方，能够介绍一些地形的特征，甚至能够正确地画出简图，认识比较丰富。但他们的认识仍然是不全面的，并不能把握和区别所有地形的特征。

初学部分是学生初步了解地形这个概念后，进一步深入自主探究各种地形特征的过程。为适应和尊重不同学生学习能力的需要，我们给学生提供了多样化的学习活动。

上课伊始，教师播放视频、演示 Google Earth 软件，展示从空中俯瞰到的地表局部：黄山、珠峰、扬州等地区，介绍地球的表面。

师：今天我们要了解"地球的表面"，关于地球表面你知道些什么？

师：从大家的回答中，我们了解到地球表面有各种形态，称为地形。

师：地表有哪些地形？

生：山峰、盆地、沙漠、低山、平原、高原、峡谷……

（板书：高原、山地、盆地、丘陵、平原）

师：你能说出这几张图片代表的典型地形吗？（出示图片，学生回答）

师：我们今天需要研究这五种地形的特征，请大家用文字和画简图的方式填表（如表1）。

表1 学习记录单

地形名称	高原	山地	盆地	丘陵	平原
地形特征					
地形简图					
中国典型地形					

出示初学要求：

（1）思考简图空格中横线的含义；

（2）填写记录单。

①可以直接根据你的已有认识和老师提供的地形照片独立填写记录单；

②可以摸一摸、量一量地形模型，再填写记录单；

③也可以小组合作，选择老师准备的橡皮泥制作地表模型，再填写记录单；

④如果有困难，还可以找老师帮忙。

学生独立探究，教师巡视，及时帮助有困难的学生。

有学生通过观察地形照片，独立学习；有学生通过对比地形模型，自主探究；也有个别学生通过小组合作，共同完成探究活动。

师：通过观察地形照片，直接填写的同学请举手；通过摸、量地形模型再填写的同学请举手；选用橡皮泥制作地表模型的同学请举手。

在初学环节时，教师不要在学生探究一遇到困难或错误时，马上给予指导或提供直接的答案。应坚持在他们"山穷水尽"的时候，才给一点儿暗示或点拨，将最终的结果留给学生通过探究活动来揭晓，这会让学生产生豁然开朗的感觉。学生通过这样的学习才会再次认识到"实践是检验真理的唯一标准"。学生个体的差异往往带来学习方式的不同，要鼓励学生根据自己的特征选择适合的学习方式。善于抽象思维和空间想象的学生、欠缺理论知识但动手能力强的学生以及欠缺独立学习能力的学生都能在同一节课中加深对地形特征的理解，提升思考和动手做的能力，收获满满。

（案例由朱彤老师提供）

第三节　研学导异

研学导异视频资源（科学学科，执教者：毛维佳）

研学导异是指通过一系列的研讨活动引导学生学习、掌握、理解和应用新知，在此过程中针对学生个性、能力差异，采用不同的方法引导，指导他们合作学习，以达到共同学习、全面发展的目的。研学导异环节教师应从单一的知识传授者的角色，逐步向教学活动的组织者、引导者和合作者转变，要精心设计教学，处理好"面"与"个别"的关系，并能根据课堂情况，随机应变，提高教学有效性。教师既要当导演营造宽松的学习环境，又要当演员积极参与，倾听学生的意见。同时，对知识分类梳理、总结并形成有条理、有系统的知识链也是研学导异环节的任务之一。及时巩固和反馈所涉及的知识点，可以帮助学生在学习过程中及时掌握，逐个击破，由点到面，稳步增长，缩小不同层次学生之间的差异，使全体学生共同进步。研学导异环节是整个差异教学模式能够有效实施的关键。

苏霍姆林斯基指出，每个人的心灵深处都有一种根深蒂固的需求，那就是希望自己是个发现者、研究者、探索者。由此可见，我们的教学活动要让学生充分经历研讨的过程，不同层次的学生在教师的点拨和同伴的启发中，反馈、修正探究结果，达成课前预设的基本教学目标。研学导异，是在初学适异基础上让学生自主完成学习的全过程，通过有针对性的提问，从教师的引领到学生的自主选择，由扶到放。同时，在教学中可交替合理地运用"同质合作"和"异质合作"，防止单纯同质合作学习带来的标签效应，或单纯异质合作学习对高水平学生缺少挑战的问题。

学生在先前学习的基础上对教材文本有了一定的认知，为适应不同学生更深层的需要，要根据不同的教学目标、学生的心理特征和学生的知识基础，以及各学科的特点、教师特点和教学时间的多少，选择相应的教学方法。通过长期的教学探索，我们归纳出以下策略。

一、围绕关键问题开展活动，促进学生深入思考

一节课上，要解决所有问题是不可能的。研学导异环节，为了促进学生深入思考，可以采取师生共同研讨的形式，先选择关键问题，再围绕关键问题开展一系列的教学活动。瑞士心理学家皮亚杰认为：儿童学习的最根本的途径应该是活动，活动是联系主客体的桥梁，是认识发展的直接源泉。根据儿童的心理特点，放手让学生在动手、动口、动脑的协调之中，进行自主探求知识的活动，可发展学生的认知结构。因此，我们在研学导异环节要围绕关键问题努力设置各种形式的教学活动，实行差异教学，让学生主动地学习。

选择和设计关键问题的方式很多，每种方式都能决定这些问题是否会被学生理解为有意义的问题。提问是课堂教学中师生互动或生生互动的主要形式，出色的问题可以将关注的焦点从教师转移到学生身上。我们可以设计针对性问题，针对性问题的特点是指向很明确，相对切口较小，学生思考的角度容易集中。对于教学中需要学生重点掌握的内容，可以设计针对性问题，让学生加深理解。我们还可以设计差异性问题，差异性问题是指针对不同层次和不同类型的学生，设计不同认知层次和不同形式的问题，满足不同学生的需求。这类问题的特点是可以借助学生的差异，以学优生带动学困生，发挥"兵教兵"的优势，从而让教学难点潜移默化地得以突破。[①]

---

① 孙冬梅. 巧设问题，让回顾反思更有效 [J]. 江苏教育，2015（4）：71.

[实践案例]

苏教版语文三年级下册《恐龙》

师：看来大家都很喜欢这些恐龙，那么在课文中，作者用什么方法生动而形象地写出各种恐龙不同的特点呢？

师：我们就以雷龙为例来走近作者。

（出示：①雷龙是个庞然大物。指名读。）

师：你有什么感受？

生：说它大，但究竟多大不清楚，我想象不出来。

（出示：②雷龙是个庞然大物，它的身体有六头大象那么大。指名读。）

师：对比上一句，你有什么感受？

生：雷龙比六头大象还要大、还要重，就更形象、更直观了。

师：大象大家都见过吧，大象是目前陆地上最大的动物。那雷龙你真正见过吗？

生：没有。

师：作者多聪明呀，为了让大家了解雷龙究竟大到什么程度，用大家熟悉的大象来作比较（板书），一头大象的六倍，这样大家就立即能感知到雷龙的庞大了！

（出示：③雷龙是个庞然大物，它的身体比六头大象还要重，它每踏下一步就发出一声轰响，好似雷鸣一般。指名读。）

师：再同上一句比较，你有什么感受？

生：雷龙仿佛在我们头脑中呈现出来了。

师：是呀，夏天雷声隆隆，大家都经历过。这里把雷龙踏下一步的声响比喻成雷鸣一般，这就是打比方的方法（板书）。打比方这个方法也太好了，听，雷龙过来了——轰隆隆，轰隆隆。我们不仅如见其形，更是如闻其声，雷龙好像就在我们眼前！让我们一起来读读这句话。

（学生齐读。）

师：看来打比方可是个好方法，作者在介绍其他恐龙的时候也大量地使用了打比方，你发现了没有？快去书中找一找。

（学生交流。）

师：说到梁龙，我们再去看看，除了打比方之外，作者还用了什么方法让我们一下子就能感受到它的长。

（出示：梁龙的身体很长，从头到尾足有二十多米，走起路来，好像是一架移动的吊桥。）

生：二十多米。

（教师板书：列数据。）

师：二十多米，我们这个教室大约13米，也就是说，梁龙相当于我们两个教室这么长。它可算是恐龙中最长的了。数字的出示让我们对长度不再模糊。这是一个好方法。

……

该案例中，教者首先抛出核心问题"关于恐龙，作者用什么方法生动而形象地写出了各种恐龙不同的特点呢？"，继而引发学生思考。接着，以雷龙为例，通过三句话的对比学习，让学生自己理解、感悟。学生通过自由讨论知道了课文是用"作比较"和"打比方"的说明方法把雷龙身体非常庞大的特点写具体的，再通过有感情地朗读，把它的特点读出来。小结了之前学习的方法以后，又让学生循着这样的思路说说课文中还有哪些地方运用了这样的说明方法将恐龙的特点写具体的，学生就能很快找到并理解课文的表达方法。这样一来，教师的指导由扶到半扶半放再到全部放手，学生的观察、思维及语言表达能力也都能得到提高。

（案例由姜姝老师提供）

[实践案例]

苏教版数学四年级上册《解决问题的策略》

师：前面我们解决了例题中的两个问题。回顾解决问题的过程，我们经历了哪几个步骤？

（学生自由回答。）

师：解决问题时，一般可以按照"理解题意、分析数量关系、列式计算、检验反思"这四个步骤进行。

师：比一比，分析这两题的数量关系时，我们都要先算什么？

（教师出示题目。）

生：先算水位每小时下降多少厘米。

师：对了，我们都要先算水位每小时下降多少厘米，因为水位每小时下降的速度不变。

（教师出示练习第 1 题。）

师：你会运用这样的策略解决这个问题吗？试一试。

师：我们可以这样整理。小明买了 3 本，用去 18 元；小军买 5 本，用去多少元；小丽用去 42 元，能买多少本？

（学生列式解答，全班交流。）

师：想一想，解决这两个问题时，我们都是先算什么？你是怎样想的？

生：都是先算每本笔记本多少元，因为每本笔记本的单价不变。

（出示练习第 2 题。）

师：请大家继续思考（出示第 1 个问题），解决这个问题，需要先算什么？（出示第 2 个问题）解决这个问题呢？

生：在解决这两个问题时，我们都是先算每本字典高多少毫米，因为每本字典的高度不变。

师：回顾我们今天解决的这些问题，都是先算出了每份数，这里的每份数都是不变量。抓住不变量就抓住了解决这类问题的关键，抓住不变量也是一种重要的数学思想，我们可以利用它去解决很多问题。请看这道题，独立思考，列式解答，并想一想先算什么、不变量是什么。

（学生练习。）

师：你做对了吗？这道题和刚才的几道题都不一样，应该先算一共有多少盆花，不变量是盆花的总数。总数不变的问题还有许多，下节课我们将继续学习。

本节课主要教学归一问题，归一问题一直是小学数学实际问题内容体系中重要的实际问题之一。这类问题的结构和数量关系比较典型，解题思路简明、易懂。因此，这里侧重于引导学生经历从变化中寻求不变的过程，主动思考解决问题的关键，准确把握问题的实质。在此基础上，教师进行小结并揭示其中蕴含的数学思想就显得水到渠成。经过这样的回顾反思，今后遇到类似的问题时，学生就可以比较顺利地提取初步形成的思维模式，让经验与思想再次碰撞出绚丽的火花。

（案例由于娟老师提供）

二、合作探究，共同提高

由于生理、心理、环境等方面的原因，学生间的思维存在着较大的差异。作为小学教师，则需抓住课堂中一切能够提高学生思维能力的关键点，因势利导、因材施教。研学导异环节，教师要以敏锐的洞察力，了解学生的情绪表现，迅速及时地用手势、眼神、语言等手段交流情感；要提供思考的时间和空间，让学生充分经历知识的形成、理解和运用过程；要开展合作学习，让不同特点的学生互相影响、互相帮助；从而在教师的引导和同伴的交流促进下，集思广益，使全体学生共同进步。

采用异质合作学习的形式，要尽量做到优势互补，让不同特点的学生互相影响、互相帮助，都能得到较大进步。既要鼓励高水平的学生帮助困难学生，但也要防止其他组员过多地依赖高水平学生。在合作小组建立时，就要考虑不同优势的人互相搭配，如有的擅长语言表达，有的擅长操作等。在安排异质合作学习的同时，也需要考虑与学生的独立学习适当结合，并且需要考虑与不同层次的学生合作学习等问题。

［实践案例］

苏教版音乐二年级上册《邮递马车》

1. 欣赏第二乐段

师：请同学们听第二段音乐，在这一段送信的道路上都发生了什么？

（学生说出不同的情况。）

师：老师手里有两样小乐器，想表现马儿奔跑在颠簸的道路上，你们帮我想一想，选择哪一件更合适呢？为什么？

生：双响筒的两种声音能表现出马儿行走的道路坑坑洼洼。

师：架起你们的左臂，跟老师模仿一下。

（乐器直接交给一个学生，请该生带领大家做一次。提示：反复记号。）

师：表现上下坡用什么乐器比较合适呢？

生：串铃。

师：串铃的晃动可以表现出上下坡时邮递员叔叔注意力高度集中，丝毫都不敢有懈怠。

（师示范演奏串铃；生一起和老师模仿演奏串铃的起伏和紧张感。邀请学生上台合作表演。）

2. 欣赏第三乐段

师：还剩下最后一份邮件了，同学们仔细听一听，送最后一份邮件的路途是怎样的？和第二段路程一样辛苦还是和第一段路程那样稍微平坦一些呢？

师：你听得真仔细。第三段和第一段相似。用第一乐段的节奏谱徒手伴奏，请大家关注一下，有什么不同的地方。

3. 小结

师：今天我们一起欣赏的乐曲是德国作曲家奈克的一首管弦乐作品，叫作《邮递马车》。作品表现了邮递员驾着马车，摇响铃铛，气势凛凛地从准备出发，到行走在平坦、颠簸的道路上，上坡、下坡，最终到达目的地的场景。让我们完整地来欣赏一下这首乐曲。

师：下面请同学们拿出小乐器，看哪一组的小朋友最能控制住手里的乐器，根据老师的手势要求演奏。

……

这个环节的教学重点是通过第二、第三乐段的欣赏教学指导学生开展研学活动。在初听的时候，教者结合二年级学生的年龄特征减轻了听赏要求的难度，给出听赏范围，可以帮助学生直观理解音乐，也有助于学生通过音乐感知来展开想象，发散思维，对于低年级的学生也是一种知识能力的构建。另外，这个环节也通过创编律动和选择合适乐器表现乐曲情境，借助律动和伴奏尝试合作表演等形式来达成"听赏—想象—演奏—表演"的四个教学目标，在师生互动的针对性指导中提高学生独立练习的能力。

（案例由董雪老师提供）

[实践案例]

苏教版数学二年级上册《9 的乘法口诀和用口诀求商》

师：小朋友们真棒，自己编出了口诀。其实，在 9 的口诀里藏着很多的规律呢！仔细观察 9 的乘法口诀的得数，说说你发现了什么，在你的小组里讨论一下。

（小组讨论：你发现了哪些规律？全班交流。）

生：十位和个位相加都是 9。

师：你真棒！真会观察！还有吗？

生：十位数字每次增加 1，个位数字依次减少 1。

师：看看得数的十位与前面的"几九"有没有联系？

生：都比"几九"的"几"少 1。

师：看看得数的十位与前面的"几九"有没有联系？

生：都比"几九"的"几"少 1。

师：三九是二十几呢，怎么看？

生：想想 2 加几等于 9，因为 2+7＝9，所以是 27。

（师带领学生观察每一句的得数，说说十位是几，个位又是几。）

师：发现了这样的规律，我说"几九"，你能很快说出得数吗？

师：回顾我们刚才学习口诀的过程，我们先从星星图开始，根据几个 9 相加，编出了乘法口诀，接着又从口诀中发现了很多的规律。看来，多观察、会比较可以帮助我们很快记住口诀！

师：下面就请你用自己喜欢的方式来记一记口诀吧！

（生自由记口诀。教师组织活动背口诀：看算式说口诀，指名抢答；看得数说口诀，师出一得数，学生用手势表示出相应的口诀。）

9 的乘法口诀有着许多规律和有趣的现象，可以帮助学生记忆。学生受前面学习的乘法口诀的影响，知道一些规律，但是对于"个位与十位相加等于9"和"积的十位比'几九'的'几'少一"，学生很难一眼就看出来。因此，教者采用了小组合作学习的方式，让学生通过小组讨论、全班交流发现规律，既可以帮助学生感受探索规律的过程，积累数学活动的经验；又使学生有更多的选择来帮助自己记忆口诀，达到共同提高的目的。另外，还可以通过探索让学生体会自己发现规律的愉悦，感受数学知识里的有趣现象，产生对数学的兴趣和好奇感。

（案例由梁媛媛老师提供）

三、恰当帮助，及时反馈

学生的差异是客观存在的。苏霍姆林斯基说过，为了激起和发展学生的才能，最有效的办法是依据孩子的差异和特点，依靠其独立性来组织教学活动。研学导异环节，在班集体教学中关注学生差异，兼顾不同学生需要，对教师提出了较高的要求。教师要精心设计教学，处理好"面"与"个别"的关系，并能根据课堂情况，随机应变，提高教学有效性。[①]

教学的反馈调节在教学过程中占有十分重要的位置，它也是教师监控教学的重要手段。从某种意义上说，教学是师生互动的过程，有许多变化因素，设计再好的教学也不可能在课堂上一成不变，优秀教师总要不断了解学生的学习状况，并对教学做出相应评价调节。可以说，没有反馈评价过程的教学，不是一个完整的教学。[②] 研学导异环节，应该对教学目标达成及时反馈，并对发现的学生存在的问题给予及时的弥补。同时，通过及时的、大面积的、真实的反馈，对教学做出相应调整，使教学与每个学生最大限度地匹配。

[①] 华国栋. 差异教学策略 [M]. 北京：北京师范大学出版社，2009：183.
[②] 华国栋. 差异教学策略 [M]. 北京：北京师范大学出版社，2009：189.

[实践案例]

苏教版《译林》英语 5B Unit 5 "Helping our parents"

这一课的教学过程中，教师可以 Bobby 四次的情感变化为主线，把文本对话分成两半处理。其中，对第一、第二个场景（Bobby 第一次从开心到生气），教师可以通过理解主人公的心情让学生跟读，然后通过教师的引导，师生编对话，以问答形式操练文本对话结构，并进一步让学生体验 Bobby 的情感变化，用正确的语气来朗读。对第三、第四个场景（Bobby 第二次从开心到生气），教师的设计意图是丰富对话内容，填补对话空白。教师充分利用活泼生动的插图展开教学，而这些插图蕴含了许多关于文本的重要信息，有些显而易见，有些则有待师生去挖掘，设疑让学生借助插图去推测、联想。那么，学生在观察能力得到锻炼的同时，思维的火花也会被点燃。学生在有了前几个场景的语言操练的基础上，已经初步掌握了话题讨论的句型结构，具备了语言输出的条件，这时就可以小组合作看图研讨、体验对话。Cartoon time 板块中，第三幅图为：ladybirds 帮助 Bobby 打败害虫的场景，并对 Bobby 正义地说："We can help you！"

但是学生并不知道害虫会说什么，这正是启发学生思考的好时机。于是教师设计了问题，让小组思考和编对话：What do the pests say? 这样的设计不仅使学生置身于故事情节之中，还激发了学生的情感，使其能倾注于"情"，即置身于真情实境中，融于自己的真情实感。对第四幅图，教师通过利用 Bobby 生气的表情让学生展开讨论和思考：At last, is Bobby happy now? What happened then? 经过一番推测和争论，学生见仁见智，说出了以下各种观点：

S1：Bobby is eating his grapes, but the grapes are very sour, so he is angry.

S2：The pests come back, the pests and ladybirds are eating the grapes together.

S3：The ladybirds are eating Bobby's grapes too.

简单的插图在学生丰富的想象中顿时丰盈起来，学生思维的发散性、逻辑性和灵动性也得到了有效彰显。猜测完之后，教师再呈现第三、第四个场景中的文本对话内容，加深学生对文本语言的理解和感悟。通过"阅读故事、师生编对话、丰富故事、回顾故事、体验故事"等丰富多彩的活动，教师就可以让不同水平的学生都能在活动过程中找到自己契合的点，循序渐进地习得语言、运用语言，有利于充分开发不同水平学生的潜能，从而让所有学生在自己原有基础上都得到提升。

（案例由朱莉莉老师提供）

［实践案例］

苏教版《科学的预设　艺术的生成》三年级上册《立定跳远》

教师讲解示范完完整整动作后，带领学生练习原地预摆动作，要求预摆—蹬伸动作连贯，蹬伸时上肢、躯体还原成预备动作。

师：通过刚刚的练习，是让同学们感受一下在做蹬伸时空中动作要还原成预备动作，手臂上摆，身体展开。下面我们练习完整的立定跳远动作，请同学们再体会一下。

（教师组织学生集体完整动作练习，对存在的共性问题进行集体纠正。）

师：下面我们分组进行练习，听老师哨音依次跳出。注意跳出后手臂上摆，身体展开。

（学生依次练习。教师注意发现动作存在问题较大的学生。）

师：下面我们请两个同学示范一下。

（生 A 示范。）

师：你的空中动作很好，蹬伸后手臂上摆、身体也很舒展。但是如果预摆动作能再下蹲一些，上身抬起一些，老师相信你会跳得更远。掌声鼓励一下！

（生 B 示范。）

师：你的立定跳远动作非常棒，老师给你打98分。但是啊你太瘦了，腿上没力气，所以跳得不是很远，课后要加强下肢力量练习哦！

（学生鼓掌鼓励。）

师：接下来请前后两名同学一组，自由练习，一人跳，另外一人帮忙指导，并为同伴的每一跳打个分。80~100 为优秀，60-80 为良好，60 以下为待努力。注意安全。

（学生自由练习5~7分钟，教师巡视，着重个别指导。）

师：练习结束，我们来看一下，以刚刚你所获得的最高分计算，优秀的请举手……你们很棒；良好的请举手……继续努力改进哦；待努力的同学还要加油哦，老师相信你们会越来越好的……

在本案例中，教师首先将完整动作分解，将本课重点解决的蹬伸后空中动作直观化、简单化，帮助学生理解和记忆动作，同时方便了课中纠正动作时的讲解，也为分组练习时的评分提供了具象化的标准，为动作技能的学习和教学的开展提供了恰当帮助。教学过程中，教师在指导形式上采用了集体指导、个别指导、教师指导、学生相互指导等形式；在指导内容上，除了针对教学重点蹬伸后的空中动作进行了指导，还对预摆动作以及身体素质发展方面进行了指导，构成了多维的指导体系。在自由练习部分采用了相互评分的方法，不但为学生提供了积极认真练习的动力，而且对每个学生的每一跳及时进行了反馈。最后教师的总结，也是一种反馈的汇总，对学生的练习和评分起到督促作用，也使教师及时了解班级学生对动作技能掌握的整体情况。

（案例由陆翔老师提供）

四、提升概括能力，促进学生全面发展

学生是学习的主人，教师适应学生是教学过程的核心。在班集体教学中，教师要努力适应学生的差异和满足他们不同的教育需要。研学导异环节，教师一定要树立面向全体学生的教育理念，在课堂上给每个学生均等的教育机会。当然，机会相同并不意味着同样对待，要从每个学生的实际出发，真正做到因材施教、全面发展。

研学导异环节，教师应从单一的知识传授者的角色，逐步向教学活动的组织者、引导者和合作者转变，让学生主动参与学习活动，教师可以进行点评和补充。同时，对知识分类梳理、总结并形成有条理、有系统的知识链也是"研学"的任务之一。分析、比较、概括，可以帮助学生在学习过程中及时掌握所学知识，逐个击破学习难点、重点，由点到面，实现稳步发展。

[**实践案例**]

苏教版数学五年级上册《小数乘整数》

1. 竖式计算：0.8×3

师：小数乘整数，还可以用竖式来计算，谁愿意来试一试？

（指名板演，讲解竖式。）

师：列竖式时，3为什么和8对齐？先算什么？24表示什么？积应是多少？小数点点在哪里？

（结合学生的回答明确：小数乘整数和整数乘法一样，列竖式时，要保证两个乘数0.8和3的末尾对齐，再转化成整数乘整数来计算，最后在"24"上从右往左数一位，点上小数点。）

2. 竖式计算：0.5×3 和 0.05×3

师：这两道题你能用竖式计算吗？

（学生独立笔算，展台展示结果，并由学生自己介绍是怎么算的。）

师：0.05×3前面整数部分没有，怎么办？

生：在前面补0。

师：都是先算5×3，为什么一个积是1.5，另一个是0.15？

生：第一题表示15个0.1，第二题表示15个0.01。

师：为什么一个是15个0.1，而另一个是15个0.01？

生：乘数一个表示5个0.1，另一个表示5个0.01。

师：看来积的小数位数和乘数小数位数有着密切联系，有什么联系呢？

生：乘数是几位小数，积就是几位小数。

3. 试一试

（1）竖式计算：3.7×5 和 35×0.24。

（2）竖式计算：0.68×9 和 1.05×24。

师：结合前面的计算，你知道小数乘整数怎么计算吗？

生：把它看作整数乘整数来计算，乘数是几位小数，积就是几位小数。

4. 想一想

师：根据 148×23＝3404 这一题，你能写出下面四道算式的得数吗？

14.8×23＝   148×2.3＝   148×0.23＝   1.48×23＝

（生独立完成，指名回答，并说说想法。）

本节课的教学目标是理解小数乘整数的竖式计算方法，会正确用竖式进行小数乘整数的计算。教者在研学环节先放手让学生尝试用竖式计算 0.8×3，再借助学优生正确的笔算过程，通过适当的追问，在引导全体学生具体感受小数乘整数的计算方法的同时渗透了数学的化归思想。之后，教者并没有直接揭示小数乘整数的计算方法，而是继续出示了两道题，让学生独立计算，汇报后再通过对比"结果为什么不同"进一步揭示算理，让理解算理有困难的学生得到学优生进一步的指引。这样的设计避免了传统计算教学直接传授、机械训练的弊端，更凸显了学生感受算理、探索算法的过程。随后学生又练习了四道题，看似重复的练习，其实不然，教者通过改变小数和整数的大小逐步增加了计算的难度，这样能让学困生从懂到会用，学优生从会用达到熟练运用，从而使不同学生的运算能力得到不同的发展。实践中的理解比死记硬背更有利于理解算理和掌握算法，所以学生在总结小数乘整数的计算方法时很轻松。明确了小数乘整数的算法，教者通过第 4 题来检验学生对算法的掌握情况，通过学优生的快速判断，帮助学困生进一步发展了运算能力。

（案例由吴文琴老师提供）

[实践案例]

苏教版美术六年级上册《蔬菜的联想》

1. 启发提问

（1）是用什么蔬菜联想的？

（2）利用蔬菜的什么特点来做的？

（3）用哪些方法来制作的？

在学生活动的基础上总结制作方法。

2. 教师示范

师：看，老师手中拿的是什么？

生：茄子。

师：请你仔细观察，看老师会把茄子变成什么呢？

师（示范制作，边制作边讲解）：从身体开始，用刀开始削。从下往上削，注意用刀安全，慢一些。在两侧各削一下，用牙签帮一下忙。下面来做眼睛，看——这是一只什么动物？

生：企鹅。

师：同学们，你能看出这个企鹅是怎么做的吗？

生：企鹅的翅膀是切的，企鹅的肚子这块是挖下来的，企鹅的脚是刻出来再用牙签插进去的。

师：你能猜出老师是怎么想到用茄子做成企鹅的吗？

生1：因为茄子的颜色和企鹅很相似。

生2：因为茄子的形状和企鹅身体形状很相似。

生3：茄子的柄像企鹅的嘴。

（总结：原来是茄子的形状、颜色、外形特征与企鹅有相似的地方。）

师：茄子除了可以做企鹅，还可以做什么？我们一起来看一看。

3. 学生实践

师：简单的蔬菜居然能变得这样新奇、可爱。老师注意到你们今天也带了很多种蔬菜，你们准备做什么？

（学生自由回答后动手制作。）

本课是蔬菜造型手工课，是对蔬菜进行摆放、拼接、切挖、组合等，做成各种有趣的造型。在教学时，教者从形状、颜色、质感、特征等方面循序渐进地引导学生如何根据蔬菜展开想象。总结制作方法时，学生的概括能力得以提升。教者现场做了一个茄子变成的企鹅，激发了学生的兴趣，指导联想的方法，给学生做了一个很好的示范。另外，通过大量图片的欣赏，让学生自主去发现，即使是同一个物体，由于不同的形状，也可以做出不一样的东西，使学生能将知识融会贯通、学以致用，提高了美术素养。

（案例由金鑫老师提供）

第四节　拓学展异

拓学展异视频资源（英语学科，执教者：朱莉莉）

随着 2011 年版义务教育课程标准的贯彻执行，课堂教学拓展已成为课堂教学的重要组成部分，它不同于传统教学只注重知识的传授，而是从更高的层次对教师和学生提出了要求。华国栋教授也在他的《差异教学论》中指出："差异教学的最终目的，是促进每个学生在原有的基础上都得到最大的发展，促进自我教育。这就是研究学生的发展规律，激发每个学生学习的主动性和积极性。既注重学生的全面发展，打好全面的基础，从素质结构上体现个体内差异的合理性，又要开发每个学生的潜能和优势。"① 我校差异教学模式中拓学展异环节的本质也在于此。

拓学展异是指在课堂教学过程中依据教学内容、教学目标，通过一定范围和一定程度的拓展教学活动，加强学生对教学内容的深入理解，培养学生的探究意识和兴趣，帮助他们建立科学的思维方法和探究方法，提高学生认识问题和解决问题的能力，从而促进学生均衡而有个性的发展。

一、提供多样选择，照顾不同学生的差异需求

拓学展异环节旨在研学基础上，因势利导，让学生进行拓学结果的展示与

---

① 华国栋. 差异教学论 [M]. 北京：教育科学出版社，2007：17.

汇报，在展示和汇报中能满足学生的差异需求。能力较弱的学生可以达成基本目标，巩固所学知识，并进行一定的转化运用；能力较高的学生可以达成提升性教学目标，提高解决深层问题的能力。

小学生喜欢玩，而最强有力的学习动机莫过于学生对学科本身所产生的兴趣。如果我们利用一些有趣、多样的形式进行拓展，学生就不会觉得自己是在做作业或在完成老师布置的任务，而是在游戏，是在解决生活中的实际问题。此外，学生之间是有差异的，教师在拓展时要兼顾学生各自的认知基础、学习方式、性格特征等。差异教学模式的拓学展异环节就需要强调共性与个性、扬优与补缺辩证统一，不能用单一形式或只有唯一解法的难题，来对全部学生进行拓展，这样的后果往往是学优生得到了"加餐"，学困生却得到了"增负"。因此，教师在拓学环节的设计要有一定的灵活性，拓展内容要丰富并有梯度，给学生选择的机会；同时，教学策略要尽可能多一些，要让所有或者大部分的学生在进行拓学的过程中体验到思考的快乐和创新的成就感。

[实践案例]

苏教版美术一年级下册《美丽的盘子》

《美丽的盘子》这节课，从认知层面上来看，学生要学会欣赏各种盘子，了解有关盘子的历史文化、种类、形状和制作材料，感受盘子装饰纹样的艺术美。从操作层面上来看，学生要学会巧用卡纸制作形状各异的纸盘，并选择适合纸盘形状的图案，采用多种方式装饰盘子，培养学生大胆设计、动手制作的能力。

为了更好地引导学生联系生活、学会发现，培养学生的观察能力、表现能力和想象力，激发学生的创作欲望和热爱生活的美好情感，教师在本节课的拓学环节留给孩子们这样一段话：

今天我们用绘画的方式装饰了盘子，其实，还可以用其他材料来美化盘子。你看，这里有用豆子、水果装饰的盘子，也有用树枝和枯草装饰的盘子，其实生活中的许多材料都可以用来装饰盘子，不管用什么方法装饰，只要盘子漂亮就行，我们都可以用来装饰我们的房间。看！我可以用丝带挂起来，也可以夹子夹住两边，放在桌子上。课后请大家找找生活中的其他材料再做一个美丽的盘子来装饰我们的教室，让我们的学习环境更加美好，有信心吗？好，今天的课就上到这里，下课。

美术课上，教师除了要教会学生基本的绘画、操作技能以外，更重要的是能激发学生的创新思维，使美术上的知识点形成一个网，而不是各自为政的作业模式。但各个学生的认知、知识储备、学习热情等问题上的差异，影响了学生举一反三、继续研究、开拓创新的可能性。所以，本节课的拓学环节，教师可以从以下三点出发进行设计和展示。

1. 兼顾差异，作业拓展由浅入深

学生可以根据自己的能力决定是模仿老师的范画绘制作品，还是自己设计制作作品。但是，这样的创作形式过于单一，所以，在拓学部分用图片展示的方式告诉学生还有哪些综合材料可以利用到盘子的装饰上，就连平时不起眼的枯草、细树枝都可以用来美化作品，激发了学生课后继续自主学习的主动性。

2. 兼顾差异，作品展示开放多样

这些美丽的盘子作品不完全是平面的，所以它的展示方法可以是装上丝带和吊坠设计成小挂件、小风铃式样，也可以是装上两个晾衣塑料小夹子设计成桌面或者书橱里的摆件，每个学生都能根据自己的实际情况选择合适的展示方法，在这个过程中，学生不但受到了传统文化熏陶，还能意识到美术活动与生活的密切联系。

3. 兼顾差异，生活材料延伸运用

通过综合化的形式、游戏化的过程、生活化的内容和经验化的讲述，学生发现、了解了生活中的盘子，并尝试在生活中学会运用盘子，美化生活。在课上，教师结合教学内容，介绍了一些生活中常见材料的"不正常"用法，培养了学生的实践能力和创新精神，促进了学生可持续发展。

（案例由王丽君老师提供）

二、丰富活动形式，提高学生实际运用能力

孔子曰："知之者不如好之者。"兴趣是最好的老师。拓展之所以能激发学生的学习兴趣在于它本身的性质，因为它是课堂的补充，因而它的内容和形式都具有灵活性。新课程对课后拓展提出了新的要求，通过课后拓展，进一步提高了学生收集与整理信息的能力，获取新知识的能力，自主、合作、探究学习

的能力。在新课程理念下，课后拓展是课堂教学内容的延伸，是学生学习活动的延续，是学生学习方式的转换，是学生学习环境的拓展。选择有趣的内容，利用学生喜欢的探究方式，学生不会把课后拓展当作负担，还会欣然接受，积极探索，这就要求我们教师考虑各方面的因素，结合教学需要，创造性地设计比较丰富的，且接近学生实际的教学活动，让学生从枯燥走向有趣，体验快乐；从被动走向主动，体验自主。拓展的形式可根据学生的特点、课型的特点和拓展的目的，或看、或说、或练、或演。教师在活动过程中需要引导学生通过体验、参与、实践、讨论、交流、合作等方式解决实际问题；通过行之有效的教学形式，把简单刻板的教与学融化在多姿多彩的真实情景中，在欢乐活跃的气氛中去激发学生的学习热情，培养学生的学习兴趣，帮助他们寻找到学习捷径，提高课堂教学的质量，从而促进不同水平的学生获得不同程度的发展。

［实践案例］

苏教版《译林》英语 6A Unit 8 "Chinese New Year"

通过学习 "Chinese New Year" 这节课，学生要能够了解中国内地与香港地区新年风俗的异同，并熟练运用 be going to 这个句型结构与他人讨论新年计划。语篇教学一般包括读前活动、读中活动和读后活动三个部分。读后活动是一个围绕阅读材料深化巩固知识的环节，学生通过知识的内化、迁移，从而掌握英语知识和技能、陶冶情操、拓展视野、提高语言实际运用能力。因此，读后活动的设计起着关键的作用。在这节课的读后拓展中，教师尝试通过多种活动来指导学生学习，提升学生的语言表达能力。

拓展活动一：

T：We are going to do a lot of things at Chinese New Year. Why should we do them? Do you know? Because of the New Year customs.

（教师呈现四张与新年相关的图片，每个图片对应一个新年风俗，如图1，学生可以选择任意一幅图，回答、讨论相关文化风俗知识。）

Picture 1：（左上）—When is Chinese New Year? —It's in January or February.

Picture 2（左下）：The different New Year customs（不同风俗）between Hong Kong and Yangzhou.

图1

Anna is going to make _____.

But I'm going to make _____.

Picture 3（右下）：What's "年"？

A. It's a holiday.　　　B. It's a kind of food.　　　C. It's a monster.

T: In the story, "Nian" is a monster. On Chinese New Year's Eve, it comes out and eats people. But it is afraid of firecrackers. So, when people light firecrackers, it will run away.

Picture 4：（右上）

—In 12 symbolic animals（12生肖）, what is the next year?

—It's the year of _____.

本单元的主题是 Chinese New Year，在5A Unit 6 的课文中也曾提及新年的话题，但综合五年级上册的内容，都没有新年民俗文化方面的涉及。另外，与低年级相比，高年级的学生已经有了一定英语知识的积累，这就要求学习的形式更加多样化，适当增加思维情感方面的注重和文化意识的渗透能让我们的课堂更加丰富多彩。因此，在读后活动的设计中，教师加入了解新年民俗的拓展，让学生根据自己的兴趣，选择不同的风俗来了解新年。这样不仅调动了学生的积极性，也提高了课堂效益。

拓展活动二：

T: We are going to do a lot of things at Chinese New Year, just like buy new clothes, have dinner, watch a lion dance and so on.

T：And what else are you going to do before or at Chinese New Year?

S1：I'm going to clean my house.

S2：I'm going to make sweet dumplings.

S3：I'm going to watch Spring Festival Gala.

S4：I'm going to watch fireworks.

S5：I'm going to say "Happy New Year".

S6：I'm going to pay a New Year call.

S7：I'm going to get red packets and wear new clothes.

拓展环节是对课本内容的延伸，教学内容既要源于课本，又要高于课本，教师要兼顾各个层次不同学生的需要。通过读前、读中活动，大部分学生对于课本中出现的有关新年活动的短语已经基本掌握，为了扩展话题内容，教师抛出"新年你还打算做什么？"这样一个问题，学生结合自己的生活体验尽情表达，这样不仅让学有余力的学生有了展示更多语言的机会，同时也给其他学生提供了更多学习的资源，有利于提高他们的语言运用能力。

拓展活动三：

T：What is Su Hai going to do at Chinese New Year? Listen! They are chatting on the Internet. Now you can finish this dialogue with your partners. One is Anna and one is Su Hai.（如图2）

图2

在这节课的最后，老师合理地运用合作学习法和功能意念法，通过 Anna 和 Su Hai 微信聊天的活动形式，让学生选择其中的一个时间点与同桌进行对话。水平中等的学生可以选择模仿课文进行仿编；有创造性、敢于尝试的学生可以选择创编表演对话。这样的活动符合小学生的身心特点和已有的知识结构，学生乐于运用拓展的内容来帮助 Su Hai 描述她的新年计划。从课堂展示看来，学生个性化、差异化的对话表演令人高兴、令人赞叹。这种有的放矢的语言训练给学生留出了足够的自我发展空间，达成的效果非常好。

（案例由黄婷老师提供）

[实践案例]

苏教版科学四年级上册《热的传递》

本节课是苏教版《冷和热》单元的起始课，重点研究热在固体中是怎样传递的，这是一个十分贴近儿童生活经验的问题。对于金属勺子的一部分放进热水里，没有放进热水中的那一部分也会渐渐变热的现象，学生并不生疏。本课在这个基础上，将引导他们通过实践活动，认识热总是从温度高的地方向温度低的地方传递；热在固体里是沿着物体本身，从温度高的地方向温度低的地方传递。本节课拓展环节如下。

1. 讨论热的传递在生活中的应用

(1) 这两种用具是用什么材料制作的？

(2) 为什么要用这样的材料制作？

(3) 想一想，生活中还有哪些工具也是这样制作的？有什么效果？

2. 回顾小朋友遇到的问题，帮助改进原有勺子的设计

(1) 视频中小朋友用的勺子设计得合理吗？

(2) 你想怎样帮他改进一下？

3. 引入热传递的其他方式，激发学生后续研究兴趣

(1) 热在像金属片一样的物体（固体）中是怎样传递的？

(2) 热在像水一样的液体中、像空气一样的气体中会怎样传递呢？

科学学科的拓学展异环节，主要任务是学生依据所得结论，解释生活中的现象；通过丰富灵活的活动形式，提升自身对知识的实际运用能力。在《热的传递》一课，教师先播放一段小朋友被铁勺柄烫着的视频，引导学生意识到热量可以传递，进而引领学生亲历提出问题—做出猜想—寻找证据—得出结论的探究过程，经过探究，学生逐步建构起热是沿着物体从温度高的地方往温度低的地方传递、热在不同的材料中传递效果不同的科学概念。在拓学展异环节，教师首先通过讨论，让学生对材料热传递的原理有了深入的思考，孩子们发散性的思维在课堂中进行碰撞，教师将这些零散的观念梳理整合，从而达成共识。随后，教师通过情境任务，让学生利用不同材料的传热效果为小男孩改进铁勺的设计，在这个环节中，学生们的答案丰富多彩——有的说是木头，有的说是橡胶，还有的说是塑料，这样的活动形式大大提高了学生们的思维积极性，同时也进一步提升了学生对知识的实际运用能力。最后，教师通过拓展性的问题，激发学生进一步思考生活中更多热传递的现象，这也给学有余力的孩子提供了更多学习、探究的机会。

（案例由毛维佳老师提供）

三、拓展教学深度，促进思维和技能双重提升

肤浅的教学往往缺乏思想含量，深刻的课堂必须开掘思维的深度。课堂教学的重要使命就是要让学生学会独立判断、思考和解决实际问题。没有思考的课堂是生命的贫困；只有单一思维的课堂是生命的畸形。对于课堂教学深度的拓展，就是让学生在原有的感悟基础上有所突破，获得新的思想①。在我们的日常教学中，教师要善于挖深教学内容，加强学生的思维训练和技能训练，启发学生善于深入地思考问题，抓住其本质和规律，促进知识与技能的积极迁移，提高解决问题的能力。只有这样才能让学生的个体思维从狭隘走向广阔，从肤浅走向深刻；才能使课堂成为学生不断挑战自我、发展思维、提升能力的大舞台。

---

① 张珍莺. 拓展教学的四个维度 [J]. 江西教育，2010（35）：5.

[实践案例]

苏教版《科学的预设 艺术的生成》

四年级上册《足球——脚内侧运球》

本课基础目标：掌握脚内侧运球动作要领，能够往返运球。

本课提升目标：熟练脚内侧运球技术，能够绕多个标志物进行往返运球。

1. 教师指导学生练习两点间脚内侧运球

师：同学们，单一的往返运球我们已基本掌握。下面，让我们增加一下难度，把前面的点换成标志桶，并且绕回。让我先为大家做一次示范。

（学生仔细听讲和观察。）

师：往返的要求同前面的一样，绕标志桶是每个人应该着重注意的动作，必须轻扣快跟，明白了没有？

生：明白了！

师：下面就让我们以小组为单位，依次练习原地绕标志桶动作。

（学生依次练习原地绕标志桶动作，教师巡视指导。有的学生很熟练，有的学生需要教师指导和同学的帮助。）

2. 教师指导学生往返运球绕标志桶

师：请大家集中，下面让我们在往返运球的过程中，完成绕标志桶，好不好？

生：好。

（教师巡视指导、观察，悄悄把第一个标志桶后面放上两个标志桶，此时不做要求，也不提示学生。有的学生继续练习绕第一个标志桶，有的学生自发练习连续绕第二、第三个标志桶，能自我挑战，勇气可嘉。教师继续保持观察状态。在其他同学的带领下，大多数学生开始尝试连续绕多个标志桶，有的失败，有的成功，少数学生不敢尝试。）

师：全体集中。同学们，老师并没做要求，但是有的同学很好，自我挑战，练习连续绕多个标志桶。如果你觉得绕一个没问题，你可以绕第二个或是第三个，旁边还有标志桶，你们可以自己决定再加几个。（学生参与积极）

提高技术难度，是体育技能教学的一个特点。难度层次的提高，可以满足不同学生的需求。循序渐进是技能教学中常用的方法。两点间的往返运球可以达到一定的教学目标，为了进一步理解运球的要领，并且巩固技术动作，还需要提高难度，"绕标志桶"就是一个很好的方法，而且脚内侧运球的实际运用，也常以"绕"为主。为了满足不同学习能力的需求，可以增加标志桶的个数，如何在这一点上做到科学、合理，满足不同层次的需求，就要求教师既巧妙又恰到时机地处理。在增加第一个标志桶环节，我做出明确的要求，既是考虑到大多数学生可以做到，同时又是为下一环节做铺垫。教师"悄悄"增加后两个标志桶，既是为满足学生不同学习能力的需求，同时也是激发学生学习的内驱力，让学生自发去尝试，学会自我挑战，从而实现思维和技能的双重提升。

（案例由刘守祥老师提供）

[实践案例]

苏教版数学一年级下册《求两数相差多少的实际问题》

本课基础目标：学生能记住求两数相差多少的实际问题的解决方法；通过排一排、比一比等活动体会一一对应的数学思想，初步理解求两数相差多少的实际问题的结构和数量关系；能正确、熟练地解决求两数相差多少的实际问题；能灵活地利用所学知识解决相关的实际问题。

本课提升目标：学生通过动手操作的过程，理解并加深对数量关系的理解；能利用本节课所学的求两数相差多少的实际问题的方法，进行灵活运用，解决相关的拓展题。

案例片段如下。

1. 出示题目

两个小朋友收集邮票的情况（如表1）：

表1　两个小朋友收集邮票情况

小明	小红
10张	6张

小明送给小红几张，两人就同样多了？可以动手画一画；可以直接列式计算。

师：想要得到第五颗智慧星可就没那么容易了，敢接受挑战吗？（敢）

师：仔细看，从表格里，你知道了哪两个条件，问题是什么？谁来完整地读给大家听。

生：小明收集了 10 张邮票，小红收集了 6 张邮票，小明送给小红几张，两人的邮票就同样多了？

师：这个问题你们会解决吗？请你在你的数学本上，动动脑、动动手、画一画来帮助你解决，待会儿我请速度最快的人做小老师，来讲给大家听。

2. 学生尝试解决，交流、汇报

（教师展示学生的作业本，请学生来说明思考的过程。）

师：谁来做小老师，讲给大家听一听？带着本子来，其他人仔细看一看，看看他的想法跟你的是不是一样的。

生：首先画出了小明的 10 张邮票，然后我又画出来小红的 6 张邮票，小明比小红多 4 张邮票，然后再把多出来的 4 张邮票送一半给小红，就同样多了。

师：送几张给小红呢？

生：2 张。

师：和他想法一样的举手。你们都是怎么想的？

师：小明比小红多了几张？

生：4 张。

师：把多出来的其中的几张给小红呢？

生：2 张。

师：只能给多出来的一半给他，为什么不把多出来的全给他？

生：因为把多的全给他，小红就多了。

师：除了画图，还有不同方法吗？

生：列算式。（出示给其他学生）

师：他的算式是这样写的，你在心里面就已经想好了，是吗？你怎么想的？

生：10 就是小明的数，$10-2=8$，再拿小红的张数加上 2 就和小明同样多了。

师：这个方法也可以，你们都是这样想的吗？最后小明给小红几张？（2 张）两人就同样多。

低年级学生年龄较小，对于含有思维的题目需要借助直观的操作来帮助理解与掌握。于是，我让学生用画小圆片的方法来解决，形象地为学生的逻辑思考做了扶手，让他们有据可依，便于思考与记忆较为抽象的方法。在画图过程中，学生动手又动脑，在轻松愉悦的氛围中达成了提升目标——加深对数量关系的理解。在集体交流与汇报的过程中，教师作为学生的引导者，对学生的思考过程进行梳理，让学优生作为"小老师"来讲述自己的思考过程，以优促后进的形式，激发学生的求知欲望，并进行适时的评价，对学生进行鼓励。让不同层次的学生都能够往上跳一跳，在原有的基础上得以提高，达成了提升目标——灵活运用。通过以上这样的拓学环节，极大地促成了学生数学思维与解题技能的双重提升。

（案例由周平老师提供）

四、保证实施效度，促进学生最大限度的发展

拓学展异环节能满足不同层次学生的知识需求，是教师对教材有机整合、灵活运用、有效驾驭的产物。拓展环节必须紧紧围绕基础性和挑战性教学目标，选定适合的教学内容展开拓展延伸，从而促进不同学生最大限度的发展。

在教学实践中，越来越多的教师都关注到了拓展教学的重要意义，并不断实践与探索，但是由于我们缺乏对拓展尺度的把握和有效拓展的经验，使得拓展趋于表面化，重形式，缺乏实效性。其实拓展应与教学内容有机结合，它应立足教材、超越教材，始终为学生的学习服务和奠基。只有从学生的角度出发，为学生的学科素养和个人发展提升着想，拓展才是有效的、适时适度的。因此，在课堂教学中，我们要找准学生的"学习点"，创造性地使用教材，进行有效的拓展，使课堂因拓展而流光溢彩，使学生因拓展而学有所获。

[实践案例]

苏教版语文五年级下册《秦兵马俑》

《秦兵马俑》是一篇略读课文，文本从两方面详尽介绍了秦兵马俑：一是用翔实的数据说明了兵马俑宏大的规模；二是从身材体格、衣着披挂、动作神态等方面，准确、细腻地表现了兵马俑的类型众多、神态各异、个性鲜明。文中既有说明、描述的文字，也有作者丰富的联想与想象，使我们如临其境，而且深深地体会到字里行间洋溢着的强烈的民族自豪感。通过学习这篇课文，学生要能了解秦兵马俑，感受其宏伟气势，激发民族自豪感，培养探究中国的"世界遗产"的兴趣。通过阅读课文，想象秦兵马俑宏伟的气势和鲜明而丰富多样的神态，激发民族自豪感，这也是本课教学的重难点，为了突破这个难点，教师设计如下。

师：从同学们的交流中，我仿佛看到了一个个个性鲜明、神态各异的兵马俑出现在我的眼前。秦兵马俑真不愧是世界第八大奇迹！

师：看着这规模宏大、类型众多、个性鲜明的秦兵马俑——

（出示课文片段，指名读。）

生1：卢森堡前首相维尔纳感叹道："谢谢你们给我看了世界上最好的精品。"

生2：前新加坡总理李光耀感叹道："伟大的历史文物，昭示中国伟大的未来。"

生3：美国前总统克林顿摸着马俑说："我真担心它会不会踢我一脚！"

……

师：兵马俑，这沉睡了几千年的瑰宝，一朝醒来，震撼了全世界！让我们满怀豪情，大声朗读（投影出示）：秦兵马俑惟妙惟肖地模拟军阵的排列，生动地再现了秦军雄兵百万、战车千乘的宏伟气势，形象地展示了中华民族的强大力量和英雄气概，这在古今中外的雕塑史上是绝无仅有的。

师（激情引读）：这就是我们的——秦兵马俑（生齐读）；这就是规模宏大、类型众多、个性鲜明的——秦兵马俑（生齐读）；这就是令每一个中国人无比骄傲、被称为"世界第八大奇迹"的——秦兵马俑（生齐读）！让我们永远记住这个响亮的名字——秦兵马俑（生齐读）！

拓学就是让学生再向上跳一跳的环节。教师设定好拓学的内容，让学生开展拓学活动，满足学生的差异需求，达成挑战性教学目标。而拓学展异环节在内容的设计、难度的高低选择这些因素上都直接影响拓展的效度和课堂教学的效度，所以，合理的安排、适当的拓展就尤为重要。随着学习的深入、情感的推移，执教者把与文本相关联的各国政要赞美兵马俑的资料渗透到学习过程中，此时的拓展在执教者张弛有度的把握中，似春雨无声润物，使得原本在学生心目中陌生而遥远的兵马俑的故事，一步步地走进了学生的心灵，学生领悟到了兵马俑宏大精美的内涵，感受到中华民族的聪明才智，激发了民族自豪感。这样的拓展显然是对文本有力的补充与映衬，为学生提供了广阔的学习空间，为学生的学习起到了添翼之功，为他们开拓了更加广阔的视野。

（案例由高洁老师提供）

第六章 差异教学模式的学科变式

我们研究的差异教学模式,是在努力形成相对稳定的结构流程之下,最大限度地满足不同学生的学习需要。但是,教学有法,但无定法,贵在得法。因此,我们在尊重课程资源的差异性和多样性基础上,依据我校差异教学模式的研究进行变革,初步建构了体现不同学科、不同课型或不同教学内容的差异教学模式的变式,并运用于课堂教学,在实践中进一步提炼和完善各变式。模式的变革和运用主要涉及小学课程中的语文、数学、英语、体育、美术、音乐、科学和信息技术等学科。

第一节　语文差异教学学科变式

《义务教育语文课程标准（2011年版）》（以下简称"《语文课程标准》"）指出，语文素养是学生学好其他课程的基础，也是学生全面发展和终身发展的基础。语文课程丰富的人文内涵对学生精神领域的影响是广泛而深刻的，学生对语文材料的感受和理解又往往是多元的。因此，应该重视语文课程对学生思想情感所起的熏陶感染作用，注意课程内容的价值取向，同时也要尊重学生在学习过程中的独特体验。我校语文学科立足于学生的发展，尊重学生的差异，激发和培养学生热爱祖国语言的思想感情，引导学生丰富语言积累，培养语感、发展思维，初步掌握学习语文的基本方法，养成良好的学习习惯，使学生掌握实际需要的识字写字能力、阅读能力、写作能力、口语交际能力等，正确地理解和运用祖国的语言文字。

特级教师凌士彬在其"语文教学规定教学内容的再思考"专题学术讲座中提出：语文教学有具体教学内容，但不一定有"统一规定"的具体学习"对象"。语文的综合性与实践性、工具性与人文性的统一，决定了语文学科的多样性、丰富性和非线性，教学内容可以"你此我彼"、互相不同，而教学效果基本一致。这一观点与我们的差异教学模式主张不谋而合，也是我们创设出小学语文阅读课差异教学模式、小学习作指导课差异教学模式、小学习作讲评课差异教学模式这三个语文差异教学学科变式的依据。这三个变式的研究内容涵盖了小学语文教学的重点学习领域——"阅读"和"习作"，目标性强，研究方向专一，能够达到"以点带面"的效果。

同样，我们的变式也依据了差异教学模式的四个环节，结合语文学科特点，对模式进行了内化和深化。为了在教学中有效照顾学生的差异，充分灵活地运用环节下的各个操作策略，在实践中，我们又不拘泥于一招一式。三个变式是在我校差异教学总模式下衍生出来的，对语文学科的不同教学内容更具针对性和指导性，也易于一线语文教师学习和实践。

一、阅读教学课差异教学模式

《语文课程标准》指出，阅读是学生的个性化行为。阅读教学应引导学生钻研文本，在主动积极的思维和情感活动中，加深理解和体验，有所感悟和思考，受到情感熏陶，获得思想启迪，享受审美乐趣……教师应加强对学生阅读的指导、引领和点拨，但不应以教师的分析来代替学生的阅读实践。阅读教学强调学生的自我理解和体验、自我感悟和思考以及自我发展，教师在此过程中主要起到适时指导、适度引领和有效点拨的作用。

当下，语文教师在阅读教学课堂上主要依据教材，引导学生感悟的是文本的内涵。但是，每个学生的学习兴趣、学习需要、文化积淀、审美情趣各不相同，学生个体之间在阅读中表现出较为明显的差异，怎样培养学生的阅读能力，有效促进学生的个性发展？这就要求教师成为学生与文本对话的引领者、合作者，促使学生形成个性化体验、个性化感悟、个性化审美能力，进而得到个性化发展。

我们知道，影响学生个体的发展有内部因素和外部因素。教学模式是影响学生学习的外部因素之一。一个班级中学生的差异是必然的，阅读教学课差异教学模式，通过对阅读教学目标的设定、教学方法的选择、教学内容的遴选等方面做出适切的调整，能够满足不同学生的学习需要，引导学生学会阅读，达到使每个学生在原有阅读基础上得到充分发展的教学境界。通过长期研究实践，我们形成了相对固定的"阅读教学课差异教学模式"（如图 6-1），力求让阅读教学更有效，追求每个学生最大限度的发展。

（一）预学查异——了解学生对文本认知差异，测查学生学习状态，以学定教

差异教学立足于学生个性的发展，但学生学习水平差距过大会给班级课堂教学带来一定的困难。有些学习差异是可以调节的，如认知前提的差异、学习能力的差异等，如果教师注意在课前让学生对相应知识技能进行准备，学生在学习新知识时，差距就会缩小。

为保证学生学习新知识的起点水平相对接近，对课文进行充分的预习是阅

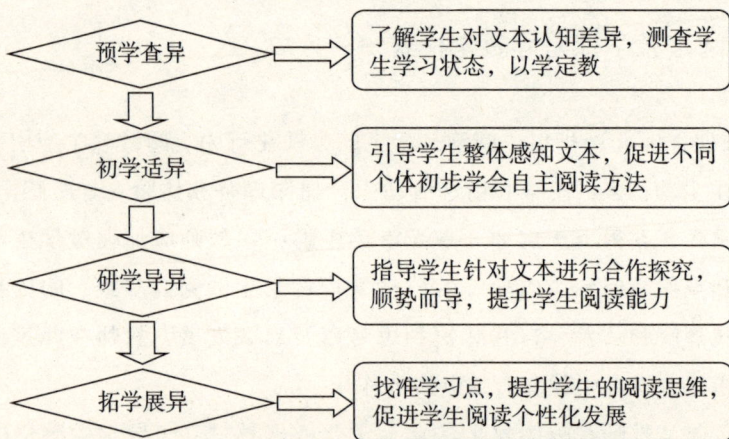

```
预学查异  →  了解学生对文本认知差异，测查学
              生学习状态，以学定教

初学适异  →  引导学生整体感知文本，促进不同
              个体初步学会自主阅读方法

研学导异  →  指导学生针对文本进行合作探究，
              顺势而导，提升学生阅读能力

拓学展异  →  找准学习点，提升学生的阅读思维，
              促进学生阅读个性化发展
```

图6-1 阅读教学课差异教学模式操作流程图

读教学的重要环节。预学前，教师给学生提供一些自学提纲和方法。在新授课文前，让学生先自主阅读课文，然后从课文内容中找出一些自己不懂的问题。这些问题会因为每个学生的学习基础、学习兴趣、个性不同而有所不同。坚持预习可以培养学生自学的意识和能力。

在课初，教师即运用访谈、交流等有效策略，展开对学生预学效果的检测。在此过程中，了解学生的认知差异，发现学生感到困惑的地方，弥补学习困难学生的认知基础，从而为他们扫清感悟文本的障碍，并根据最终的检测结果及时调整自己的教学目标，实现以学定教。

（二）初学适异——引导学生整体感知文本，促进不同个体初步学会自主阅读方法

《语文课程标准》在"课程目标与内容"部分对阅读教学的要求是："具有独立阅读的能力，学会运用多种阅读方法。"自主阅读是个性化差异阅读的前提和基础。在阅读教学中，教师可以根据学生的认知能力，提出适切的初学要求，并适当给予学生必要的阅读方法的传授，引导学生进行尝试性自主阅读。

我们知道，影响学生自主阅读的因素有外部因素和内部因素。学生间的差异与他们生活学习的环境及自身的情感体验有关。教师是阅读教学的引领者，要为学生提供积极的情感支持、充分的学习机会和自主的活动。仅仅止步于承认并理解学生的差异，教师还不能形成对学生个体差异阅读的引导。《语文课程标准》在

"实施建议"部分提出:"学生是语文学习的主体……应尊重学生的个体差异,鼓励学生选择适合自己的学习方式。"因此,教师需要引导学生在初步阅读文本时有明确的学习目标和积极的学习态度,使他们能够在教师的启发引导下,选择适合自己的方法,独立感知教材、理解课文内容,并进行个性化阅读。在这一过程中,学生能通过自主学习,培养他们阅读的能力,初步掌握阅读的方法。

(三)研学导异——指导学生针对文本进行合作探究,顺势而导,提升学生阅读能力

新课程改革呼唤自主、合作、探究的学习方式,要将课堂学习的主动权全部交付给学生自己。自主、合作、探究的学习对于学生来说,不仅是学到知识,更重要的是学会思考、学会学习,这对存在差异的学生具有重要的发展价值。这就要求教师在教学中关注学生差异,兼顾不同学生的需要。教师要精心设计教学,处理好"面"和"个别"的关系,要在学习目标、内容、方式方法等方面考虑个别学生的需要,也要考虑用什么方式满足个别学生的需要,真正做到面向全体学生。

研学导异是实施阅读教学差异发展的重要环节,也是促进全体学生提升阅读能力的重要阵地。在这一环节,教师针对学生的差异实际,对学生的学习重点进行指导,从而更好地开展学生的研究性活动。在原有整体感知、理解文本内容的基础上,教师引导学生通过对相同问题的协作共进,进行自主、合作探究,不仅可以有效地缩小学生之间对文本内容把握的差距,还能进一步提升学生的阅读能力,发展学生的思维。这样,不同层次的学生虽然探究的是同一类问题,但在教师的点拨和同伴的启发中,却又可以反馈、修正各自的探究结果,从而共同提高。

(四)拓学展异——找准学习点,提升学生的阅读思维,促进学生阅读个性化发展

阅读教学中能引导学生做到课内学习与课外阅读延伸,能够在教学中唤起学生的问题意识,激起阅读的兴趣,生成新的阅读资源、新的阅读发展目标,才能真正促进学生阅读思维的发展。拓学展异这一环节中的阅读教学要求,都源自于文本但又高于文本。教师通过提供多样的、鲜活的拓展内容,让学生在认知基础上深入和高度历练,让更多学生能够自主选择喜欢的内容,并在原有的阅读基础上得到不同程度的提升与发展，促进阅读个性化发展。

《语文课程标准》指出，阅读教学要尊重学生的客观差异性，尊重学生个性化的认知体验。因此，在教学中，教师在尊重了学生认知后，就要满足不同类型和层次的学生的阅读需求，帮助其进行深入有效的感知与思考，从而更好地促进学生认知意识的调整。教师在课堂教学结束之际，就可以提出具有弹性的学习要求，让学生在认识自我能力的基础上，选择适合自己的学习内容，让不同水平的学生得到不同的长足发展。

［典型学科课例］

苏教版语文五年级上册《清平乐 村居》

教学目标：

（1）初步了解词的有关知识，学习词的诵读方法。能正确、流利、有感情地朗读和背诵课文。

（2）能通过看插图、联系句子、结合生活实际等方法理解这首词的意思。

（3）感悟田园生活的意境，在自主体验中受到美的熏陶，感受学习的乐趣。

基于学生差异的前测分析（如表1）：

表1 《清平乐 村居》预学卡

☆	读	1. 我觉得这些字音难读易错：_____。 2. 我能把这首词读正确、读流利。（　　）
☆☆	查	1. "词"是中国古代诗体的一种。我知道"词"的相关知识： _____。 2. 我知道辛弃疾的相关资料： _____。
☆☆☆	思	1. 我觉得这些词语不好理解：_____。 2. 辛弃疾笔下的"村居"是怎样的？（用一两个词语形容） _____。 3. 我能将这首词读出自己的节奏。（　　）

预习卡中"查"部分的设计，是让学生在课前通过查找资料，收集到与"词"以及作者辛弃疾相关的资料。这在承认了学生存在的兴趣差异和水平差异的同时，放手让学生积极查找资料，激发了学生的求知欲，缩小了学生的知识储备差距，不仅有助于学生理解诗词所表达的思想感情，也潜移默化地培养了学生自主探究的习惯。

预习卡中"思"部分的设计中，学生提出难以理解的词语，在教学设计过程中，教者要有所关注。用上一两个词来描述辛弃疾笔下的"村居"，大部分学生虽然都能够写出来，但这些回答也能反映出学生认知水平和知识储备存在着差异。其中，极少数学生已经很准确地抓住了课文的中心；少部分学生只是从课文的内容中凭着自己的学习能力找到关键词句，还需要老师的引导。从孩子们本身的学情差异可见，课前思考性问题高于大部分学生原有的知识水平，但学生经过努力也是可以达到的。

课堂教学实录：

一、预学查异

环节目标：读对读通——由课题"走向村居"，恬淡走近诗词。

师：同学们，读过《清平乐 村居》这篇课文了吗？你读过几遍？

生1：我读了五遍。

师：你真爱读书。你呢？

生2：两遍。

师：你真了不起，两遍就能读会了。来，读给大家听一听。

师：听出来了吗？"清平乐"该怎么读？

生3：我觉得应该读（yuè），因为这是一首词，在古代是唱出来的一首乐曲。

师：你说得非常好。请你来读一读。

师：你不仅读对了，还读出了感情。还有谁愿意跟他比比？（学生朗读）

师：你不仅读出了节奏，还读出了韵味。让我们像他这样来读一读。（带领学生齐读）

师：知道这首词写了什么吗？你是怎么知道的？

生1：这首词描写的是乡村生活。我是从"村居"两个字看出来的。

生2：我是从词中人物的活动判断出来的。

师：拿出笔，圈出词中都写到了哪些景物和人物。（指名交流）

生1：写到了茅屋、小溪，还有青草。

生2：我从"翁媪"这个词知道写到了两位老人。

生3：写到了三个孩子：大二、中儿、小儿。

二、初学适异

环节目标：自读自悟——在插图中"走入村居"，悠闲走进诗词。

师：画是一种含蓄深刻的语言，它能把人引入心驰神往的境界。打开书本，看书上的插图，拿出笔，写下你所看见的，可以是人物，可以是景物，一处即可。

（教师出示书上插图，让学生在古筝乐曲的相伴中欣赏插图并动笔。）

师：有写人的吗？谁来说说。

生：一对老夫妇正坐在屋檐下聊天。

师：词中称这对老夫妇是什么？

生："翁媪"。

师：你知道哪个字是指男，哪个指女吗？你是怎么知道的？

生："翁"是男，"媪"是女。"翁"上面有个"公"，"媪"左边有个"女"。

师：你看，中国文字多有意思啊。注意他们的表情了吗？这说明什么呢？

生：笑着，说明他们很开心呢。

师：是啊，他们在很亲热地聊天，这就是"相媚好"，懂了吗？

师：还写到谁？他们在干什么？

生："大儿锄豆溪东。"

师："锄豆"有知道是什么意思的吗？

生：锄去豆田里的杂草。

师：真棒，看来你是理解了"锄豆"的意思。还有写其他人的吗？

生："中儿止织鸡笼"。二儿子在专注地编织着鸡笼。

生：小儿子正趴在小溪边剥着莲蓬呢。

师：文中怎么说的？

生："最喜小儿无赖，溪头卧剥莲蓬。"

师：文中用的是"卧"，这位同学用的是"趴"，大家觉得谁好？

生：我觉得用"卧"好，因为"卧"包括侧卧、仰卧和趴卧。这样可以写出小孩子的顽皮、可爱。

师：说得好，有人知道"无赖"在这里是什么意思？

生：这里的"无赖"是指顽皮、可爱。

师：幸福的一家五口。注意到他们生活的环境了吗？

生：低低的茅草屋后是一片竹林，屋前、小溪边小草青青。

师：是啊，这真是一幅幸福美满的乡村生活图啊！让我们来带着自己的感受，美美地读一读。（学生齐读）

三、研学导异

环节目标：深读深悟——从诗眼里"走出村居"，自然外化词意。

师：看着如此清新惬意的画面，听着大家琅琅的读书声，用词中的一个字概括我此时的感受，"醉"最适合不过了。（板书：醉）

师：词中是谁"醉"了？为什么？

生1：老夫妇醉了。他们可能喝酒了。

生2：他们是陶醉，因为孩子们让他们感受到幸福。

师：能说具体一些吗？

生2：大儿子已经可以通过自己的劳动力，在田里干活。二儿子也能够编织鸡笼，承担家务。小儿子很顽皮，活泼。

师：是啊，孩子们的成长让老两口陶醉在这幸福美满的生活中。（板书：幸福美满）

师：还有谁醉了？

生1：我觉得小儿子醉了。他没有任何的生活负担，可以无忧无虑地在溪边玩耍，他完全陶醉在自己的世界里。

生2：我觉得，这时作者也醉了，他被眼前的幸福生活所沉醉。

师：既然说到了作者，我们就来了解一下作者。（出示作者相关介绍文字）

师：看过这段介绍，你对辛弃疾有哪些了解？

生1：他21岁就参军了。

生2：他是一位抗金将领。

师：一位将领却出现在乡村，无事可干，他这不是"喜"，是——

生1：悲。

生2：忧。

师：为何而悲？为何而忧？

生1：词人一心为国，但理想与抱负却得不到实现，忧国忧民的他可能会借酒消愁。

生2：词人一生力主抗金，就是为了老百姓能够过上安定、幸福的生活。因此，当词人看见这一幕时，深深地"陶醉"于其中。

师：是啊，同学们，他人醉是"喜"，作者自己的醉却是因为忧国忧民，对这种美满幸福生活的追求和向往。

师：让我们带着对词人的崇敬之情，读好这首词。会背的同学可以站起来背一背。

四、拓学展异

环节目标：对比诗词——在积累中"放眼村居"，漫步走进诗词。

师：以前，我们还学过一首诗，高鼎的《村居》。（投影出示两首诗词）看看，这两首诗词有什么相同和不同之处吗？

生1：他们描写的都是乡村生活。

生2：《清平乐 村居》是词，《村居》是诗。

生3：《清平乐 村居》题目中有空格。《村居》没有。

生4：《清平乐 村居》是词，题目中间用空格隔开，前面的"清平乐"是词牌名，后面的"村居"是题目。

生5：诗每句字数一样多，词的每句字数不固定，而且词也分为两部分。

小结：词分为上下阕，也称为上下片，它因为每行字数不相同，所以也被称为长短句。诗，盛行于唐代；词，盛行于宋代。离我们虽然已经有些久远，但作为龙的传人，我们有必要，也有这个义务，将中国的传统文化学习好并传承下去。

五、作业设计

（1）写一写：想象《清平乐 村居》所描绘的情景，并完整地写下来。

（2）读一读：辛弃疾著有词集《稼轩长短句》，查找并阅读。

（3）说一说：共有1600多个词牌名流传至今，与同学合作进行探究。

板书：

26 清平乐 村居

一家五口　　无忧无虑　　喜

　　　　醉？

词人自己　　忧国忧民　　愁

基于学生差异的后测分析：

课后，随机抽取了20名学生，利用5分钟时间完成课堂教学形成性检测作业。

整体来看，学生的完成情况良好，基本上都能结合课上所学内容写出自己独特的见解。学生们笔下的这一家人，在这景色秀丽的乡村，虽生活条件简陋，却过着幸福美满的生活。从调查结果来看，孩子们能够结合本节课所学到的知识与方法，利用课后时间，与同学合作或是独自研究辛弃疾的其他诗词，从而真正走进词人内心。同时，课堂上对中国传统文化的介绍，也激发了孩子们的求知欲与传承的责任感。

语文来自于生活，又回归到生活中去。学生们将课外学到的词牌名与同学交流，这不仅增加了学生的课外知识，拓宽了学生的学习空间，又沟通了课内与课外，体现了语文的实践性和生活性。但是，学生对于一些词牌名的介绍不够详尽，还需要进一步的指导。

［课例评析］

在预学查异环节，教师通过谈话，了解学生的课前读书情况，并通过层次不一的评价，既肯定了学生的朗读优点，也在为学生指明进步的方向。初学适异环节，教师创设情境，形成未成曲调先有情的良好课堂基调。学生描绘画面时图文结合，自主解决"剥"、"锄豆"、"无赖"、"相媚好"等重点词的意思，他们的认知差异在初学中缩小。研学导异环节，教者紧扣词眼"醉"字，充分尊重学生们的认知差异，肯定不同学生对"醉"的不同理解。起初，学生各持己见，对"醉"的理解各不相同：有饮酒而醉，有幸福的陶醉，有勤劳的喜悦，有小儿的淘气……教者似乎放下了这个"醉"字，只一心带领着学生亲近翁媪的幸福，三儿的孝顺、勤快、淘气，感受"茅檐、小溪"的乡村美景，最后，通过对辛弃疾写作背景的补充，让学生深刻体会辛弃疾的"悲喜交加"，行云流水般不知不觉地深化了学生的理解。

（本课例由孙堃老师执教）

二、习作指导课差异教学模式

阅读和写作，是语文教学的一体两面。即是说，阅读和写作在语文教学中都是不可或缺的，阅读是写作的基础，写作是阅读的升华。"劳于读书，逸于作文"即阐明了阅读和写作的密切关系。叶圣陶先生说："学生须能读书，须能作文，故特设语文课以训之。"① 读写是语文教学永恒的主题，是语文教学的皈依，其重要性不言而喻。近代学者王国维在谈创作与生活的关系时说过："诗人对于宇宙人生，须入乎其内，又须出乎其外。入乎其内，故能写之；出乎其外，故能观之。入乎其内，故有生气；出乎其外，故有高致。"② 写作是学生运用语言文字进行表达和交流的重要方式，是认识世界、认识自我、创造性表述的过程。

从学生的习作过程来看，习作教学一般要经过取材、构思、起草、加工等几个不同的阶段。教师要通过这几个阶段的教学，指导学生在写作实践中学会写作。作为语文差异教学学科变式研究的突破口，习作教学中最为关键的指导课就是在"为学生的自主写作提供有利条件和广阔空间，减少对学生写作的束缚，鼓励自由表达和有创意的表达"基础之上应运而生，从而形成了习作指导课差异教学模式（如图6-2）。

习作指导课重在"导"字，就是要解决学生写什么、怎样写的问题。从学生的实际写作情况来看，作文难写的症结就在于不知写什么，所以必须借助教师有梯度的疏导，启发引导学生多角度认识生活、分析生活、表现生活，使之文思泉涌。

（一）预学查异——了解学前预习，自主选择适切的习作主题

学生的习作水平是存在差异的，在习作教学中，教师要充分发现和利用这

---

① 林梅梅. 在阅读教学中找准写作的训练点 [J]. 广西教育（小教版），2016（2）：51.
② 赵永攀. 入乎其内　出乎其外：浅析文本解读的"入"与"出" [J]. 小学语文教学（园地），2011（12）：35.

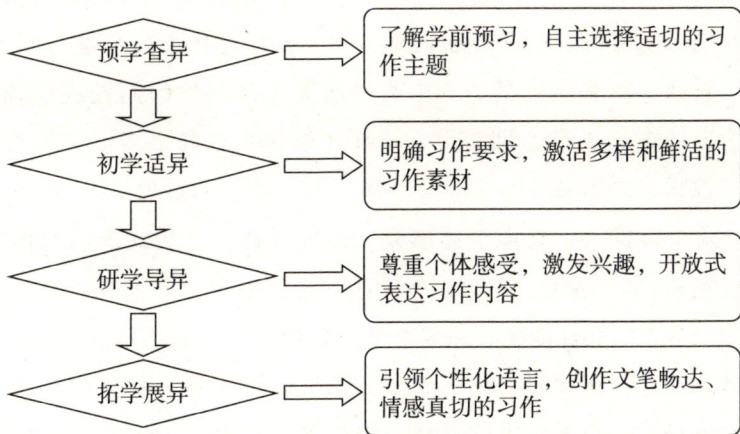

```
┌──────────┐        ┌────────────────────────────────┐
│ 预学查异 │──────▶│ 了解学前预习，自主选择适切的习 │
└──────────┘        │ 作主题                         │
      │             └────────────────────────────────┘
      ▼
┌──────────┐        ┌────────────────────────────────┐
│ 初学适异 │──────▶│ 明确习作要求，激活多样和鲜活的 │
└──────────┘        │ 习作素材                       │
      │             └────────────────────────────────┘
      ▼
┌──────────┐        ┌────────────────────────────────┐
│ 研学导异 │──────▶│ 尊重个体感受，激发兴趣，开放式 │
└──────────┘        │ 表达习作内容                   │
      │             └────────────────────────────────┘
      ▼
┌──────────┐        ┌────────────────────────────────┐
│ 拓学展异 │──────▶│ 引领个性化语言，创作文笔畅达、 │
└──────────┘        │ 情感真切的习作                 │
                    └────────────────────────────────┘
```

图 6-2　习作指导课差异教学模式操作流程图

些差异，并在教学设计中有所体现，让习作教学变得更有针对性。为了给全体学生适切的习作目标，提供满足不同个体需要的习作指导，教师在课前就应做好全面、动态的学情测查，了解学生的习作态度、习作动机、习作兴趣、习作能力、习作素材等情况；还要灵活安置习作内容，要适合班级学情，能够调动学生的热情，既依附教材又不完全遵从教材，设置多元的习作目标和习作内容，确保其可选择性。

（二）初学适异——明确习作要求，激活多样和鲜活的习作素材

叶圣陶曾说过，生活犹如泉源，文章犹如溪流，泉源丰盈，溪流自然活泼地昼夜不歇。这形象地说明了生活是"源"，写作是"流"，"源"开则"流"畅，"源"塞则"流"竭。阅读是理解别人对生活的反映，是间接地认识生活，是吸收；写作是直接表达自己对生活的认识，是表达。

文思要泉涌，关键是挖掘素材。素材是文章的生命，好素材如山珍海味能馋人。题材如淡，则似白菜萝卜，即使巧妇也难成佳肴。因此，如何选材是习作指导的关键。以往作文教学"先导后写"的教学模式束缚过多，而教师的指导又时常倾向于统一的模式和标准，对学生形成干扰，学生写作的自主性很难被激发出来。我校的差异教学模式提倡教师对写作素材不做过多的渗透和指导，通过精心设计习作教学活动，为学生提供有意义的语言实践环境，努力创设愉悦宽松的情境，让学生放手尝试表达，有话则长，无话则短，只要把自己的所见所闻、所思所感如实地表达出来即可。学生个性表达的生活素材是课堂上动态生成的资源，能展现学生的真实习作水平，暴露习作中的问题与困惑，更重要的是给了教师了解和指导的方向。教师既要关注共性的问题进行统一指导，又须关注个性的表达进行差别对待，这样才能切实提高更多学生的写作能力。这一环节，教师的指导要经历一段由"扶"到"放"的过程。

（三）研学导异——尊重个体感受，激发兴趣，开放式表达习作内容

《语文课程标准》指出："写作教学应贴近学生实际，让学生易于动笔，乐于表达，应引导学生关注现实，热爱生活，积极向上，表达真情实感。"研学导异这一环节的设计符合课程标准的要求，其目的就是为了激发学生对择取的素材进行精心的设计，让学生了解结构、语言等基本状况，抓牢表达中的共性与个性问题，寻找提高的生长点。教学中，教师应根据不同的习作题材，提供多样化的教学方法，让学生能够合作探究、集思广益、共同提高。教师利用精选的案例，在交流或活动中恰当帮助、多维指导学生围绕某一个场景或某一情节，细致、深入地观察或思考，并用细腻的语言去描述。往往在细节处运用"导"的策略，能让学生生成更自由、更精彩、更深入的写作方法，教师也能及时地反馈与修改，提高学生的习作能力，促进学生学习力的生长。教师要坚持以生为本的理念，尊重差异、照顾差异，结合面上兼顾和个别指导的策略，激发学生的创作思路，为下一环节的提高做好充分的准备。

（四）拓学展异——引领个性化语言，创作文笔畅达、情感真切的习作

口头生成的内容往往付之于书面实践才可能内化为习作能力。学生在研学导异环节初步完成了习作的思维创作，接下来就是形成具体语言文字的时候了。"说"的过程中，学生已经粗略地处理了习作的素材、组织了语言、构思了文章的脉络。但"写"与"说"还是有着较大的差异的，会说的孩子在组织规范的书面用语时未必就能超越不会说的孩子。事实也是如此，会有一部分上课不太爱开口的孩子，因为各种因素，写出来的文字生动形象，且有创意。他们能够举一反三，借鉴他人成功之处，精心处理自己的习作素材中的闪光点，从新颖的角度入手，大胆地想象，流畅地表达，撰写出自己满意的文章，并能进一步润色，从而完善自己的习作。这就需要我们教师充分了解学情，差异对待课堂上需要指导的个体，关注同质对比，缩小异质差距，尽可能启发更多的学生触

类旁通，促进学生语言表达和书面习作的双重提升，追求习作指导课上"水到渠成"的意境。

[典型学科课例]

苏教版语文三年级下册《习作8：编童话故事》

教学目标：

(1) 通过学习例文，激发学生编写童话的兴趣，初步学习编写童话的方法。

(2) 能根据自己的认识，选用合适的图画，编一个童话故事，要把事情的经过及养成良好习惯的好处叙述清楚。

(3) 教育学生从小养成不挑食、不偏食和讲究卫生的良好习惯。

基于学生差异的前测分析（如表1）：

表1　《习作8：编童话故事》预学卡

童话主人公	
什么坏习惯	
具体表现	
严重后果	
如何改正	

学生对童话这一题材还是有一定认识的，但对"坏习惯"的把握存在差异：绝大多数学生能说出教材图片上的坏习惯，个别学生对图3和图4观察有误。不少学生写的是在生活中观察到的坏习惯，如酒后开车、乱砍滥伐、随地吐痰……但也有学生写的不是坏习惯，如看不清东西时会眯眼。学生能说出不良习惯的具体表现，如趴着写字、躺着读书、随意打断别人说话……但不够具体。个别能力强的学生能结合动作、语言、神态、心理等加以表述，并加入合理的想象。学生对没有养成良好的习惯所造成的严重后果想象太单一，严重性认识不足，如写字姿势不正确，学生的回答是会近视，其实严重则容易造成弓腰、驼背、脊柱弯曲、斜视等不良后果；挑食轻则营养不良，重则会患上厌食症，有性命之忧……基于学生的认知特点，对今后如何改正，学

生给出的做法缺乏多种形式的可能性，如对喜欢吃糖的习惯如何改正的问题，多数学生会说：以后再也不吃糖了。其实少吃、吃完刷牙或漱口等做法也都是可以的。

课堂教学实录：

一、预学查异

师：同学们，最近一段时间我经常发现有同学吃完水果或上过厕所后不洗手，你们觉得这样的习惯好吗？说说理由。

生1：不好，细菌吃到肚子里肚子会疼的。

生2：这样影响身体健康。

师：如果你发现身边有这样不讲卫生的同学，你准备对他说什么？

生1：洗完手再吃。

生2：病从口入呀！

师：如果你发现了别人有不讲卫生的坏习惯，编个故事给他听，他一定喜欢。

（学生交流自己想编的故事。）

二、初学适异

师：读读例文，画出你觉得好的句子。

生1：我觉得"疼得他在床上直打滚儿"写得好。写出了小花猫肚子疼时的动作，显得很生动。

生2："妈妈一把将鱼夺下来……"这里着重描写了动作，很好！

生3："小花猫满头大汗从外面跑进来，叫着：'妈妈，我饿极了！有吃的吗？'"玩得"满头大汗"写得很形象。

生4："小花猫不情愿地跟在后面……"抓住了语言、神态的描写很符合人物的特点。

师：我们可以通过语言、动作、神态的描写把故事编具体，写的时候要合理融入自己的想象，别人才更喜欢。

三、研学导异

（指导看图三，出示小猴写作业的图。）

师：瞧一瞧，他有什么坏习惯？

生1：他不应该趴着写作业。

生2：写字姿势不对！

师：这样写作业会产生怎样的后果？

生1：这样写作业伤眼睛。

生2：这样小猴以后会近视的！

师：你说出了这样做的后果，希望小猴以后注意写字姿势要正确！老师也试着编了一个童话故事，想请你们帮忙编得更生动、有趣些，你们愿意帮老师这个忙吗？（出示缩水文，指名读）

别趴着写作业

小猴趴着写作业。

在学校里，老师提醒他，他不听；回到家里，妈妈劝他别趴着写作业，他还是不听。

有一天，小猴发现自己看黑板怎么也看不清。医生告诉他："你近视了，这是不注意写字姿势造成的。"

小猴再也不趴着写作业了。

师：哪里可以写得更生动？

生1：第三自然段要写出为什么去看医生。

生2：看字的时候，觉得字变得模糊了，要写具体点。

生3：要把小猴着急、难受的样子写出来。

师：第二自然段还有什么要补充的？老师会怎么提醒他？

生：眼睛是心灵的窗户，我们一定要保护好我们的眼睛。

四、拓学展异

师：其实，在我们的生活中也经常看见身边的同学有一些不好的习惯。（出示图1、图2）

师：你们还发现生活中哪些不好的习惯？

生1：乱扔垃圾。

生2：把垃圾扔到小河里面。

……

师：今天，让我们写一篇童话故事帮助别人改掉坏习惯，可以选第一幅图写，也可以选其他三幅图，感兴趣的同学还可以联系生活实际来写一写。

师：你还打算写什么？主人公是谁？会有什么后果？

生1：《牙齿再也不疼了》。

生2：我的题目是《我不想戴眼镜》。

生3：我写的是我爸爸，他早上起来会抽烟，经常抽烟有害身体健康。

（生继续完成习作。）

基于学生差异的后测分析：

本次习作是一次编写童话故事的训练，重点指导学生通过学写童话故事，帮助学生养成良好的卫生习惯。这种训练，充分体现了《语文课程标准》中"鼓励自由表达和有创意的表达"、"鼓励学生写想象中的事物"的要求。课上，老师努力为学生营造一个自由宽松的氛围，激发学生编写童话故事的兴趣，鼓励他们大胆想象、自由表达。

三年级学生对童话故事非常感兴趣。上学期时，学生已经接触过编写童话故事，本次的习作的重点是让学生仿照例文，充分发挥自己的想象把事情经过及养成良好习惯的好处写具体、写生动。

从课后学生完成的习作来看，学生基本能按照习作要求完成童话故事的编写，故事编得合情合理，能通过语言、神态、动作等细节描写，使故事更加生动有趣。

[课例评析]

例文《肚子再也不疼了》结构清晰，教学中，教师紧扣例文，通过谈话激发学生兴趣。学生自主品读例文，通过合作讨论，关注作者是如何把事情写清楚的。接着，向学生出示缩水文《别趴着写作业》，让学生交流讨论，尝试把例文写具体、写生动。学生观察能力、知识储备、情感态度等方面的差异，让修改的下水文产生多角度的变化，可谓精彩纷呈。这一环节的设计是本课的一大亮点：一来，通过语言实践，学生真正感悟到怎样才能将文章写得更生动、具体；二是给思维能力弱的学生一个阶梯，让学习力较强的学生帮助他们学会编写故事，并在其中体会到编故事的乐趣。

（本课例由高川老师执教）

三、习作讲评课差异教学模式

评价是教学过程中的一个重要组成成分。在习作教学过程中，教师要对学生作文进行评价与鉴定，让学生通过对一篇作文有针对性地、多元化地修改，提高自身修改习作的能力，进而提高自己的习作水平。充分重视习作讲评这个环节，抓牢、抓实、抓活这个环节，能激励学生的习作信心，调动学生习作的积极性，能有效地培养和提高他们的分析能力、鉴赏能力和运用语文文字表情达意的能力。作文讲评课组织得好、开展得好，还可以增强学生写作的欲望，激发学生再创作的热情。那么，如何提高作文讲评课的有效性呢？为此，我们深入进行了习作讲评课差异教学模式的研究，逐步形成了相对固定的习作讲评课差异教学模式操作流程（如图6-3），最大限度地满足不同学生的不同学习需要。

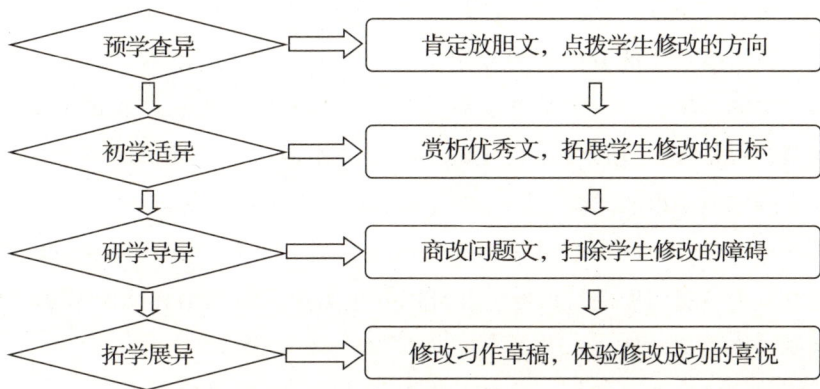

图6-3　习作讲评课差异教学模式操作流程图

（一）预学查异——肯定放胆文，点拨学生修改的方向

"放胆文"，顾名思义就是鼓励学生放开胆量去选材、构思、立意。题材上不循规蹈矩就能活跃学生的思维，让学生真切感受到生活是写作的活水源头，不限制写法，能叙能议能抒情，只要写出真情实感，就是最成功的文字。为了给学生提供具有典范作用的习作范文，高效达成讲评目标，教师充分阅读学生的习作草稿，根据习作要求，精心挑选优秀习作和典型病文等，以此为教学资

源，为讲评课做充分准备。教师课前查阅学生作文，体现"教学前测，把准学习的认知起点"，这也符合差异教学模式预学查异环节中"课前预习，认清学生的学习能力"的教学策略。同时，也根据学生的课初反馈，调整合适的教学目标。学生是学习的主体，教师是学习活动的组织者和引导者。如教师在执教苏教版语文三年级上册习作5《动物名片设计大赛》时，以书中例文为依托，放手让学生大胆创作。此后的讲评中，老师没有停留在例文与放胆文的内容上，而是引导学生发现"写什么"、"按什么顺序写"、"怎么写"。通过发挥例文的引领作用，师生共同发现放胆文的优点，学生在快乐中习作，在习作中感悟，最终实现自身习作水平的提高。

（二）初学适异——赏析优秀文，拓展学生修改的目标

根据差异教学模式初学适异环节中的"情境创设，学法引领"策略，在习作讲评课差异教学模式的这一环节，提供学生习作草稿中出现的优秀文，引导学生品味独到的选材、新颖的角度、大胆的想象、流畅的表达、准确的用词等内容，并结合习作目标，进行自评、互评与师评相结合的多元化评价方式，在评价中学习修改习作的方法。引导学生对他人的习作进行欣赏，这对于提高能力较弱学生的习作能力、满足学生的认同感、激发学生的写作兴趣是很重要的一个环节，也是教师进行习作指导的一个必要手段。这一环节的教学，教师引导学生采用同质小组或异质小组合作（一般以四人为单位，设组长一名），互相学习组内的习作，以期取长补短，为修改习作做好准备。这一环节中，教师侧重于对学生的选材问题进行指导，并且以学生为主，运用多媒体展示学习成果，让全体学生有更深的体会。

（三）研学导异——商改问题文，扫除学生修改的障碍

根据讲评目标，在习作讲评课差异教学模式的研学导异环节，提供学生的典型问题文，坚持学生评改原则，教师点拨修改方向，指导修改方法，关注学生的个性表达，组织讨论，引导修改，形成优秀文。让学生在尝试中体悟修改的魅力，享受成功的喜悦。这一环节，教师要围绕差异教学模式研学导异环节"合作探究、集思广益、共同提高"的策略，组织学生发现问题、解决问题。在这个过程中，"恰当帮助，多维指导、及时反馈"的策略也是必不可少的。如教师在执教苏教版语文三年级上册习作4《写一处秋天景物》的研

学环节时，在肯定优点的同时又让孩子们提出宝贵的意见，教师相机点评，对孩子的文章实现了有针对性的修改。如果在教师的评价语中能够突出独特发现和独特感受，就更能启发学生进行思考，使其逐步养成细心观察、认真体会的良好习惯。

（四）拓学展异——修改习作草稿，体验修改成功的喜悦

学生通过赏析优秀文、商改问题文，触类旁通，发现自己习作草稿中的问题所在，根据本节课的修改目标和修改方法，进一步润色自己的习作，从而将习作草稿完善为优秀文。差异教学模式拓学展异环节的策略要求教师在此环节"提供多样选择，照顾不同学生的差异需求"，要"有深度和广度，促进学生思维和技能的双重提升"，要"有效度，促进学生最大限度的发展"，因此，我们在设计教学时不仅要关注"拓学"，还要重视"展异"，提供学生展示不同学习层次的时间和空间。如在执教苏教版语文四年级上册习作4《奇妙的声音》时，教师做学生习作的引路人，充分挖掘学生习作中的闪光点，多鼓励、少批评，让学生既尝到成功的喜悦，又认识到自己的不足，提高作文修改能力。学生之间互批互改，可以增加写作素材的来源，锻炼修改病句的能力，并提高识别和鉴赏能力。让学生将修改后的习作通过朗读等形式向大家展示，就如同果园丰收后的"展销会"一般，给学生提供了展示成果的平台，更能激发其修改习作的兴趣，利于其习惯的养成。

［典型学科课例］

苏教版五年级下册《习作4：说说心里话》

教学目标：

（1）认知：引导学生学会欣赏佳作，培养学生在习作中写出自己真实的感受。

（2）能力：通过评改尝试，训练学生互批互改的能力，促进学生彼此取长补短，共同提高。

（3）情感：在展示交流中，让学生学会倾听、倾诉，尊重别人的内心感受，提高自己的认识，培养习作信心。

基于学生差异的前测分析:

1. 你的性别是:

A. 男生　　　　　　B. 女生

2. 在这次习作中,你向谁倾诉了心里话?

A. 亲人　　　　　B. 老师　　　　　C. 朋友　　　　　D. 其他

3. 你的作文内容属于以下哪个方面?

A. 传达问候　　　B. 表示歉意　　　C. 诉说委屈　　　D. 提些建议

E. 其他方式

4. 你认为本次习作中最难写的是什么?(可多选)

A. 写真事,抒真情

B. 自己的内心活动

C. 人物的神情,动作,语言

5. 你认为本次作文中哪些地方的描写自己比较满意?(可多选)

A. 自己的内心活动

B. 人物的神情,动作,语言

C. 开头和结尾

6. 你认为本次作文中哪些地方的描写还需要提高?(可多选)

A. 自己的内心活动

B. 人物的神情,动作,语言

C. 开头和结尾

7. 你想怎样修改自己的作文?(可多选)

A. 自己修改　　　　　　　　　B. 同学合作修改

C. 请父母帮助修改　　　　　　D. 请老师帮助修改

8. 你愿意将你本次习作给你倾诉的对象看吗?

A. 愿意　　　　　B. 不愿意　　　　　C. 无所谓

9. 你愿意把自己的作文和别人分享吗?

A. 愿意　　　　　B. 不愿意　　　　　C. 无所谓

调查总结:综合本次调查来看,学生普遍和倾诉对象之间有丰富的情感体验，并敢于直接表达自己的情感。习作时，学生能够注重情感细节描写表现情感，也注重神态、动作、语言的描写表现人物，说明学生理解了作文要求，并能渗透到作文运用中去。修改作文时，学生能用多种方式修改作文，也愿意和别人分享。

课堂教学实录：

一、预学查异

1. 谈话导入

师：孩子们，这几天，老师细读了你们"说说心里话"的习作，我评价你们的作文各有特色。因为这39篇作文从不同角度写出了你们的喜怒哀乐，诉说了你们的渴求。

2. 习作大家读

师：之前老师已经给你们分了四人小组，并请你们相互阅读习作，结合习作要求，你觉得谁的习作是你心目中最棒的？说说你的理由。（指名2~3人汇报）

生1：我认为××同学写得好，他写的是给教育局领导的建议，写出了真情实感，我们从来没想过。

生2：××同学文章中运用了恰当的心理活动描写。

生3：××的习作选题很新颖。

生4：《没有说出口的安慰》，在适当的地方运用了心理描写。

师：还有谁的习作不一定是最棒的，但却有了明显进步，你想表扬他？（指名2人汇报，学生提前进行相互间的阅读，并评出最佳习作奖和最大进步奖）

生1：我想给我自己，我的这篇文章里运用了好词好句还有名言。

生2：我心目中的最佳习作要颁给××，虽然他的篇幅没有平时多，但心理描写比以前进步了。

生3：篇幅没有以前多，但有了很多好词好句。

师（小结）：孩子们，你们刚才汇报的过程就是在说心里话，是内心最真实的写照。

3. 习作老师读

师：老师在读你们的文章时，也有很多心里话要说。想听吗？我最喜欢这样的题目：

《藏在心里的痛苦》——张羽轩

《做好学生有点累》——孔令道

《没有说出口的安慰》——管笑涵

《爸爸，请您多保重》——郑东

《我不比别人差》——张彦文

《我们要"自由"》——祝艺心

（教师出示文题，谁的题目谁自己读。）

师：你觉得这些题目怎么样呢？好在哪？（指名交流）

生1：选题新颖，留给读者很多悬念。

生2：题目很有意思，让人忍不住想要往下看。

生3：这些题目都很简洁、很别致。

师（小结）：秧好一半谷，题好一半文。这样的题目既能紧扣中心，又耐人寻味，令人有浓厚的阅读兴趣。老师喜欢你们的习作有自己的特色。（课件出示老师的评语）

故事里有担当：直面自己的过错，并解决它——裴梓旭

故事里有歌声："世上只有妈妈好，有妈的孩子像块宝"——冯雨萌

故事里有古诗："春蚕到死丝方尽，蜡炬成灰泪始干"——孙希源

"慈母手中线，游子身上衣"——葛思瑜

故事里有孝顺：动脑筋劝爸爸戒烟——郑东

借往事思念去世的奶奶——朱语涵

故事里有善良：安慰自己的"对手"——管笑涵

故事里有宽容：不记恨别人，希望得到对方的体谅——沈逸轩

故事里有正义：不屈服于"恶势力"—— 戚天宇

故事里有勇敢：敢给教育部部长提建议——祝艺心

师：这些内容都是你们结合自己的生活体验所做出的个性表达，独具风格的选材彰显了你们的个性，传递了你们的心声。只要你们继续做一个有心人，留心观察

身边事物，平时注重积累，相信每一次你的作文题目和选材都会与众不同。

二、初学适异

师：下面，就让我们一起走进你们的故事，去品一品。（出示段落）

"那天，我收到了一个名叫曹佘杰的小男孩的回信。虽然他和我年龄相仿，但是初读他的信时，我以为他才上一、二年级。当时，我笑了，因为他信里较为稚嫩的比喻，使我感到有点好笑。——缪岩《I'm sorry》"

师：自由读一读。思考，你从这段里读出了什么？

生1：这是小作者的真实经历，通过最后一句话写出了心里话。

生2：我读出了这件事是小作者亲身经历的事。

生3：我读出了心理描写，从"虽然他和我年龄相仿，但是初读他的信时，我以为他才上一、二年级"里，这是他看信时的心里话。

师：缪岩的这个片段虽然不长，但是真的是写出了自己最真实的情感。这份情感是通过什么表现的？

生1：通过语言描写。

生2：通过心理描写。

生3：通过真实的事情。

师：对，通过真实的事。这篇习作就是要求我们写出真情实感，她做到了，掌声鼓励她！（相机板书）

师：孩子们，老师发现咱们班大多数同学在习作中都说了自己的心里话。（出示段落）

"我现在上五年级了，大家都认为我周末去上国画兴趣班是浪费时间。可是我不这么认为。我爱国画，它是我生命中不可缺少的部分。记得那次学校有画画展览，我一眼就看到了心仪的国画作品。我站在那些作品前看了好久好久，直到同学喊我，我才依依不舍地回了教室。因为国画，我开始对中国文化也有了兴趣。——祝艺心《我们要"自由"》"

师：你们觉得这段怎么样？

生1：举了例子，写出了自己的想法。

生2：体现了真情实感。

生3：不仅写出了作者的心理活动，还写出了自己对学国画的想法。

生4：我觉得他这一段写得好，不仅写出了心里话，还举了一个例子，让大家能感受到他对国画的喜爱。

师（小结）：说明习作必须联系自己的生活实际，说出自己的心里话，才能让读者感动，才能真正体现"我口说我心，我笔抒我情"。

师：习作有丰富的内容会更耐人寻味。我们通常为了把习作写具体都用了什么好的方法？

生：把习作写具体要举一个具体事例，把事情的经过说具体，才能把自己想说的话说清楚，才能让对方听明白。

师：通过具体的事例来说明真是个好方法。今天这篇习作就是要表达你内心真实的想法，这个想法就是要通过具体事例自然引出，才能让别人知道你为什么会有这样的想法。老师想问问你们，评改习作，你有什么法宝吗？（生交流）

师（小结）："三读三改"法。

三、研学导异

师：老舍先生曾说过，"我写作中有一个窍门，一个东西写完了，一定要再念再念再念，念给别人听，看念得顺不顺？准确不？别扭不？逻辑性强不？"叶圣陶也说过，"修改稿子不要光是看，要念。就是把全篇稿子放到口头说说看"。看来，英雄所见略同，修改习作最重要的，一言以蔽之，便是一个字"读"。在之前的习作课上，我们还学会了"三读三改"法。（复习方法）老师这里有一篇习作，让我们一起来做小老师，把这些法宝用起来，帮他改一改习作吧。（出示段落）

"爸爸，您还记得吧。有好几次，您怕我和妈妈'查处'您；就躲进书房偷偷吸烟。在密封的环境下，没有新鲜空气，就会对您本人造成无法挽回的后果，还把书房变得乌烟瘴气。"

师：谈谈你们的想法。

生1："查处"这个词用得很好，因为"查处"一般指警察查处一些人，这里是指妈妈和他，体现他们对爸爸的爱。

生2："乌烟瘴气"的运用，很诙谐。

生3："躲"字用得好，仿佛就在眼前。

生4："躲"和"查处"相呼应。

……

(生再读，交流如何修改。)

生1："密封"改成"封闭"似乎更合适。

生2：我觉得可以在"躲"后面加上爸爸是如何躲的。

生3："无法挽回的后果"，说一说吸烟的可怕，加上具体的事例。

生4："爸爸，您还记得吧。"句号改成逗号。

……

(生修改后交流。)

生1：在"躲"后加上爸爸躲的神态、动作……

师（采访作者）：改得如何？

作者：我觉得改得很好，这样更能体现爸爸很爱吸烟。

生2：写出"我"和妈妈当时的心理活动。

生3：写妈妈进书房找书，闻到浓浓的香烟味。

生4：写写他想对爸爸说的话。

师：哪里是要重点写的？

生：重点写吸烟有哪些危害。

师：经过同学们的修改，更能体现出小作者和妈妈对爸爸的关爱，相信爸爸看了也会有所感触，接纳他的建议。

四、拓学展异

师："好作文是修改出来的。"课前，我们的四人合作小组已经相互阅读了我们组员的习作，也选出了一本大家想共同修改的习作。下面，同学们用欣赏的眼光评改习作，希望你能做一位认真负责的小老师。

(习作小组读，学生按要求进行互评习作，师巡视进行指导，然后展示与交流评改成果。)

(1) 四人小组推荐优秀习作或有进步的习作。

(说推荐理由，引导学生声情并茂地读本组习作中比较欣赏的语、段。指名2人，一人展示《爸爸，请您多保重》片段，一人展示全文。)

师：为什么要这样修改？

生：我写环境描写是为了从侧面衬托，更能突出文章的情感。

(2) 师（总结课堂）：孩子们，文章不厌百回改。孔尚任写剧本《桃花扇》，十五年中做了三次大修改；曹雪芹著《红楼梦》，批阅十年，增删五次。大作家尚且如此，更何况我们呢？这节课同学们经历了品赏、评点、修改习作和交流展示等环节，学会了如何把心里话写真实、写具体。希望通过这节课，我们能在今后的生活中，学会倾听，学会表达，学会沟通，把习作当成一种习惯，更把修改习作当成跟呼吸一样自然的习惯。

五、作业

(1) 课后，根据习作要求和本节课所学修改自己的习作。（必做题）

(2) 以本次习作的过程为话题，说说自己成长过程的心里话。题目是：我又进步了。（选做题）

[板书设计]

"说心里话"习作评改

事

真实的

情

基于学生差异的后测分析：

后测问题与前测相同，此处省略内容，只做分析。

第1题：共有24位男生，15位女生完成此次调查问卷。通过了解被调查对象的性别，评析出不同性别在完成此类作文时的心理动态。

第2题：数据得出该年龄段学生对妈妈的依赖很强。

第3题：数据得出评讲作文时需抓住学生的这种情感的不同表达方式，尊重差异，诱导学生将其中的情感体验表述出来。

第4题：数据得出学生在作文中依然觉得最难写的是细节描写。

第5题：选C的学生比较多，说明学生平时在习作中，学会了如何写文章的开头和结尾；选A的人抓住了本次习作的要点，重点描写了自己的内心活动；选B的学生特别重视习作中的细节描写。

第 6 题：选 C 的学生比较少，说明学生平时在习作中，已经知道了作文的结构要完整，特别重视开头和结尾，写得也比较好；选 A 和 B 的人比较多，说明了老师在讲评课上要重视这方面的指导。

第 7 题：数据说明学生修改作文有多样性，作为良好的学习习惯，应该提倡孩子自主修改作文。

第 8 题：选 A 的学生说明愿意向别人倾诉自己的心里话。选 B 的学生说明表达情感比较含蓄。也有 6 人选择了"无所谓"。

第 9 题：调查结果来看，不少学生还是愿意将自己的文章和别人分享，说明他们对自己的作文还是有信心的。

第 10 题：大多数学生平时有些话不愿说，但是在习作中表达出来了，这说明年龄的增长使得他们的心理更为丰富。

调查总结：前测数据与本次调查数据表明，作文讲评课受到学生的欢迎。一方面，课题选得不错；另一方面，学生对修改的热情很高。作文讲评课组织得好、开展得好，可以调动学生写作的积极性，增强学生写作的欲望，激发学生再创作的热情。因此，作文讲评是作文教学中一个不可忽视的重要环节，教师都应揣摩如何上好习作讲评课。

[课例评析]

这节课，教师充分尊重了班级学生。预学查异环节，把评价的主动权还给学生，学生在课堂上畅所欲言，有的关注选题，有的关注选材，还有的关注到细节……他们真正成为课堂的主人。初学适异环节，教师把思考的主动权还给学生，让学生自主阅读优秀范文，找到习作中的闪光点，通过品读、思考、交流，集体智慧火花相碰撞，再次内化大家交流的信息，再次思考，得出新的更好的语言表达形式。研学导异环节，教师把预设的主动权还给学生，学生各抒己见，给小作者提出了很多宝贵的建议。最后，老师把孩子们的答案一整合，有针对性地点评，让孩子们更明确平日该怎么修改习作。这比老师课前提前预设，上课时给孩子定好路怎么走，更能让学生在课堂上有所发挥，真正做到个性化表达。

（本课例由胡宇翔老师执教）

第二节　数学差异教学学科变式

　　数学是研究数量关系和空间形式的科学。数学课程应致力于实现义务教育阶段的培养目标，要面向全体学生，适应学生个体发展的需要，使得人人都能获得良好的数学教育，不同的人在数学上得到不同的发展。数学教学活动，特别是课堂教学应激发学生兴趣，调动学生积极性，引发学生的数学思考，鼓励学生的创造性思维。

　　许多年来，在"数学是一门高度抽象的科学"这样的"大众化"解读下，数学往往给学生以抽象、晦涩、深奥、庄严、冷峻的感觉和印象，很多学生敬而远之。在一定程度上，传统的数学教育禁锢了好奇心的张扬，压抑了创造力的萌生。怎样才能使学生热爱数学并重塑数学学习的自信心？这也许是我国中小学数学教育最迫切需要解决的问题，也是令每一位数学教师倍感困惑的问题。[1]

　　我校数学学科立足于学生的发展，力求使学生能获得适应社会生活和进一步发展所必需的数学的基础知识、基本技能、基本思想和基本活动经验。我们从小学数学概念课差异教学模式、小学数学计算课差异教学模式、小学数学解决问题课差异教学模式三个角度展开总模式下的变式研究。研究内容既涉及小学数学课的不同课型，又涵盖"数与代数"、"图形与几何"、"统计与概率"、"综合与实践"等不同领域，力求体现完整性、典型性、科学性。

一、概念课差异教学模式

　　概念的生成是一种循序渐进、逐步呈现、螺旋上升的过程。概念教学，一般要经过感知、理解、巩固、应用、系统化等几个不同的阶段，这是从学生对概念的认识过程来理解概念的教学过程。概念教学时，教师要善于引导学生感受数学概念严谨的科学美、辩证的哲理美、绝妙的逻辑美、简洁的形式美……

---

[1]　杨豫晖. 义务教育数学课程标准（2011年版）案例式解读：小学数学［M］. 北京：教育科学出版社，2012：7.

更重要的是，让学生在获得数学概念的同时，受到科学思维的启蒙。

从实施的角度，差异教学强调：了解和测查学生的差异是差异教学的前提；教学目标既照顾差异，又应对每个学生具有挑战性；学生可以有自己的学习方式，教师既要适应学生不同需要，又要促进学生的学习方式向优势方向转化；教学中，既要根据学生的差异设计一些动态的分层分类的学习活动，又要组织好合作学习，将"动态分层"和"互补合作"相结合。[1]

我们研究的差异教学模式，努力形成相对固定的结构流程，最大限度地满足不同学生的学习需要。[2] 我校数学学科在进行课题研究时，首先将概念教学作为研究的突破口，以教研组为单位，精心打磨研究课，再在校级层面进行展示，研讨交流，从而形成了小学数学概念课差异教学模式（如图6-4）。

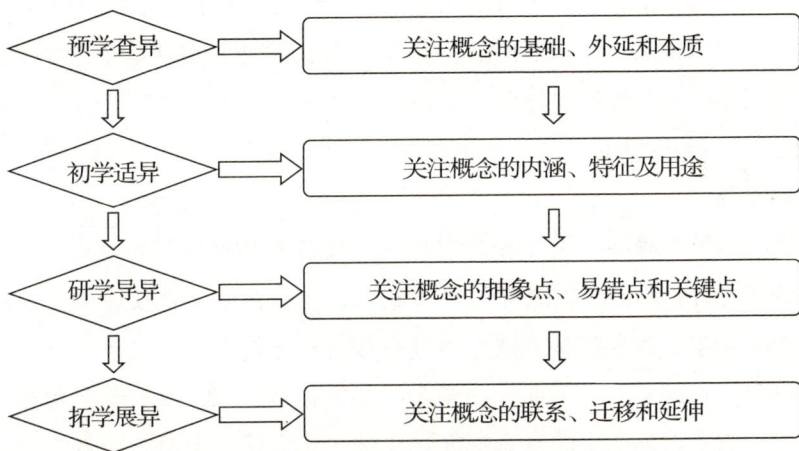

预学查异	→	关注概念的基础、外延和本质
初学适异	→	关注概念的内涵、特征及用途
研学导异	→	关注概念的抽象点、易错点和关键点
拓学展异	→	关注概念的联系、迁移和延伸

图6-4　概念课差异教学模式操作流程图

（一）预学查异——关注概念的基础、外延和本质

前文提到过，美国教育心理学家奥苏伯尔通过研究发现，影响学习的最重要的原因是学生已经知道了什么，教师应当根据学生原有的知识状况去进行教学。概念教学中，预学的重要性尤为突出。合适的预学内容，可以为概念的正确理解与运用打下坚实的基础。弄清哪些已知概念是未知概念学习的基础，是

---

[1]　华国栋.差异教学策略［M］.北京：北京师范大学出版社，2009：3.

[2]　孙冬梅.在"预学"的过程中感知概念［J］.教学与管理，2015（3）：50.

概念教学必须考虑的问题。让学生正确、全面地理解概念的内涵和外延，是概念教学的首要目标。概念课中，预学环节的操作步骤是：课前教师采用不同的方式，测查学生对相关概念掌握情况的差异；教师调整概念课的教学目标；学生开展概念课的预学活动；师生共同讨论、确定概念课的研究问题。

周正琴老师执教苏教版数学五年级下册《倍数和因数》一课时，在课堂教学预学环节发现，有部分学生已经知道谁是谁的倍数、谁是谁的因数，对于倍数和因数已经有了一定的了解，包括找一个数的因数和倍数，有部分学生也能知道找的方法，只是思考不够全面，思维不够有序，会出现漏找的现象，当然，也有不会找或找错的现象。针对学生个体间存在的这些差异，原先预设的教学目标在这变化莫测的动态课堂中，就显得有些教条。如果老师无视这些变化的存在，依旧我行我素，一条道行到黑，那课堂将毫无生机，照顾学生差异将成为一句"口号"。为此，周老师先通过对新知进行测查，摸清学生已经了解了些什么，利用学生个体间的差异资源进行互补学习，让"已经知道的"告诉"暂不知道的"，这样既唤起了"已经知道的"那部分学生的成就感，又缩小了学生个体间的差异。

（二）初学适异——关注概念的内涵、特征及用途

吴正宪老师指出：传授怎样的概念和怎样传授概念会直接影响学生对数学理解的第一印象，对数学基本概念的准确理解与把握是学生走进数学大门、认识数学现象的重要基石。因此，在概念教学的初学环节，我们既要重视教师的启发引导，也要重视学生的自主探究，让学生在尝试性学习中对概念有正确的理解。概念课中，初学环节的操作步骤是：教师出示概念课的初学要求，适当引导概念初学的方法；学生尝试性学习概念；学生进行初学概念结果的展示与汇报；教师了解学生初学概念结果的差异。

蔡丹丹老师执教苏教版数学二年级下册《认识角》一课时，在初学环节，引导学生从具体实物中抽象出角，再加以比较，找出共性，角的内涵的揭示就显得水到渠成。接着，通过画角，让学生在动手操作中加深对角的内涵的理解。辨认角的过程，让学生在判断中进一步清晰了角的概念。数角并发现规律，沟通了角和平面图形的联系，拓宽了学生对角的认识。这些数学活动，大多放手让学生自主探究，教师根据学生的差异适当引导，为后续学习奠定了坚实的

基础。

（三）研学导异——关注概念的抽象点、易错点和关键点

概念教学是从感性认识上升到理性认识的过程，理性认识在实践的基础上不断深化，概念相应地也就进一步获得发展。数学知识的发生过程，实际上就是数学思想的发生过程。因此，概念的形成过程、结论的推导过程、方法的思考和运用过程、问题的发现过程、规律的被揭示过程等，都蕴藏着向学生渗透数学思想及方法、训练思维的极好机会。概念课中，研学环节的操作步骤是：教师引导学生自主将概念系统化；学生运用概念的内涵和外延进行对比分析；师生互动，教师对学生运用概念的情况做出针对性指导；学生独立练习；教师及时反馈学生对概念的掌握情况，查漏补缺。

陈俊老师执教苏教版数学五年级下册《公倍数和最小公倍数》一课时，充分让学生经历集合图形成的过程，设计核心问题："作为公倍数的 18，我既要把它放入 6 的倍数的圈里面，又要把它放到 9 的倍数的圈里面，怎样才能做到呢？"这一问题，激发了学生积极动脑，令其自然生成新知。通过填数游戏，学生直观地认识了倍数、公倍数、最小公倍数等概念的外延关系。结合理解各部分的意义。引导学生思考有序填写的方法，巧妙地突破了学生的易错点。潜移默化中，学生对集合思想的感知得以升华。

（四）拓学展异——关注概念的联系、迁移和延伸

在概念系统化中理解和巩固概念，是概念教学的一个特点。概念教学时，进行合理的拓展可以使学生提升对概念的理解，沟通概念之间的联系。怎样设计拓展的内容，既要符合学生的认知规律，又要有利于学生的可持续发展？这是值得我们研究的问题。概念课中，拓学环节的操作步骤是：教师出示概念课的拓学内容；学生开展拓学活动；学生进行概念课拓学结果的展示与汇报；回顾概念学习的过程，适当进行相关概念的延伸。

孙冬梅老师执教苏教版数学五年级上册《认识公顷》一课时，教师提问："把我们学过的面积单位排一排，从小到大依次是平方厘米、平方分米、平方米、公顷，前面相邻的面积单位进率都是 100，平方米和公顷的进率是 10000，你有什么疑问？"抛出的问题正是许多学生感到困惑的，产生的疑问很自然。对公亩知识的拓展，让学生进一步理解了各个相邻面积单位进率之间的联系，完

善了知识体系，丰富了教学目标。而"平方十米"、"平方百米"、"平方千米"名称的取法，是一个亮点。它们沟通了长度单位与面积单位之间的联系，让学生对概念的认识上升到了更高的层面。

[典型学科课例]

苏教版数学五年级下册《圆的认识》

教学目标：

（1）知识与技能。识记：认识圆，知道圆各部分的名称。理解：掌握圆的特征，理解直径和半径的相互关系。简单运用：初步学会用圆规画圆，计算圆的直径和半径。复杂运用：能用圆的知识解决稍复杂的实际问题。

（2）过程与方法。初步培养学生的合作意识和创新意识，以及抽象、概括等能力，进一步发展学生的空间观念。

（3）情感、态度与价值观。通过学习，提高学生对数学的好奇心与求知欲，初步认识数学与人类生活的密切联系，体验数学活动的意义和作用。

基于学生差异的前测分析（如表1）：

表1 《圆的认识》前测分析

题号	题目	测试人数	正确人数	错误人数	错误率（%）	错误原因
1	生活中，你在哪些地方能看到圆？举例说一说。	40	24	16	40	举例时，不少学生凭借生活经验误把球当作圆，还有的学生不能说清楚圆在物体的哪个部位。
2	请你画一个圆。	40	35	5	12.5	主要问题是个别学生是随手画的，画得不规范。

课堂教学实录：

一、预学查异

师：我们已经认识了哪些平面图形？

师：有一个图形比较特殊，它是谁？

师：与其他图形相比，它特殊在什么地方？

生：没有角，边是弯曲的。（板书：由曲线围成的图形）

师：在生活中，你们见过哪些物体上有圆？

（学生自由回答，课件出示从物体上找到圆的过程。出示球体。）

师：这个图形是圆吗？为什么？

生：不是，圆是平面图形，不是立体图形。

师：你能从球上找到圆吗？

生1：从正面看到的画一下就是圆。

生2：把它从中间平均分成两份，切口处就是圆。

二、初学适异

1. 画圆

师：昨天的家庭作业，老师请你们画了几个圆，大家分别是用什么办法画的？

生：用胶带纸、圆的图形、圆规。

师：怎样画的？与同桌说说。

（出示4幅图，用工具简要介绍第3幅图的画法。）

师：用什么工具画圆最方便？

生：圆规。

师：有用圆规画圆的举手。老师也想画一个，谁来教教我？

生：两脚固定一个角度，针尖固定在纸上、铅笔也固定在纸上。

师（画到一半停下，质疑）：这是圆吗？

生：不是。

师：为什么？

生：没有连起来。

（板书：定长定点旋转；提醒：圆规向右边倾斜一点。）

师：现在有没有信心把圆画得更好？接下来每人画一个圆，两脚间距离任意。

（出示：①左边同学先画，右边同学一边观察画圆过程，一边纠正；②右边同学后画，左边同学一边观察画圆过程，一边纠正。）

师（手指黑板）：这一段曲线叫圆上，外面的叫什么？里面的叫什么？

2. 自学课本

师：圆内有许多奥秘呢，有勇气去探索吗？请自主学习数学书第95页、第96页的例1。

（出示自学要求：①一边自学，一边用笔画出重点内容；②自由说说：什么是圆心、半径和直径？③在圆内标出圆心，画出一条半径和一条直径，并分别用字母表示。提醒：有困难的请教同桌或老师。）

师：谁来告诉我圆心在哪里？

师：同学们回忆一下，画圆时，圆规两脚间的距离其实就是什么？

生：半径。

师：直径怎么画？（标出字母）

生：通过圆心，两端都在圆上。

（画一画①左：半径2厘米；②右：半径3厘米。）

师：你们画的圆为什么有的在纸的左边，有的在纸的右边？

生：针尖放在了左边。（板书：位置）

师：你们画的圆为什么有的大一些，有的小一些呢？

生：两脚间的距离不一样。（板书：大小）

三、研学导异

1. 半径和直径的关系

师：其实，在同一圆内，半径与直径有着密切的联系，根据你的观察和思考，请猜一猜、填一填。

（出示习题，先独立思考，再小组交流。每人一题依次交流，组长记录。）

师：请拿出圆纸片，上面有圆心吗？

生：没有。

师：你有办法找出它的圆心吗？

生：对折，再对折。

师：接下来，请用圆片、直尺、圆规等，通过画一画、比一比、折一折，验证这些猜想。

（出示要求：合理根据每个组员的要求分工；每人选择一题进行验证，尽可能想出不同方法。指名汇报：以小组为单位，一条一条地边交流，边质疑。其他人一边倾听，一边给予补充。）

师：怎么用字母来表示半径与直径的关系？

生：$d=2r$　$r=d÷2$。（板书：$d=2r$　$r=d÷2$）

师：不用尺量，你有办法知道圆内所有直径的长度都相等吗？为什么它们都要强调"在同一圆内"呢？

生：不同的圆半径和直径不一样。（让学生边说边举例）

师：老师课前发现一个非常有趣的现象，想知道吗？我从一点引出 4 条线段，它们长度都相等，猜猜看，这 4 个端点可能在什么图形上？5 个这样的端点呢？6 个这样的端点呢？8 个这样的端点呢？比一比，你想到了什么？100 个这样的端点一定在圆上吗？10000 个呢？多少个这样的端点才一定组成圆？（越来越多线段的端点组成的图形越来越接近圆；无数条相等线段的端点组成了一个圆）

2. 巩固练习

师：刚才，我们主要研究了什么？

生：圆的直径和半径。

师：接下来，我们来考考自己。

（完成辨一辨。最后一题时质疑：你是怎么比较的？完成填一填，看谁填得又对又快！分别指名回答。）

四、拓学展异

师：操场上有一个边长 10 米的正方形，在里面画圆。

质疑：如果以它的中心为圆心，在里面画圆，还能画吗？能画多少个？

师：这些圆的圆心在同一点，我们称之为同心圆。

师：如果在里面画一个最大的圆，怎么画？它的直径是多少？

生：直径就是正方形的边长。

师：如果宽边不变，长边延长到 20 米，它的直径应该也有变化了吗？

师：如果宽边继续不变，长边延长到 50 米，它的直径呢？延长到 100 米呢？

师：你有什么发现？

生：圆的直径根据短的边来决定。

师：现在有两个同学甲、乙在圆上做追逐游戏。突然甲停下来了。此时，你认为乙同学应该站在哪一点上，离甲同学才最远？此时，他们相距多少米？

生：站在以乙为端点的直径的另一个端点处，他们相距10米。

师：所以，圆内所有线段中，最长的是什么？

生：直径。

师：古代伟大的思想家墨子说过："圆，一中同长也"，"一中"指什么？"同长"表示什么？

生：一中表示圆心，同长表示半径。

师：古人就开始研究圆了，现在圆简直是无处不在。请欣赏……（出示课件）

基于学生差异的后测分析（如表2）：

表2 《圆的认识》后测分析

题号	题目	测试人数	正确人数	错误人数	错误率（%）	错误原因
1	生活中，你在哪些地方能看到圆？举例说一说。	40	40	0	0	
2	请你画一个圆。	40	39	1	2.5	做错的这位学生主要是画得不规范，圆规使用不熟练。
3	一个圆的直径是8厘米，画这个圆时，圆规两脚张开（ ）厘米。	40	38	2	5	做错的两名学生写成8厘米，没有仔细审题。

[课例评析]

预学环节，教者的教学以生为本，正确把握了学生的学习起点。在初学圆时，教者先让学生自己动手操作。当然，学生的动手能力和学习能力都存在着一定的差异，所以教者刻意安排了同桌合作的学习方式，使得学生间的差异得到了相互的补充，既能互相帮助又能互相检查，充分调动了学生的积极性。他们能在教师的指导下自主地初步学习有关圆的知识。教学圆的特征时，教者以四个问题为依托，给学生创设思维的空间，从而使学生主动通过折一折、量一量、指一指、比一比等活动，自主探索，分组交流，给予学生充分展示自我和展开探究活动的空间。最后，教师通过拓展训练，进一步巩固所学的知识，同时了解学生对知识掌握情况。让学生亲眼看见圆的知识的应用，真正体会到数学知识就在身边，从而提高学习数学的积极性和解决问题的能力。

（本课例由冯德广老师执教）

二、计算课差异教学模式

计算是人们生活中经常运用的数学技能，培养小学生的计算能力尤为重要。计算在数学教学中占有很大的比例，计算教学是小学数学教学中的重要环节，几乎所有的数学知识的学习都离不开计算。《义务教育数学课程标准（2011年版）》（以下简称"《数学课程标准》"）指出，由于学生生活背景和思考的角度不同，所使用的方法必然是多样化的，教师应尊重学生的想法，鼓励学生独立思考，提倡计算方法的多样化。因此，计算教学时，我们要充分尊重学生的想法，鼓励学生独立思考、合作探究，提倡计算方法的多样化。同时，又要引导学生在众多的算法中选择适合于自己的方法，使学生善学、乐学。

差异教学立足于学生个性发展，并不是为了将学生差异拉平，但客观上，学生学习水平差距过大会给班级课堂教学带来一定困难。计算教学时，学生存在计算速度的差异、计算正确率的差异、对算理理解的差异、算法多样化的差异等。我们可以运用提供认知前提的准备与激发学习动机的策略，让学生在学习新知时缩小差距。[①]

我校数学学科组在进行课题研究时，充分认识到计算教学在小学数学教学中的重要性，以教研组为单位，精心打磨研究课，再在校级层面进行教学展示，研讨交流。我们研究的小学数学计算课差异教学模式（如图6-5），逐渐形成了相对固定的结构流程。这一学科变式强调，教师要善用各种有效的教学手段和方法来培养学生的计算能力。

---

① 华国栋．差异教学策略［M］．北京：北京师范大学出版社，2009：85.

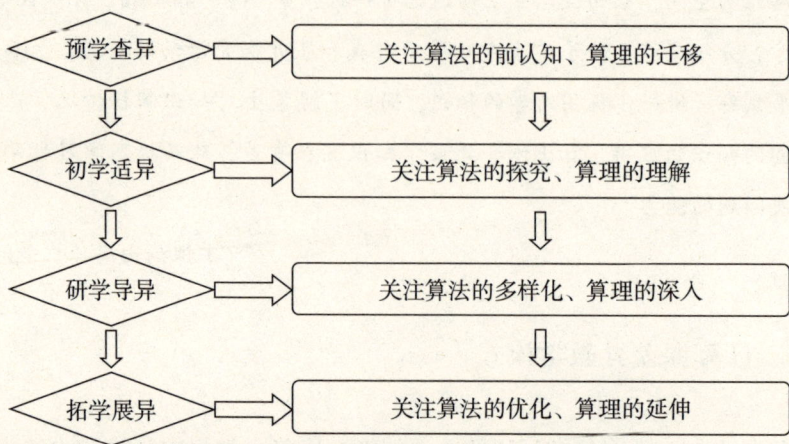

図表内文字：

预学查异 ▷ 关注算法的前认知、算理的迁移

初学适异 ▷ 关注算法的探究、算理的理解

研学导异 ▷ 关注算法的多样化、算理的深入

拓学展异 ▷ 关注算法的优化、算理的延伸

图6-5　计算课差异教学模式操作流程图

（一）预学查异——关注算法的前认知、算理的迁移

谈到计算教学，就不能不谈"算理"，算理就是计算过程的道理，是指计算过程中的思维方式，是解决"为什么这样算"的问题。教师在计算教学过程中不仅需要让学生经历算法的形成过程并掌握算法，还需要引导学生理解算理。另外，教师在教授新知之前，也可以先思考新知和旧知的联系，引导学生温故知新，做好知识的正迁移。这些都需要教师在教学过程中采用独特的设计，进而巧妙地引领。计算课中，预学环节的操作步骤是：课前教师采用前测卷、问卷、调查等不同的方式测查学生的已有知识；教师根据学生的已有认知调整、确定教学的内容与策略。

何文平老师执教苏教版数学一年级下册《两位数加两位数（进位）》一课时，预学环节忆旧知引新知，让学生根据题目回忆两位数加两位数（不进位）的计算法则：相同数位对齐，从个位算起。两位数加一位数的进位加法口算和两位数加两位数的不进位加法笔算及进位加法笔算的算理有着一致性，以已有的经验作为新知的生长点，这既可以唤醒学生的记忆，也能激发学生学习的热情。特别是让基础薄弱的学生经过这样层层递进的铺垫，为新知的学习打下了坚实的基础。

（二）初学适异——关注算法的探究、算理的理解

计算课的算法形成不能依赖形式上的模仿，而要依靠对算理的透彻理解，

只有在真正理解算理的基础上掌握算法，才能达到熟练并形成计算技能。教师可以分层次设置问题，通过这些问题的交流和讨论，有效地突出算理与算法的平衡点，使学生真正在理解算理的基础上提炼算法，为算理与算法的有效衔接服务。在探讨、研究计算方法时，把培养学生自主探索解决问题的能力放在首位，即注意充分发挥学生的主体作用，又注意利用学生间的认知差异将他们的讨论引导到完整的、准确的法则上来。使学生在探索的过程中获得成功的喜悦，也使学生在充分理解基础上完成对算理的理解和算法的掌握。计算课中，初学环节的操作步骤是：教师设置教学情境，引导学生尝试性提出问题；学生开展尝试算法；学生进行初学算法的展示和汇报；教师了解学生初学算法的差异。

刘馨蕾老师执教苏教版数学三年级上册《乘数中间有 0 的乘法》一课时，并不急着讲解算理和算法，而是通过设置三个层次的问题让学生自己先估一估近似值，再试一试可以怎样算。不同层次的学生算法不一样，例如，学优生可以通过老师的点拨找到近似值与准确值之间的联系，从而迅速算出结果。成绩处于中等水平的学生通过前面三位数乘一位数的笔算知识迁移，想到用竖式计算。汇报时，教师根据学优生的回答形成板书，明确算理，再让学生尝试用这样的算理去笔算，就显得水到渠成。通过指名说计算过程，则又进一步帮助学困生突破了难点。这样无形在算理与算法之间架设了一座桥梁，让学生在充分体验中逐步完成"知其所以然—用其所以然—熟谙其然—计算自动化"的发展过程。

（三）研学导异——关注算法的多样化、算理的深入

掌握算法和探究算理是计算教学的两大任务，算法是解决问题的操作程序，算理是算法赖以成立的数学原理。计算教学应"求联而不求全"，应加强对各种算法的梳理和对算理的阐释。在教学中，教师应该积极为每个学生创设一个良好的氛围和情境，以使每个学生的智慧得以展示，使每个学生的潜能得以发掘。在教学中，鼓励学生计算方法多样化，尝试寻找不同算法之间的内在联系。学生之间的差异是客观存在的，但算法多样化不是教学追求的最终目的，它的实质是通过自主探索、合作交流，寻求最简捷、最容易、最适合的算法，提高学生的数学思维水平，做到"多中选优，择优而用"。正如叶澜教授所说："没有

聚焦的发散是没有价值的，聚焦的目的是为了促进学生发展。"① 由此可见，算法多样化和算法优化这两者只有和谐统一，才能从"量"和"质"两个层面发展学生的思维。在这种情况下，智力水平相对一般的学生也能学会、体验算法多样化，品尝成功的喜悦；而智力水平较好的学生也有充分施展才华的空间。计算课中，研学环节的操作步骤是：围绕探究主题，教师适时、适合、适度地引导学生进行共同讨论、确定算理；教师重点指导算法；学生开展研学算理活动；师生互动，教师给予有针对性的指导。

冯德广老师执教苏教版数学四年级下册《乘法分配律》一课时，特别关注了学生在算法多样化上存在的差异。学生在小组合作后的全班交流中发现：第一种算法关注了数的组成，把44分解成40与4的和，然后再运用乘法分配律；第二种算法关注了数的运算，把44写成11与4的积，然后再运用乘法结合律；在前两种思维角度的启发下，学生又生成了另外的相似算法。在集体探究过程中，每个学生都发表了自己的不同观点，倾听了别人的想法，感受到运算策略的多样性与灵活性。

（四）拓学展异——关注算法的优化、算理的延伸

教材的编排有两条贯穿始终的主线：一条是明线，即知识的联系；另一条是暗线，即掩藏在知识背后的数学思想方法。数学的精髓不在于知识本身，而在于数学知识中所蕴含的数学思想方法。数学教学的目的不在于让学生掌握多少数学知识，而在于培养其掌握和运用数学思想方法来解决实际问题的能力。数学思想方法是学生形成良好认知结构的纽带，是知识转化为能力的桥梁，是培养学生良好的数学素养和创新思维的载体。数学教学的重点应放在加强数学思想方法的引导上。这就要求数学教师充分挖掘教材中的数学思想方法，采取各种途径对学生进行数学思想方法的渗透，并在解题过程中指导学生运用数学思想方法。就计算课而言，教师以计算为有效的载体，引导学生经历数学化和数学创造的过程，将真正的数学思想以潜移默化的形式渗透给学生。在计算课中，拓学环节的操作步骤是：师生确定拓学算法内容；学生开展拓学活动；学生进行拓学结果的展示与汇报。

---

① 周蓝. 为什么学生会被"优化"弄糊涂了？[J]. 小学教学参考，2013（5）：49.

姚君老师执教五年级数学下册《分数加减法》一课时，拓学环节教师先出示算式 $\frac{1}{2}+\frac{1}{4}+\frac{1}{8}+\frac{1}{16}$，全班同学都是先通分再求和，这是再自然不过了。教师再出示算式 $\frac{1}{2}+\frac{1}{4}+\frac{1}{8}+\frac{1}{16}+\frac{1}{32}+\frac{1}{64}$，一些学优生再进行通分求和就有点儿不耐烦了，于是课堂上出现星星之火：$\frac{1}{2}+\frac{1}{4}+\frac{1}{8}+\frac{1}{16}+\frac{1}{32}+\frac{1}{64}+\frac{1}{64}-\frac{1}{64}=1-\frac{1}{64}=\frac{63}{64}$ 的方法。全班学生眼睛一亮，好奇的目光激起了他们旺盛的求知欲。教师因势利导，请学生在正方形内分别表示这些分数，将算式与图形建立联系，渗透了数形结合思想。学生通过对形的感悟，形成对数与形的深刻体验，提升了对数的理解和顿悟，$1-\frac{1}{64}=\frac{63}{64}$ 的方法便水到渠成。将加法运算转化成减法运算，充分体现了数形结合的魅力，丰富了学生数学思想方法的经验。这正如我国著名数学家华罗庚所说："数与形，本是相倚依，焉能分作两边飞。数无形时少直觉，形少数时难入微。数形结合百般好，隔离分家万事非。"[①]

［典型学科课例］

苏教版数学二年级下册"想想做做"1-4

教学目标：

（1）知识与技能。识记：三位数的进位加法笔算方法。理解：三位数进位加的笔算算理、算法及验算方法。简单运用：能正确地进行三位数进位加的笔算及验算。复杂运用：用加法解决简单的实际问题。

（2）过程与方法。让学生经历尝试、合作交流的过程，并逐步探索出计算的方法，进一步培养初步的观察、比较、分析、概括和推理能力。

（3）情感、态度与价值观。初步养成估算意识和自觉验算的习惯，获得一些成功的体验，增强学习的主动性和积极性。

---

① 孙翠微. 趣谈数学中的黄金组合：数形结合 [J]. 初中生世界：九年级，2016（31）：46.

基于学生差异的前测分析（如表1）：

表1 《三位数的进位加法》前测分析

题号	题目	测试人数	正确人数	错误人数	错误率（%）	错误原因
1	36+82　794+74 28+143　605+313 602+673　36+82 313+605　143+28 74+794　673+602	37	33	4	10.8	有的是漏看题目，没有连线，有的是没有看出两组算式之间的联系乱连的。
2	计算： 45+23 = 48+39 =	37	33	4	10.8	两位数的竖式计算学生基本都能正确计算，有个别学生竖式上数字抄错，也有个别学生横式答案漏写。
3	竖式计算并验算： 45+342 = 243+72 =	37	2	35	94.6	大部分学生已经会计算，但也侧重反映出，学生不懂什么是验算，班级中只有 2 人写出完整的验算过程。

课堂教学实录：

一、预学查异

1. 分组

师：今天我们和他们一起做游戏，每个小朋友带来一道算式，你们每一组也有一道算式，得数相同的算式在一组，你能很快地看出你们和谁一组吗？（课件出示）

Kimi	石头	Angela	Cindy
87+98	45+36	62+49	59+74

（课件出示第一组的算式：49+62。）

师：你们和谁在一组？

生：和 Angela。

师：你怎么这么快看出来了？

生：只是两个加数的位置换了。

(课件出示第二组的算式 36+45。)

师：你们和谁一组？为什么？

生：和石头。因为两个加数交换位置和不变。

(课件接着出示第三组的算式 74+59 与第四组算式 98+87。)

2. 回顾竖式计算的注意点

师：像这样两位数加两位数，在用竖式计算时，要注意什么？

生：有进位的要进位。

师（追问）：也就是说个位满十向哪一位进 1 呢？

(结合学生回答，依次出示板贴。)

二、初学适异

1. 尝试

Kimi 和石头摘了 142 个草莓，Angela 和 Cindy 摘了 86 个。他们一共摘了多少个？

(播放录音)

师：谁会列式？

生：142+86＝（板书）

师：这道算式和我们前面学习的两位数加两位数有什么不一样？

生：这个是三位数加两位数。

师：你会列竖式计算吗？自己试一试。

(学生独立完成，教师巡视，进行个别指导。)

师：142 加 86，86 怎么写？

(根据学生回答，板书计算过程，横式后暂时不写得数。)

生：6 写在 2 的下面，8 写在 4 的下面。

师：先算什么？再算什么？（指名回答）

师：百位上为什么是 2？

生：1+1＝2。

师（手指进位 1）：这个 1 是哪一位上进来的？

生：十位进来的。

2. 理解

师：答案和他一样的举手，真棒！老师这里还有一道题（板书 643+752）。观察一下，这道题和刚才的算式有什么不一样？

生：刚才是三位数加两位数，现在是三位数加三位数。

师：你会用竖式计算吗？算一算。

（学生写算式，汇报。根据学生回答，板书计算过程，横式后暂时不写得数。）

师：谁来说计算过程？

师：谁再来完整地说一说，先算什么，再算什么？（指名 2 人说）

3. 总结

师：这就是我们今天学习的三位数的进位加法。（板书课题）在列竖式计算时，要注意什么？

生：相同数位上的数对齐，从个位算起，满十进一。

师：那百位满十向哪一位进 1？

生：千位。

师：也就是说哪一位上满十，就向前一位进 1？

……

师：这个法则适用于两位数的加法、三位数的加法，那四位数的加法适用吗？千位满十向哪一位进 1？

生：适用，向万位进 1。

4. 练习

师：小朋友们真棒。你能正确地计算出这些算式吗？

（学生自主完成"想想做做"第 1 题，集中汇报。展示做得正确的学生作业。）

师：这一题对吗？错的起立。（列竖式纠正错误：230+96＝316）

师：说说哪里计算得不对？

……

三、研学导异

1. 探索验算方法

师：看来在计算时还是很容易算错的。像黑板上这一题可以怎样验证（手指

142+86），和你的同桌讨论。

（同桌讨论，指名汇报。）

生1：把答案挡起来再算一次。

生2：用和去减加数等于（另）一个加数。

生3：把加数换一下位置再计算。

师：以上几种方法都可以，但一般我们用交换两个加数的位置再算一遍，进行验算。（贴板贴，写"验算："）验算时一定要写验算两字和冒号，右边写验算的过程。谁来说一说验算过程？（指名说）

师：验算的结果和刚才计算的怎么样？

生：一样。

师：得数相同说明我们计算对了。最后我们要在横式后面写上答案。

（教师贴板贴：写上横式答案，单位名称及"答"。）

2. 尝试自主验算

师：你会用交换两个加数位置的方法来验算643+752吗？请你自己验算一下，写在作业纸上。

（学生自主验算。指名学生回答。）

3. 完成"想想做做"的第2题

（出示313+605，605+313一组。）

师：这两道算式有什么联系？

生1：都是三位数加三位数。

生2：两个加数交换了一下位置。

师：计算313+605可以用哪一道算式进行验算？计算605+313呢？

4. 巩固练习

（每一组各完成一道算式，并验算。展示学生作业。）

四、拓学展异

1. 解决问题

师：今天谁一直没出现啊？（生答"天天"）对啦，因为天天和爸爸去帮小朋友们准备晚饭的食材啦。我们一起去看看他们遇到了什么问题。

（出示："我和爸爸去准备晚饭的食材，买肉用了 293 元，买蔬菜用去了 195 元。"学生读题。）

师：不计算，想一想爸爸带 500 元够吗？

生：293 大约是 300，195 大约是 200，300 加 200 得 500，大约花了 500 元。够的。

师：一共用了多少元？你们会算吗？算一算。

（学生独立计算，指名汇报。）

师：算式是什么？得数呢？你写对了吗？

生：293+195＝488（元）。

师：刚才我们知道大约是 500 元，说明我们的结果是正确的。

2. 夺星大挑战

$$
\begin{array}{r} ☆3 \\ +286 \\ \hline 369 \end{array}
\qquad
\begin{array}{r} 1☆3 \\ +267 \\ \hline 430 \end{array}
\qquad
\begin{array}{r} 436 \\ +☆65 \\ \hline 1301 \end{array}
$$

（分别指名回答，并送星星。）

师：同学们都很棒。把掌声送给自己吧！

基于学生差异的后测分析（如表 2）：

表 2　《三位数的进位加法》后测分析

题号	题目	测试人数	正确人数	错误人数	错误率（%）	错误原因
1	竖式计算并验算。 458+25=　90+910= 334+569= 453+570=	38	22	16	42.1	主要是审题不清，没有验算；漏写"验算"两字以及横式得数。其中 5 人计算错。
2	妈妈去商店买家用电器，买一台电风扇要 192 元，买一台洗衣机要 716 元。 （1）妈妈带 900 元够吗？ 够（　　）；不够（　　）	38	34	4	10.5	没有掌握估算的方法。
3	（2）买一台电风扇和一台洗衣机一共要用多少元？	38	28	10	26.3	没有写单位和答句，只有 2 名学生计算错误。

[课例评析]

预学环节，教者运用学生已有知识经验迁移新知，并提问："之前学习的两位数加两位数，列竖式计算时，需要注意什么呢？"为学困生做好认知上的准备。初学环节，鼓励学生利用已有的知识和经验进行计算，再以学优生带学困生，由浅入深，循序渐进。研学时，通过同桌讨论，鼓励学生通过讨论研究，用不同的方法进行验算。学生亲自参与丰富的思维过程，在这个环节中教师没有轻率地取消或代替学生思考，而是激发和尊重学生思维的多样性与合理性，让学生自由表达自己的想法，表述自己的观点，表露学生的差异。拓学时，通过具体情境，让学生体验估算能方便地解决问题，培养学生估算意识。同时，"夺星大挑战"设计了不同层次的练习，让每个学生都能有发展和提高。

(本课例由陈育娴老师执教)

三、解决问题课差异教学模式

根据《数学课程标准》的要求，解决问题的教学目标不同于传统教材中应用题的教学目标，它具有激发兴趣、培养能力和开发智力等多重功能。心理学家加德纳曾指出：每一个人都具有多种智能，其差异主要有两个方面，一是每个人占优势的智能各不相同；二是某些智能已显现（显能），某些智能还没有显现（潜能），人人都具有多方面的智能。

解决问题课中，学生主要存在已有经验的差异、策略多样化的差异、策略最优化的差异、灵活解决实际问题能力的差异等。我们可以运用教学内容的调整和组织的策略，从学生的差异出发，给学生提供开放的空间，学生可以自主选择适合自己的学习内容。[1]

我们在解决问题课差异教学模式（如图 6-6）的引领下，通过了解学生的认知差异来设定教学目标，让学生自主探究学习，完成知识的初步自我建模；通过生生互动、师生互动，让不同层次的学生在教师的点拨和同伴的启发中，

---

① 华国栋. 差异教学策略 [M]. 北京：北京师范大学出版社，2009：117.

完善新知的结构体系；通过不同层次的练习满足学生的差异需求，达成挑战性的教学目标。

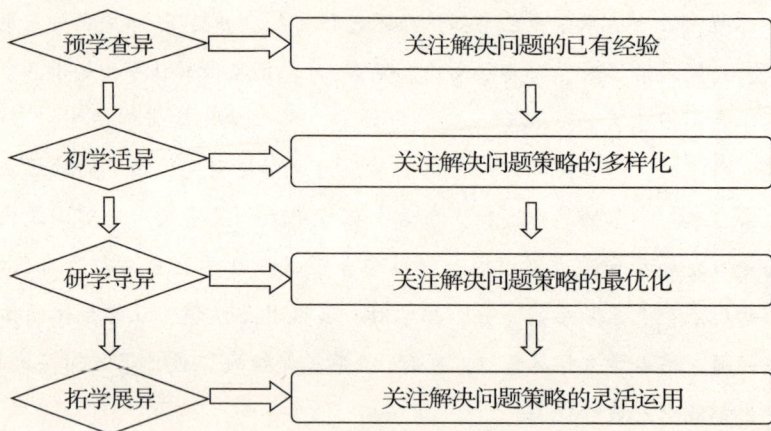

图 6-6　解决问题课差异教学模式操作流程图

（一）预学查异——关注解决问题的已有经验

数学教育的核心是问题的解决。伟大的数学家希尔伯特说："只要一门科学分支能提出大量的问题，它就充满着生命力；而问题缺乏则预示着独立发展的衰亡或终止。"[①] 解决问题的策略介于具体的求解方法与抽象的解题思想之间，具体表现为对解决问题方法、手段的思考与运用。解决问题课中，预学环节的操作步骤是：教师通过课前交流测查，诊断学情；教师调整教学目标，通过设置不同的问题情境，充分调动学生的知识储备，激活学生的经验；学生开展预学活动。

王敏老师执教苏教版数学三年级下册《解决问题的策略》一课时，通过预学的课前交流，诊断学情，充分调动学生的知识储备，激活学生的经验。让学生先提问：根据这两个条件，你能解决什么问题？怎么列式？引出从条件想起的策略。再提问：要解决这个问题，需要哪些条件？怎么列式？引出从问题想起的策略。让学生在具体的情境中感悟从已知想"可知"、从未知想"须知"的过程，逐步掌握通过综合或分析探索思路、寻求解题方法的意义，为不同层次

---

① 胡坚. 提出数学问题的艺术 [J]. 湖南教育，1999（22）：34.

的学生的学习打下良好的知识基础与心理基础。

（二）初学适异——关注解决问题策略的多样化

数学知识本身是枯燥、抽象的。要使学生掌握数学知识，就要解决数学知识的抽象性和学生思维的形象性之间的矛盾。解决问题的策略不是直接教给学生的，而是在学生体会之后形成的一种意识。体验是一种心理活动，是在亲身经历的过程中获得的意识与感受。因此，在教学中，照顾不同学生知识起点的差异，让学生经历策略的形成过程是必须追求的重要目标。解决问题课中，初学环节的操作步骤是：教师出示初学问题和要求，适当引导初学方法；学生自主探究解题策略；教师通过巡视了解学生初学结果的差异；学生自主选择合适的策略展示成果，分层次汇报。

孙冬梅老师执教三年级数学下册《解决问题的策略》一课时，先通过引导学生思考怎样用线段表示另外两个数量、在图上填条件和问题、看图说条件和问题，让学生充分经历线段图的产生过程。接着，借助线段图，让学生从条件想起分析数量关系，要求独立解答，做得快的可以尝试用不同的方法解答。这样，学生可以直接在线段图上进行条件的组合，既充分感受到解决问题策略的多样化，体现了不同学生解题策略的差异，又沟通了图与策略的联系，突出了图的直观作用，有利于发展几何直观。

（三）研学导异——关注解决问题策略的最优化

有些教师在设计研学活动或任务时，没有面向全体学生，层次单一，思维禁锢。认为研学导异环节就是评讲练习，把一些能力强的学生的想象力、创造力扼杀在萌芽之中，能力弱的学生由于缺乏思维训练，还在一脸茫然时课堂却已经结束。事实上，"研"就是要引导学生去发现他（她）所未知的一些问题，通过数学手段来解决问题，并且能够把解决数学问题的策略迁移到解决其他方面的问题中。解决问题课中，研学环节的操作步骤是：师生回顾解题过程经历的步骤；教师设置对比题组重点分析数量关系；学生自主完成解决问题的全过程；变式练习，师生互动，教师做出针对性指导；学生独立练习。

王懿老师执教苏教版数学六年级下册《解决问题的策略》一课时，研学环节设计了活动：比比谁的策略好？运用竞赛的形式不仅激发了学生学习的兴趣，帮助学生理解教材内容，提高了教学效率；而且还能唤醒全体学生的认知系统，拓展他们的思维，使他们真正成为自己学习的主人。活动中教者用幽默的语言引出了"神秘工具"，既保护了学困生，又激发了他们的学习兴趣，使所有的学生都享受到学习数学的过程和乐趣，也使所有的学生积极主动地参与到数学学习中来，从而让学生感悟到老师是他们的朋友和榜样，懂得在交往中相互尊重、沟通包容、知识互补、成果分享等。

（四）拓学展异——关注解决问题策略的灵活运用

根据学生的思维差异，有效拓展能够检验学生对所学知识的掌握能力，可以开阔学生的视野，培养学生认识问题、分析问题、解决问题的能力。本环节设计时，要力求体现新课程的理念，给不同基础的学生自主探索的空间，为学生营造宽松和谐的氛围。同时，通过设计开放性的问题，鼓励学生大胆发表自己的意见，最大限度地调动全体学生学习数学的积极性、主动性和创造性。解决问题课中，拓学环节的操作步骤是：师生确定拓学内容；学生开展拓学活动；学生进行拓学结果的展示与汇报。

戎蕾老师执教苏教版数学一年级上册《用括线和问号解决的实际问题》一课时，在拓学环节提问：你能用今天所学的括线和问号出一道问题来考考大家吗？学生提出了连加、连减的问题，进一步内化了所学，同时，还知道了不是所有问题的解决都是两个条件和一个问题组成的，有时需要三个已知条件甚至更多，这就强化了他们对解决问题结构的深入理解，提高了其解决实际问题的能力。

［典型学科课例］

苏教版数学四年级下册《解决问题的策略——画图》

教学目标：

（1）知识与技能．识记：初步认识画图的策略。理解：通过画图分析数量关系，理解解决问题的思路。简单运用：能画线段图表示实际问题的条件和问题，会利用直观图分析数量关系。复杂运用：能用画图的策略解决稍复杂的实际问题。

（2）过程与方法：使学生经历画图的过程，体会画图的作用，培养利用几何直观分析判断、推理等思维能力，提高分析数量关系、解决问题的能力。

（3）情感、态度与价值观：通过学习，使学生进一步感受一些数学实际问题的特点，体会数学方法的作用，提高学习数学的积极性。

基于学生差异的前测分析（如表1）：

表1　《解决问题的策略——画图》前测分析

题号	题目	测试人数	正确人数	错误人数	错误率（%）	错误原因
1	说说图中的已知条件和问题。	40	32	8	20	少部分学生对线段图不熟悉，看图找不到相应的问题，还有个别计算错误的。
2	果园里有桃树和梨树共150棵，桃树比梨树多20棵，两种树各有多少棵？（先在图中表示出条件和问题，再解答。）	40	16	24	60	有部分学生对题意理解不清，或者没有将线段图的条件和问题补充完整，还有一些计算错误的。

课堂教学实录：

一、预学查异

师：今天这节课，我们来研究解决问题的策略。一起先来看一个问题。

（出示题目，录音：从家出发，先向东走来50米后，再向北走来20米，接着向西走了40米，最后向南走了20米。你知道我现在离家多少米吗？）

师：你知道他离家有多少米吗？

（听完，大部分学生一脸茫然，个别学生用手在桌面上画着什么。）

师：是不是有点困难？你在桌上画什么呢？（指名刚才在桌面上画画的学生回答）

生：画行走路线。

师：大家是不是也与他有一样的想法？好，我们就沿着他走的路线画一画。（演

示行走路线)

(画完图后，学生异口同声得说出"10米"。)

师：刚才还有困难，现在这么快就知道了，是什么帮助了你们？

生：是图。

师：不错，从图上我们一下子就能看出他离家有多远。这个图把题目的意思清晰地表达了出来，为我们解题提供了帮助。画图是一种解决问题的策略。今天我们就学习用画图这个策略来解决一些问题。(板书课题)

二、初学适异

(一) 理解题意

师：谁能说说这道题的条件和问题？怎样整理条件和问题？

师：你想画什么图？画几条线段？可以根据以往的经验自己试着在作业纸上画一画，有困难的可以和同桌交流，也可以轻声请老师帮忙。

师：谁愿意到前面来画一画？

(指名两人在黑板上画，画好后，请其中一人说说是怎么画的。教师根据学生回答，适当补充。)

师 (小结)：画线段图时，要完整，不仅要表示出条件，还要表示出问题。

师：请大家完善自己刚才画的图。

师：你能根据线段图再来说说条件和问题吗？(课件出示图，指名2人说)

师：根据线段图，能列式吗？你能尝试用不同的方法解决吗？(课件出示列式要求)

(学生独立列式，教师巡视。)

师：谁来说说你的想法？(指名说，根据回答板书算式)

师：解释一下"72-12＝60（枚）"是什么意思？

生：将小春多的12枚去掉，两人就一样多。(师在线段图上将多出的12枚去掉)

师：这时总数怎么变了？

生：也减去12。(师贴板贴：两人邮票总数减去12枚)

师：现在两人一样多，实际是将谁的邮票数看成和谁一样多？

生：小春邮票数和小宁的一样多。

师：也相当于看成了小宁邮票数的——

生：2倍。(师板贴：＝小宁邮票数的2倍)

师：所以"60÷2＝30（枚）"是先算出了——

生：小宁的邮票数。最后再用"30＋12＝42（枚）"，算出小春的邮票数。

师：谁再来说说这道题的解答过程？还有不同方法吗？(根据回答板书算式)

师：解释一下？

生：小春比小宁多12枚，将小宁再加12枚就和小春一样多了。(师在线段图上补上"12枚")

师：这时总数就怎么变化了？

生：增加12枚。(贴板书：两人邮票总数加上12枚)

师：这时算得的结果相当于什么？

生：相当于是小春邮票数的2倍，就可以先求出小春的邮票枚数。

师：谁再来说一说？

师：还有其他方法吗？(指名答)

师：将多的12枚分一半给小宁后（借助线段图进行补充），总数有没有变化？

生：没有。

师：比一比，刚才三种解法有什么不同？(课件出示要求)

生：一个是用减法，一个是用加法，还有一种总数没变。

师：为什么这个用减法？

生：将小春的邮票看成和小宁一样多。

师：为什么这个用加法呢？

生：将小宁的邮票看成和小春的一样多。

师（小结）：其实这两种解法的本质是一样的，都是将两个不相等的数量转化为相等的量，这是解决这类问题的关键。

(二) 检验与反思

师：刚才我们经历了哪几个过程？

生：整理信息，分析数量关系，列式解答。

师：接下来要干什么？你觉得怎么检验？

生：用两个得数加起来算一算是不是72，用"42+30＝72（枚）"，如果正确，就说明答案对了。

师：还有补充吗？

师：我们检验时，不仅要检验两个人总数是不是72，还要检验小春是不是比小宁多12，只有两个条件都符合了才可以。（课件出示检验过程）最后别忘了答句。

师：除了今天学习的画图策略，以前在哪儿还学到过画图策略？（课件出示问题）

（课件演示几种已学过的画图策略。）

师：看来，画图确实能帮助我们解决很多问题。下面我们就用所学知识解决实际问题。

三、研学导异

1. "练一练"

师：先说说条件和问题，再独立完成。

（指名回答，重点说说：是怎么想的？）

师（追问）：这题有第三种方法吗？

2. "练习八"第2题

师：看来大家都会看图列式了，那下面咱们就来比比速度，左半边和右半边比赛，谁先完成就举手。完成作业纸第3题。（师巡视）

师：用其中一种方法做对的举手。（课件出示计算过程）

师：为什么左边的同学做得很快，右边的同学做得慢呢？想知道原因吗？

生：想。（课件一次性出示左半边学生的题和右半边学生的题）

师：有什么想说的？

生：画图的题目简单。

师：如果让你再次选择，你会选做哪一题？那你觉得画图对解题有什么作用？

生：可以使题目变得更加简单。

师：是呀，画图可以使复杂问题的数量关系更加直观明了。

3. "练习八"第4题

师：刚才的比赛有点不公平，为了公平起见，我们再比一次。写完就举手。完成作业纸第4题。（师巡视）

师：为什么这次有的同学速度也比较慢呢？请一个人说说你是怎么办的？（指名一位画图的学生说说）

生：我先画图，然后列式。（师课件出示线段图）

师：为什么你的速度会这么快呢？说说你是怎么想的？（指名一位直接列式的学生说说）

生：小西比小建多买了2本练习本，就是12元，所以每本是6元。

师：是不是所有情况下都要画图解决问题呢？

生：不是。

师：是呀，画图可以帮助解决复杂的问题，但一些简单的问题就可以在头脑中想图，不需要再画出来。

四、拓学展异

师：今天的知识学会了吗？下面请大家完成课堂作业。先完成必做题，做好的同学尝试完成选做题。（出示作业）

师：你是怎样解决这个问题的？是这样做的吗？（错的人起立）

师（指选做题）：先画出线段图，再解答，完成作业纸上第5题。

（师巡视，选取一人上台到投影仪上讲讲是怎么画图和列式的。）

师：回顾一下今天的学习，你有什么收获？

师：我们刚才经历了这样一个过程。我们先通过这个问题寻找到了画图的策略；然后在解决例题的过程中探究了策略；接着在比赛中，学会了怎样运用策略，最后在作业中，拓展延伸了策略。今天这节课，就到这里。

基于学生差异的后测分析（如表2）：

表2 《解决问题的策略——画图》后测分析

题号	题目	测试人数	正确人数	错误人数	错误率（%）	错误原因
1	同学们收集动物标本和植物标本共84件，植物标本比动物标本多14件。两件标本各收集了多少件？（先根据题目把线段图补充完整，再解答）	40	38	2	5	极少数学生图画得不够标准，对题意的理解不够深刻。还有1人出现计算错误。
2	小华和小芳参加集邮，小华收集的邮票数是小芳的2倍，两人共有邮票98枚。小华和小芳各有邮票多少枚？	40	34	6	15	有部分学生对题意理解不清，没有清晰地理解倍数关系和票数之间的对应关系。

［课例评析］

预学环节，通过问题情境的设置，充分激发学生的内需，寻找合适的策略——画图，激活学生解决问题的经验。初学环节，先让学生尝试画图理解题意，教师巡视了解学生画线段图的差异。再让学生尝试看图列式计算，并结合线段图分析数量关系。同时，让做得快的学生思考不同的解法，彰显差异。研学环节，先通过对比三种解法的异同点，抓住解决此类问题的关键。接着，开展了两次竞赛。第一次通过文字、线段图两种不同的呈现方式，让学生充分体会到画图策略直观、清晰的优势。第二次通过是否需要画图，让学生经历了由画图到想图的过程，从而学会根据具体问题灵活选择策略。拓学环节，设置必做题和选做题，让不同的学生得到不同的发展，进一步体验画图策略的价值。

（本课例由冯玉敏老师执教）

第三节　英语差异教学学科变式

英语作为全球使用最广泛的语言之一，已经成为国际交往、科技以及文化交流的重要工具。义务教育阶段英语课程的总目标是：通过英语学习使学生形成初步的综合语言运用能力，促进心智发展，提高综合人文素养。英语课程的学习，既是学生通过英语学习和实践活动，逐步掌握英语知识和技能，提高语言实际运用能力的过程；又是他们磨炼意志、陶冶情操、拓展视野、丰富生活经历、开发思维能力、发展个性和提高人文素养的过程。我校英语学科从差异教学的内涵出发，以促进儿童的可持续发展为主旨，力求使学生能在语言知识、语言技能、情感态度、学习策略和文化意识等方面获得不同层次的发展。

在英语学科中，我们对差异教学学科变式的课题研究，主要从小学英语对话课差异教学模式、小学英语 Project 综合语言实践项目活动课差异教学模式、小学英语单元复习课差异教学模式三个角度展开。这三方面的研究，源于我校教师对译林版英语这套教材改版后的困惑与思考，同时也相对兼顾了小学英语课的不同课型。

一、对话课差异教学模式

对话课是小学英语课堂中常见的课型之一。对话课多是围绕一个话题进行讨论。在学习结束后，需要学生掌握进行话题讨论的句子，并对相应的内容进行自主对话。一般来说，教师在对话教学中会采用四个步骤：创设生活情境，感知、理解教学内容；结合词汇教学初步学习句型；组织对话活动，进行巩固操练；设计真实任务，强化实际运用。为了更好地满足学生差异性的学习需求，我校英语学科在进行对话教学课题研究时，以教研组为单位，精心打磨差异教学模式研究课，再在校级层面进行展示，研讨交流，最终形成了"对话课差异教学模式"（如图 6-7）。

（一）预学查异——创设话题语境，激活学生语言准备

对话课中，预学环节的操作步骤是：课前教师采用对话、头脑风暴、游戏等多种方式测查学生差异；教师调整教学目标；教师创设与主题切合的语境，激活学生对话题的语言储备。

差异教学立足于学生个性发展，并不是为了将学生差异拉平，但客观上讲，学生学习水平差距过大会给班级课堂教学带来一定困难。英语对话教学中，学生对某个话题的表达是存在差异的，比如话题词汇的积累差异、话题观点差异、话题兴趣差异以及句法掌握程度差异等，这些学习差异都是可以调节的。通常

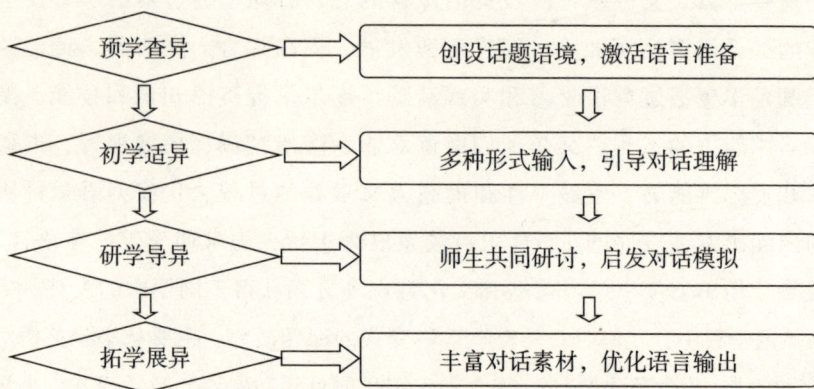

预学查异	→	创设话题语境，激活语言准备
初学适异	→	多种形式输入，引导对话理解
研学导异	→	师生共同研讨，启发对话模拟
拓学展异	→	丰富对话素材，优化语言输出

图 6-7　对话课差异教学模式操作流程图

我们可以采用全面、动态测查学生差异的策略、提供认知前提的准备与激发学习动机的策略等，进一步准确定位某节对话课的教学目标，兼顾不同学生的学习需要，缩小不同学生之间的口语表达水平差距。

（二）初学适异——多种形式输入，引导对话理解

对话课中，初学环节的操作步骤是：引导学生预测文本对话主题和相关内容，设置悬念；通过视听形式，学生尝试初步了解文本对话内容和主题；引导学生通过自主阅读、同桌互读、小组合作读等多种方式，尝试理解文本对话内涵；教师了解学生初学结果的差异。

在对话课的初学环节，学生需要整体上了解对话内容，感知对话含义，初步掌握对话用语。但是，在实际教学过程中，我们发现，学生由于性格特点、思维方式、知识积累的不同，对文本对话中语言的理解程度和理解方式也是存在差异的。比如，有的孩子擅长听，有的孩子擅长读，有的孩子擅长说，这样一来，教师在呈现对话文本的时候形式就需要多样。为了兼顾学生的不同学习需要和学习方式，教师可以采用的差异教学策略有：教学内容的调整和组织的策略、多样化的教学方法和手段、大面积及时反馈与调节教学的策略等。通过多种语言输入形式，引导学生理解对话。

（三）研学导异——师生共同研讨，启发对话模拟

对话课中，研学环节的操作步骤是：以教师提问和学生提问相结合的方式，师生共同确定研学问题；师生共同讨论、解决研学问题；学生小组合作，分角色模拟对话；教师做出指导与反馈，引导学生进一步深入感悟对话。

研学导异环节旨在让不同水平的学生在师生、生生互动和研讨中，在教师的点拨和同伴的启发中，反馈、修正探究结果，达成课前预设的差异性教学目标。在对话课上，文本的对话内容是本节课需要学生掌握的，会用文本内容对话是基础目标，能够在对话文本基础上进行个性化表达是提升目标。因此，如何引导学生更好地习得这些对话，并在此基础上丰富对话，这些问题的解决都将直接影响不同学生的对话学习效果和口语能力的发展。在这个环节中，教师可以采用隐形动态分层与互补合作相结合的策略、面上兼顾与个别指导相结合的策略、扬优补缺的辅导与训练的策略等。

（四）拓学展异——丰富对话素材，优化语言输出

对话课中，拓学环节的操作步骤是：创设新的对话语境，师生共同确定拓学内容；学生以两两合作或小组合作等形式开展拓学活动，丰富对话内容和形式；学生展示拓学活动成果，教师做出反馈。

在对话教学的拓展环节中，教师应考虑针对哪些学生需要落实基本目标，同时也要思考如何给学生拓展和发散的空间，使得不同层次的学生都能有所发展。在这个环节中，我们可以采用隐形动态分层与互补合作相结合的策略，交替合理地运用同质分层和异质合作。哪些学生处于哪个语言层次水平，教师心中要有数，并对他们提出适当的要求，因材施教；同时，我们也要采用异质合作学习的形式，尽量做到优势互补，让不同的学生互相影响、互相帮助。

[典型学科课例]

外研社《新标准英语》二年级上册
Module 7 Unit 1 "How do you go to school?"
第二课时

教学目标：

1. 知识与能力目标

（1）通过复习作业，学生能说出多种交通方式，并自主画出家庭成员出行的方式。

（2）通过回顾复习，学生能理解并使用句型 How do you go to school? I go to school by...How about...? He/She goes to...by...进行对话。

（3）通过表演，学生能运用这些句型。

（4）能力强的学生可以尝试在课文基础上创编对话。

2. 过程与方法目标

（1）通过游戏、讨论等方式，学生能够运用本课的目标句型询问他人是如何出行的。

（2）通过师生共同探讨研究，学生能制订出行计划，考虑自己想去的城市及出行方式。

3. 情感、态度与价值观目标

学生能通过小组讨论、游戏、表演等多种活动，形成良好的合作意识；能通过本课的主题对话，热爱生活。

基于学生差异的前测分析（如表1）：

表1　"How do you go to school?" 预学情况统计表（节选）

题号	题目	测试人数	正确人数	错误人数	错误率（％）	错误原因
一（3）	一、听录音，选出你所听到的图片或短语 A. go to the park B. go to school C. go to work	10	8	2	20	学生在答题时不能将 school 与 work 的意思分清，因此出现错误回答。在课堂中讲解时，教师要注意使用具体情境带入这两个词，帮助孩子理解、巩固。
二（2）	二、根据课文内容补全句子 Lingling's father goes to work by _____. A. B. C. D.	10	9	1	10	学生在答题时不能将单词和课文整体结合并加以理解。教师在教授这节课时要注意帮助学生将课文中人物的交通方式弄清楚，并结合情境做适当的巩固训练。

前测分析：前测部分主要检测的是学生对文本对话中单词和句型的掌握程度。学生在经过第一课时的学习后应该能较好地掌握单词和句型。通过检测发现，学生掌握情况良好，但是在语境中去运用单词的能力有点欠缺。本课是第二课时，旨在提高学生综合

运用对话的能力。因此本节课在复习单词时，教师应尽量避免采用单调的没有情境的复习模式，要努力地创设情境，让学生置身于情境中学习掌握单词，进行综合运用。

课堂教学实录：

一、预学查异

1. Warm up：Listen to a song.

T：What did you hear in the song?

S：Doctor. /Nurse. /Clown. /Driver.

T：Where are they?

S：They are on the bus.

T：Great! Bus is a kind of a traffic tool. Can you say more words like bus, bike?

2. Brain storm：say more words about traffic tools as quickly as they can.

3. Talk in pairs.

T：Miss Lv has some traffic tools. Look!

（教师展示交通工具图片并贴黑板，学生看图说一说。）

T：Which places do you want to travel? Please talk with your partners!

S：Beijing. /Shanghai. /Hainan…

4. Look and say.

（教师展示大连、上海、海口、台湾、昆明和深圳的图片。）

T：Look! This is a map of China. Now we are here, in Jiangsu.

T：Where do you live in Jiangsu?

Ss：I live in Yangzhou.

T：Yes! We all live in Yangzhou. Look, where are we now?

S1：In our school.

T：Yes. Our school is so big. How do you go to school?（板书）

Ss：I go to school by …（同桌操练该句型）

二、初学适异——多种形式输入，引导对话理解

1. Let's review and match.

T：You go to school in different ways. How about our friends?

T：How does Amy go to school?

S1：She goes to school by bus. （板书）

T：How about Lingling? （板书）

S2：She walks to school. （带读）

T：How about Lingling's father?

S3：He goes to work by bike. （带读）

T：Look！Who can ask about Sam?

S4：How about Sam?

S5：He goes by bus with his mother. （带读）

2. Play a game：Funny sentences.

T：Look，I have three bags here. I need three students to come to the front and choose one of them from each bag. Then you can make the sentences.

（三名学生上来各抽取一张卡片，全班学生齐读组成的句子。）

3. Act the story in groups. （表演第一课时所学课文）

三、研学导异——师生共同研讨，启发对话模拟

1. Check preview work. （介绍海报）

T：Hello！How do you go to school?

S：I go to school by…

T：How about your …?

S：He/She goes to work by…

2. Ask and answer in pairs.

3. Do a report.

（教师示范，学生模仿汇报。）

T：Look！This is my poster. I go to work by bike. My father goes to work by car. My mother goes to work by bus.

四、拓学展异——丰富对话素材，优化语言输出

1. Talk about travel plans.

T：New Year holiday is coming. But only three days for it. Where are you going?

S：I'm going to…

T：How do you go to…?

S：I go to…by…

T：Do you want to know about my plan? You can ask me some questions!

S：Where are you going?

T：I'm going to Kunming. （板书呈现地点）

S：How do you go to Kunming?

T：I go to Kunming by plane. （板书演示出行方式）

2. Make new dialogues.

S1：Where are you going?

S2：I'm going to…

S1：How do you go to…?

S2：I go to… by…

S1：How does Ms Lv go to …?

S2：She goes to… by…

基于学生差异的后测分析（如表2）：

表2　"How do you go to school?" 学习情况统计表（节选）

题号	题目	测试人数	正确人数	错误人数	错误率（%）	错误原因
二	选择句子，补全对话，将序号写在横线上。 片段： A：How do you go to school? B：I go to school by bike. ___C___ A：I walk to school. ___B___ B：My mother goes to work by bus. ___E___ 选项： B. What about your mother? C. How do you go to school? E. Does your father go to work by bike, too?	10	B：3	7	70	首先，部分学生不能根据情境理解句子含义。其次，这种题型比较新颖，学生第一次接触，对题型不能很好地理解。因此，在练习时存在困难。此外，学生对第三人称掌握不够扎实，没有清楚地理解句子的意思。
			C：5	5	50	
			E：4	6	60	

[课例评析]

在预学查异环节中，通过歌曲演唱和头脑风暴两个活动，教师不仅激发了学生学习的热情，同时也能顺势引导学生进行开放性思维与表达，并高效地检查了学生预习作业的完成情况。初学适异环节中，Funny sentence 是一个具有信息差的游戏，游戏第一层语言互动层次较低，有利于学生对语言知识进行重复，从而准确掌握语言知识；第二、第三层的语言互动层次较高，有利于提高学生语言运用能力。研学导异环节中，第一层次的活动不仅仅只是给学生一个提示，更重要的是给学生提供一种方法、一条路线、一个铺垫、一次准备。第二层次的活动更注重语言的提高和灵活运用，将设计融入生活，让生活服务于学生的学习。学生在真实的语境任务中，认知水平层层深入，语言输出循序渐进。拓学展异环节，教师注意把课堂交给学生，促使学生真正在学习实践中学会自主学习；同时也让学生在民主平等的基础上与他人互相合作，发挥了同学间相互鼓励、相互启发的教育作用，提高了学生的合作意识与协作能力。

(本课例由吕玮老师执教)

二、Project 综合语言实践项目课差异教学模式

译林出版社在修订苏教版义务教育小学英语教科书时，将原教材中的 Review and check（复习单元）变成了 Project（综合语言实践项目）。修订者的目的是通过形式多样的语言实践活动，引导学生思考、调查、讨论、交流和合作，综合运用前几个单元所学的语言知识和语言技能，完成学习任务，展现学习成果。Project 单元的内容既反映了用英语做事情的设计理念，也凸显了做中学的教学思想。教师在设计 Project 单元教学可以通过差异教学策略（如图6-8）引导所有学生积极尝试、主动实践，让学生在参与活动、完成任务的过程中逐步培养动脑、动口和动手的能力，进而提高学生的综合语言运用能力。

```
┌──────────────┐        ┌──────────────────────────────┐
│   预学查异    │═══════>│   趣味预学感知项目,明确目标     │
└──────────────┘        └──────────────────────────────┘
        ‖                              ‖
┌──────────────┐        ┌──────────────────────────────┐
│   初学适异    │═══════>│   多种形式体验项目,明晰步骤     │
└──────────────┘        └──────────────────────────────┘
        ‖                              ‖
┌──────────────┐        ┌──────────────────────────────┐
│   研学导异    │═══════>│   合作研讨探索项目,突破难点     │
└──────────────┘        └──────────────────────────────┘
        ‖                              ‖
┌──────────────┐        ┌──────────────────────────────┐
│   拓学展异    │═══════>│   多层任务丰富项目,提升运用     │
└──────────────┘        └──────────────────────────────┘
```

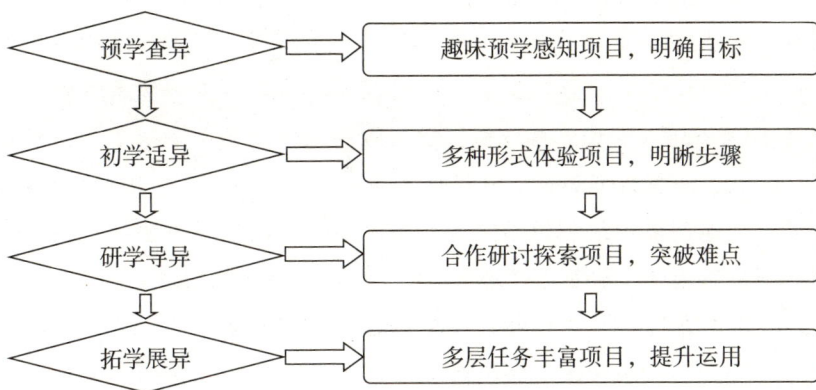

图 6-8　小学英语 Project 综合语言实践项目课差异教学模式操作流程图

(一) 预学查异——趣味预学感知项目,明确目标

Project 课型中,预学环节的操作步骤是:课前教师采用预习、复习、小组讨论、游戏等方式测查学生差异;教师调整教学目标;教师创设情境,呈现语言综合实践活动项目,学生初步感知项目。

预学查异环节的要素是诊断。通常我们可以采用全面、动态测查学生差异的策略、提供认知前提的准备与激发学习动机的策略等。比如通过会话、游戏、猜谜、讨论等有趣的教学形式,教师可以检查学生对于已学几个单元中重要知识点的掌握情况,了解存在的差异,同时也可以激活他们的语言准备,为后续的项目语言活动奠定良好的基础。再比如教师在这个环节也可以创设一定的主题情境,帮助学生感知项目,入情入境,激发他们完成项目活动的兴趣。

(二) 初学适异——多种形式体验项目,明晰步骤

Project 课型中,初学环节的操作步骤是:教师做示范,引导学生初步感知项目完成的方法;学生自主尝试完成语言综合实践项目;学生展示初学活动成果;教师了解学生初学结果的差异。

初学适异的环节要素是尝试。该环节是指在预学的基础上,学生开展初步尝试性自主学习,进行知识的初步建构,感知学习目标,为组织研学做准备。Project 单元的学习是在教师指导下学生主动探究的学习活动,属于研究性学习

的范畴，是一个重发现、重过程、重主题、重实践的全新的学习过程。① 在正式开展 Project 的教学活动之前，教师应带领学生了解活动步骤，同时为学生做好示范性的引导，让学生充分体验学习的过程，帮助学生更好地完成后续的语言输出。考虑到 Project 课型的特殊性，学生所用语言并非单一的语句，而是有逻辑关系的语段，是整合了前几个单元所学后的综合语言活动，因此，在教学中，教师需要灵活地调整和组织教学内容，采用多样化的教学方法和手段，并进行必要地学习策略指导，从而更好地帮助学生为语言输出做好准备。

（三）研学导异——合作研讨探索项目，突破难点

Project 课型中，研学环节的操作步骤是：师生共同确定研学的问题；通过小组合作的形式，学生进一步探索项目；师生共同讨论、解决研学问题；教师点拨，突破项目难点；学生修正、完善项目，并深入感悟项目。

学生在初学环节中，了解了项目完成的步骤和方法之后，就可以合作完成项目，并展示实践成果，这是突出语言输出的关键环节。前期的教学铺垫为学生提供了丰富的语言积累，也让学生对语言项目有了较为直观的感受。在展示成果环节，教师要通过引导示范让学生进行综合性语言输出。学生个体以及学生与学生之间是否能通过独立思考、合作讨论的方式掌握项目完成的步骤与技巧，是 Project 课型的一个核心环节。通过师生共同研讨，教师不仅可以帮助学生解决遇到的问题，纠正学生的语言输出，使其更好地完成语言项目，同时也可以令学生呈现出更多个性化的语言，提高学生语言综合运用能力。

（四）拓学展异——多层任务丰富项目，提升运用

Project 课型中，拓学环节的操作步骤是：在原有项目基础上，教师延续主题情境或创设新的情境，提升项目任务；学生以独立完成或小组合作完成形式开展拓学活动，进一步丰富项目成果；学生展示拓学活动成果，教师予以反馈。

Project 拓学环节的操作要素是提升。在该环节中，教师要通过设计多层次的拓学任务，满足学生的差异需求，促进不同层次学生的发展，达成挑战性教

---

① 侍之春.《牛津高中英语》Project 板块的设计及教学 [J]. 中小学英语教学与研究，2009（10）：17.

学目标。教师在反馈时要体现多样性、选择性，对学困生的当堂辅导要到位，对学优生的提高要凸显。

［典型学科课例］

苏教版《译林》英语 3B Project 2 "A magic clock"

教学目标：

1. 知识与能力目标

（1）能用"What's the time?"询问时间，能用"It's...o'clock."回答。

（2）能用"What's this/that?"、"What are these/those?"询问物品，并用"It's..."、"They're..."回答。

（3）能用"Who's he/she?"、"She's/He'..."询问他人是谁。

（4）能力强的学生能在真实的情境中谈论时间、相互认识、友好交流，并能将所学运用到生活实际。

2. 过程与方法目标

（1）能通过练习区分 this/that/these/those。

（2）能开展角色扮演活动，开展相应的语言交流活动，巩固前四个单元所学知识。

3. 情感、态度与价值观目标

学会与他人交流，获取所需信息。

基于学生差异的前测分析（如表1）：

表1　"A magic clock"学习情况统计表（节选）

题号	题目	测试人数	正确人数	错误人数	错误率（%）	错误原因
一	Listen and write the numbers.（写数字）					
一（4）	twelve	10	9	1	10	有一名学生单词拼写时漏掉了字母l。
二	Listen and write the numbers.（猜单词）					

题号	题目	测试人数	正确人数	错误人数	错误率（%）	错误原因
二（3）	This is my mother's father. He is my g _____ .	10	9	1	10	该生将 grandpa 写成了 grandma。
二（4）	It's black and white. We can get milk from it. It's a c _____ .	10	7	3	30	出错的学生未理解 "get milk from it" 的含义。

前测主要针对本册书 Unit 5 至 Unit 8 所学的重点句型和词汇。这些题目较为灵活，能较好地反映学生的综合语言运用能力。大部分学生能比较好地完成试题，但一些基础薄弱的学生在对词、句的理解以及单词拼写上还存在一些问题。

课堂教学实录：

一、预学查异

课前预习作业：

①让学生在课前剪下钟面并画好十二幅表示整点的图；

②完成自己的 timetable；

③填写 Magic school 的入学申请。（如图 1）

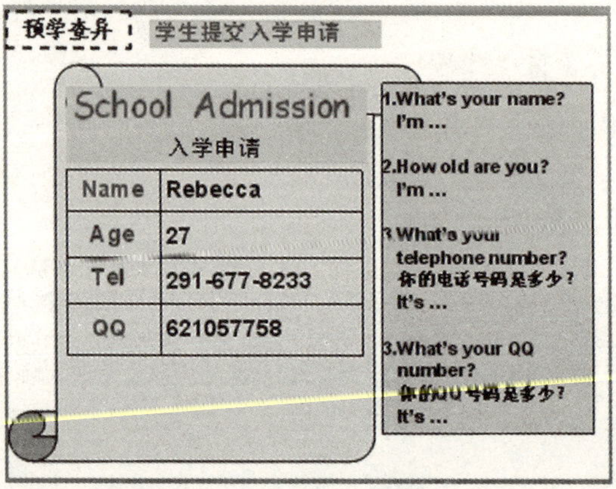

图 1

检查预习作业：

活动一：魔法钟的数字消失了，你能看出时间了吗？该活动练习句型"What time is it?"。

活动二：时间表上有错误你能改正吗？

活动三：Imagine your timetable. 想象你的时间表是什么样的呢？（此活动结合预习作业上的 timetable 说一说）

二、初学适异

教师出示图2：

图2

T：Now, you are the student of the magic school. You can visit the school now.

T：Here come three people. Who are they?

S：She/He is... (Work in pairs)

T：This is our playground. What's that?

S：It's the classroom.

T：What's this/that in the classroom? What are these/those in the classroom?

S：It's.../They are...

T：Can you tell me the differences between "these" and "those"?

S：...

T：Now, let's talk about our school things.

三、研学导异——合作研讨探索项目，突破难点

T：The bell is ringing. The teacher is coming. Let's have our first magic lesson.

（播放 PPT，学生听录音，并将制作 magic clock 的步骤语句进行排序。）

T：OK. The magic clock is ready. Can you play games with it? You say "stop"，it will stop. Who wants to try?

四、拓学展异——多层任务丰富项目，提升运用

T：I want to visit our magic school. Who can show me around the playground?

（师生用本课重点句型进行问答，给学生语言示范。）

T：I have got a message. It is from Kimi. Kimi wants to visit our school.

（听一段 Kimi 和老师的微信：Kimi 也想来魔法学校学习。）

T：Who will show him around our school? Let's introduce the magic school！

（两人一组，一人扮演 Kimi，一人扮演魔法学校的学员，选择其中一个场景向Kimi 介绍魔法学校。）

基于学生差异的后测分析（如表 2）：

表 2　"A magic clock" 学习情况统计表（节选）

题号	题目	测试人数	正确人数	错误人数	错误率（%）	错误原因
三	根据所给词补全对话。 （Cows，those，Who's，What time，for，What's）					
三(3)	A：Are those _____？ B：Yes，they are.	10	9	1	10	出错的学生拼写"cow"时没有用复数形式。
三(5)	A：It's time _____ home. See you. B：See you！	10	9	1	10	出错的学生未理解句子的意思。

［课例评析］

在预学查异环节，预习作业的设计与布置缩小了学生间的语言差异，为课堂上的交流做好了准备。教者在复习旧知时充分考虑到学生的差异特点，不仅让学生说出自己理想的生活时间表，同时还考虑到一些能力弱的学生可能会把时间表达方式

写错，进而通过练习帮助他们巩固知识点。初学适异环节中，教者为学生设计了由阴影构成的人物动画来复习所学句型，这是一个"信息沟"活动，符合情景真实的教学原则。在复习巩固句型"What's this/that?"、"What are these/those?"时，让能力强的学生自己总结"What's this/that?"、"What are these/those?"在用法上的区别，这样既照顾到了学生学习的兴趣和积极性，也提高了其综合语言运用能力。研学导异环节中，教者设置了星级任务，学生提问老师的问题越多，获得的星就越多，既复习了旧知，又开拓了学生的思维，不同层次的学生都能体验到成功的喜悦。拓学展异环节中，教师引导学生在情景中编对话，即让语言的单一操练上升为在真实情景下的语言运用和交际；同时，教师设置了两个场景供学生选择，图书馆为一星，教室为二星，学生可以根据自己的情况选择难度不同的场景，充分照顾了不同学生的差异，给他们更多的机会说自己想说的话。

（本课例由孙丽老师执教）

三、单元复习课差异教学模式

"作为小学英语课堂教学的重要课型之一，复习课在小学英语教学中占有重要的地位。它是巩固和发展知识、技能的重要课型。既能帮助学生对所学知识和基本技能进行梳理和沟通，理出良好的认知结构，又能帮助学生加深理解、增强记忆，使知识条理化、系统化。"[①] 在实际的教学中，很多教师的复习课随意性较大，多采用默写单词、背诵课文、做练习等机械形式，学生的进步甚微。同时，由于学生在能力、兴趣、气质、性格等方面存在差异，如果教师将学生看成单一的群体，就会出现基础差的学生听不懂，基础好的学生参与活动积极性不高的现象。在复习课中，教师应当尊重差异，开展有效的差异教学活动，帮助学生复习和巩固已学的知识，使不同层次的学生的英语语言能力在原有的基础上都有所提高。基于此，我校形成了"单元复习课差异教学模式"（如图6-9），力求提高该课型实施的实效性。

---

① 顾云．小学英语综合复习课的思索与实践［J］．中小学外语教学（小学篇），2008（7）：25.

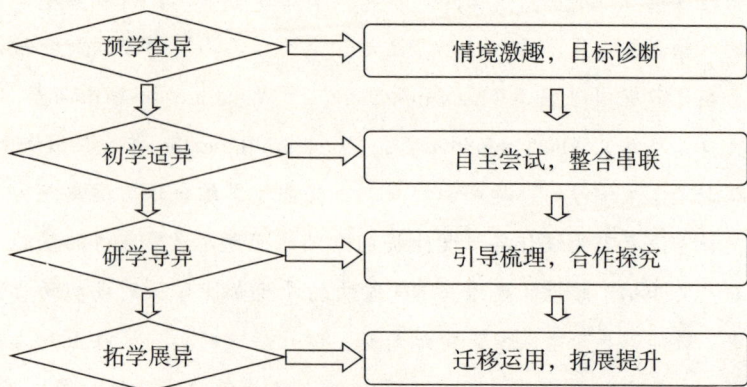

```
预学查异  ⇒  情境激趣，目标诊断
   ⇓                ⇓
初学适异  ⇒  自主尝试，整合串联
   ⇓                ⇓
研学导异  ⇒  引导梳理，合作探究
   ⇓                ⇓
拓学展异  ⇒  迁移运用，拓展提升
```

图 6-9　单元复习课差异教学模式操作流程图

（一）预学查异——情境激趣，目标诊断

小学生的年龄特征决定了他们对好玩、有趣的事情充满强烈的好奇心。因此，通过游戏的方式复习词汇、句型、对话等内容，能充分调动他们的学习积极性。单元复习课中，预学查异环节的操作步骤是：课前教师采用对话、头脑风暴、游戏等多种方式测查学生差异；教师调整教学目标；对教材复习单元的教学内容加以整合，注意内挖外引，让教材成为符合学生实际的活教材，教师整合单元语言点，创设语境，激活学生对单元话题的语言储备。

例如，在外研社版《新标准英语》二年级下册 Module 9 Unit 1《Turn left》的复习课中，为了测查学生对该模块中指路短语的掌握情况，教师可以通过"打地鼠"游戏将已学的指路短语进行呈现，学生迅速认读出来并做出动作。这样不仅能够激活学生的语言储备，同时老师也可以迅速了解学生知识掌握程度的差异。当发现有学生在回答的过程中有错误或回答不清晰时，教师可以立刻停下，进行纠正，达到照顾差异的目的。随后，教师可以利用"跑男要去车站"这个情境，让学生判断路线并找到正确的路线去车站，引导学生尝试在真实的场景中运用本节课重点语句。整个预学查异环节用不同的游戏激发学生学习的积极性，通过层层深入的学习活动帮助学生调用原有的知识，合理整合新旧语言材料，有利于培养学生有关方向的语用思维以及综合语用能力。

（二）初学适异——自主尝试，整合串联

单元复习课中，初学适异环节的操作步骤是：引导学生预测复习课的主题以及相关内容，设置悬念；教师通过多种形式，整合单元相关知识内容，通过循序渐进、由易到难、层层递进的语言活动，促进学生掌握语言知识点，提高语用能力，同时教师也能了解学生初学情况的差异。

单元复习课初学适异的环节要素是：整合与尝试。教师尝试将单元知识系统化地进行整合，通过多样化的教学手段，建构知识间的联系，从而提高英语复习课堂的效率，使教学效率最大化。学生尝试将所学的语言灵活运用于语言任务之中，运用在生活情境之中。

（三）研学导异——引导梳理，合作探究

单元复习课中，研学导异环节的操作步骤是：以教师提问和学生提问相结合的方式，师生共同确定研学问题；师生共同讨论、解决研学问题；学生小组合作，引导学生将散落于教材中的知识点进行归纳小结；教师做出指导与反馈，帮助学生构建紧密联系的知识链，从而使学生习得的知识系统化。

复习的过程是在一定情景中引导学生对所学的知识进行梳理、总结、归纳的过程。通过研学环节，教师可以借助从点到线、由线及面的总结，做到以一点串一线，以一线联一面，更好地挖掘教材深层次的内容，有意识，有步骤地把书本上的知识和生活中的情景结合起来。研学导异的环节是为了让不同层次的学生在相互研讨中有所启发，有所收获，能够体会并领会到本课的重难点知识，以便达到本节课的教学目标。

（四）拓学展异——迁移运用，拓展提升

在单元复习课中，拓学环节的操作步骤是：教师能够结合教学内容，创设真实情景任务，使学生在活动中经过知识点的再现、重组及拓展练习后，将知识进行深层次的内化；通过为学生搭建语言运用的平台，促使学生语言输出，提高语言综合运用能力。这个环节的操作要素是提升，通过听、说、读、写等多种挑战性的语言任务的拓展，满足不同学生的学习需要。

拓展环节是对学生运用知识的一个提高过程，是对课本内容的延伸，既源于课本，又高于课本。例如在苏教版《译林》英语五年级下册 Unit 1 "Cinderella" 这个单元的复习课中，我们不妨创编一个紧贴本单元目标语

"Why...? Because..." 的课外小故事让学生阅读。首先，可以引导学生看图片，通过师生之间的问答，操练目标句型，理解故事。其次，鼓励学生自主选择场景续编故事、表演故事，进一步灵活运用目标句型，发挥想象。这样的活动适应全体学生的需要，同时又有一定的开放性和灵活性，可以激发学生的想象力和推理能力，使得文化与生活相互交融，同时也可以帮助学生更好地内化语言知识，发展语言技能，让不同水平的学生展示出不同的风采。

[典型学科课例]

苏教版《译林》英语六年级下册 Unit 4 "Road safety"
第四课时（Checkout time and ticking time）

教学目标：

1. 知识与能力目标

(1) 学生能够运用已学道路规则讨论必须做什么，绝不能做什么。

(2) 学生能够准确运用 "must" 和 "must not"。

(3) 学生能够了解句子中重读现象，并尝试运用。

2. 过程与方法目标

(1) 通过 talk show 的活动，学生能够用 "We must/mustn't/can/can't... in the classroom." 讨论并复习 classroom rules。

(2) 通过游戏复习道路安全规则，学生了解到情态动词 must 和 can 的使用区别。

(3) 通过图片、视频，学生自主总结 road rules。

(4) 通过小组合作制作海报，学生能在各种具体情景中，用情态动词来讨论并制定公共场所的规则。

3. 情感、态度与价值观目标

通过本课的复习，学生能够关注规则、了解规则、制定规则，理解遵守规则会使自己的生活更加美好。

基于学生差异的前测分析（如表1）：

表1　"Road safety" 学习情况统计表（节选）

题号	题目	测试人数	正确人数	错误人数	错误率（%）	结果分析
一	3. 根据你所听到的内容，判断下列图片正误，正确的在括号里写 "T"，错误的写 "F"。 	10	5	5	50	学生的错误：①学生对 Culture time 相关知识掌握不扎实，概念模糊；②图片具有一定的干扰性。
二	根据首字母或图片提示写出单词或词组。 1. Look！Here's the ＿＿＿＿＿. We mustn't cross the road. 2. It's dangerous to ＿＿＿＿＿ in the street. 5. —Are they ＿＿＿＿＿ for their football? —Yes，they are. But they can't find it.	10	6	4	40	学生的错误：①学生对 1~2两小题存在不能准确理解图片的问题；②学生能分析出单词 look，但是不能在句子或具体情境中正确使用。

题号	题目	测试人数	正确人数	错误人数	错误率（%）	结果分析
三	读句子，判断对错。对的写T，错的写F。 2. We mustn't cross the road when we see the green man. （　　） 5. We mustn't smoke in the hospital. （　　）	10	8	2	20	学生的错误：①一名学生存在审题不清的问题；②一名学生存在中西方道德文化的差异，导致他不能清晰地辨别在具体的情境中做适宜的事情。

　　通过前测我们发现，学生已能准确掌握在具体的语境中使用恰当的词及了解其意义，但涉及语法问题时，中等水平及学习困难的学生的词性转换意识不清晰，思考问题不够全面。另外，由于中西方文化差异，学生不能清晰地辨别在具体的情境中做适宜的事情。鉴于前测卷的完成情况，教师可将课堂教学目标定为知识：准确辨别在不同场合所能做的相关的事情，并准确掌握其意义；同时，能够在具体情境中，正确地讨论我们"允许做什么，不允许做什么"。

课堂教学实录：

一、预学查异

Step 1　Warm up

1. Show the students learning aims.

2. Talk show.

What must/mustn't/can/can't we do in the classroom?

Step 2　Check preview work

T：All these rules are about class. They are classroom rules. Now let's check your preview work. Check in your group. You can read one by one or read together. Pay attention to stress words.

（学生预先完成书上相关练习，补全班级规则，并注意重读单词。）

3. Learn "stress words".

4. Check the answers one by one.

二、初学适异

1. Play a game：safe or not safe.

（学生看图判断图片中的人物行为是否安全。）

2. Look and say.

T：We should know road rules well and follow the rules. Because we will walk to Yang-zhou cemetery at the end of the month. Now let's walk on the map.

T：Look at the map, there are many crossings we should pass. Look! What can you see in the picture? How can we cross it safely?（呈现有十字路口的道路图片）

S：First, we must look for a zebra crossing. Then we must look at traffic lights and wait for green man.

T：Let's go on walking. We should stop here. What can you see in the picture? How can we cross it safely?（呈现没有十字路口的道路图片）

S：We can wait on the pavement and look out for cars and bikes. We must look left, then right and then left again.

3. Watch and say.

T：On the way, someone is going to Yangzhou cemetery, too. Look!

（教师播放一段视频，视频中的女士没有安全过马路。）

T：Can you help the woman? Try to act and say.

（引导学生看完视频编对话。）

4. Look, judge and say.

T：With your help, I think she can cross the road safely. Why can she cross the road with other people?

S：Because the drivers can see her easily.

T：On the way, we will meet many drivers.（呈现几个不同司机的驾驶照片）Are they good drivers? What must they not do?

5. Discuss and say.

T：After a long walking, we get there, this is a public place, what rules should we follow?

三、研学导异

1. Play a game：Say "must" or "can".

T：I will show you some rules in the cemetery. Let's play a game：say "must" or "can".

E. g. We must keep quiet/listen carefully/not eat or drink/not play games.

We can bring some flowers/learn some stories about heroes.

2. Discuss：What is the difference between must and can?

Tips：情态动词 can 的意思是 "可以……"；should 的意思是 "应该……"；must 的语气较强，意思是 "必须……"，mustn't 的意思是 "禁止……" 通常用于法律法规的要求。

3. Finish the exercise on the book. Read and choose "can, must".

四、拓学展异

T：Different places，different rules. We must follow different rules in different places. Let's try to make a poster. (Road rules，Classroom rules，Cemetery rules …rules)

(学生四人一组，每人选择一个场景并写出相关的规则，四人将不同的规则拼成一个完整的规则海报，并分别汇报。)

T：We know the rules. We must follow the rules. We can live a happy life.

基于学生差异的后测分析（如表 2）：

表 2　"Road safety" 学习情况统计表（节选）

题号	题目	测试人数	正确人数	错误人数	错误率（%）	结果分析
一 1	根据问题选择正确答案。 What does the red man mean?	10	9	1	10	1 个学生听不懂问句。
5	根据问题选择正确答案。 Where's the bus stop?	10	9	1	10	学生未听懂。
二 1	We _____ take the books out of the reading room.	10	8	2	20	对 can 和 must 的定义和使用方法不熟练。

题号	题目	测试人数	正确人数	错误人数	错误率（%）	结果分析
2	In Hong Kong, you _____ drive on the right side of the road.	10	9	1	10	对 can 和 must 的定义和使用方法不熟练。
3	My father can ride a bike, but he _____ drive a car.	10	9	1	10	对 can 和 must 的定义和使用方法不熟练。
4	To keep safe, children _____ play football in the street.	10	9	1	10	对 can 和 must 的定义和使用方法不熟练。
7	Look at the sign. It means visitors _____ walk on the grass in the park.	10	5	5	50	对 can 和 must 的定义和使用方法不熟练。
8	You _____ be hurry, or we will be late.	10	9	1	10	对 can 和 must 的定义和使用方法不熟练。

从后测卷看，这节课的教学目标达成度还是比较高的。学生能够根据本单元所学道路安全的相关内容，谈论交通规则，谈论司机的行为是否正确，并会用目标句型去谈论公共规则，去提醒同伴。这充分说明执教者关注了学生差异，熟练地运用了我校的差异教学模式，各环节之间环环相扣，层层递进，学生的思维得到了很大的提升。但是对于 can 和 must 的用法仍然有少部分学生掌握不够灵活。在以后的教学中，教师通过设计多种相应的情境练习，帮助这部分学生巩固应用，达到灵活应用的目的。

[课例评析]

复习课教学首先要找准话题之间的结合点，创设适当语境，给语言的复现和运用提供意义支持。学生在情境中回顾书本知识，灵活运用语言，既复习巩固了书本又开阔了视野，思维能力和语言运用能力都得到发展。其次，复习课要根据复习内容之间的内在联系，引导学生进行梳理和归纳，变无序为有序，为自主学习提供方向引导。游戏操练—文字总结—练习巩固的环节循序渐进地、快速高效地把这几个情态动词的用法进行了复现。学生在师生、生生互动和研讨中，在教师的点拨和同伴的启发中，深刻体验、领悟甚至使用该课的重难知识点，达成课前预设的基本教学目标；另外，复习课要对已学的内容进行适度的拓展和延伸，为知识的增长和能力的发展提供保障。通过前面的复习，学生对课本内容和知识点的掌握都有了提升，可以对学生进行"写"的训练，并通过海报制作的方式，让学生小组合作，每人根据情况合作完成海报。如果在这一环节加强有效指导，从写作大纲、写作内容、写作顺序等方面入手指导学生科学有序地进行写作，并且当场批改一两个水平层次不同学生的写作，让学生之间相互借鉴，这样所有学生会有更大的收获。

（本课例由龚剑老师执教）

第四节　音乐差异教学学科变式

每个学生的音乐天赋、音乐能力是有差异的。音乐教师在教学中，既要注意掌握小学生的一般心理、生理特点和行为发展规律，又要充分考虑到他们的兴趣差异、性别差异、知识水平差异、理解接受能力差异以及家庭环境差异等影响。

差异教学是探讨适合学生特点的教学途径，是在音乐器乐课教学中照顾差异，将共性与个性辩证统一的教学手段。差异教学的最终目的是促进每个学生在原有的基础上都得到最大的发展，促进自我教育。只有在教学中照顾差异，才能真正体现面向全体学生。

为满足学生个体差异需求，我校开展了小学音乐器乐课差异教学模式（如图6-10）课题研究。依据学校差异教学模式，我们在普及开展的竖笛课教学中开始进行探索，将教学分为"预学"、"初学"、"研学"、"拓学"四个模块，并由差异教学策略从始而终地贯穿，尽可能地满足不同学生的不同学习需要。

课前教师让学生做好预学，课间会通过与少数学生的交流，了解学生学习的状态，再对本节课的教学目标稍作调整。课初从复习学过的乐器知识中发现差异，并调整教学设计，达到差异教学使不同能力的学生共同发展的目标。

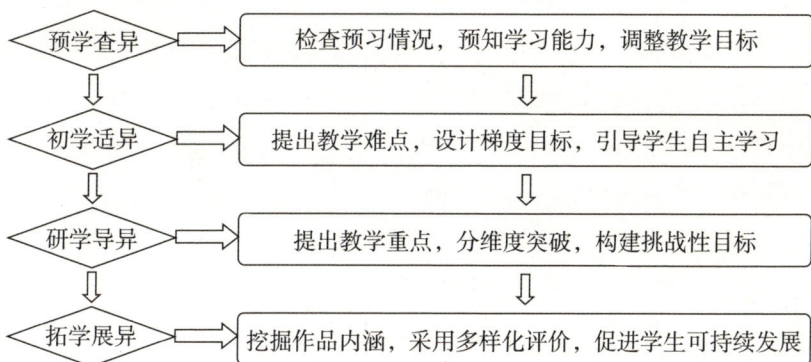

图 6-10　音乐器乐课差异教学模式操作流程图

初学是学生进行知识的初步自我建构的主要环节，初学时教师创设情境，挖掘课本资源，引导学生进行自主学习，学生根据学习能力的不同可选择自学内容，同时教师发现问题及本课的教学重难点，并调整挑战性目标，解决重难点。

研学时，教师围绕关键问题展开教学，促进学生深入思考，并运用合作探究的方式进行教学，让学生集思广益，能力强的学生可以帮助能力弱的学生，达到共同提高，教师给予恰当的引领指导，发现问题并及时反馈。

拓学是课堂教学的升华部分，运用丰富的活动形式，提高学生的实际运用能力，有广度有深度地设计教学，让学生的思维和技能双重提升。拓学最关键的是要提供多样的选择，满足不同能力学生的差异需求，促进学生最大限度的发展。

一、预学查异——检查预习情况，预知学习能力，调整教学目标

预学查异是对上节课已学知识的复习巩固，通过检查学生前一阶段的识谱知识结构情况以及考量学生实际演奏能力，教师可以在下一教学环节教学中有针对性地调整或实施教学策略。例如，苏教版音乐六年级上册《多瑙河之波》教学中，预学作为学前准备环节，教师可以设计识谱训练内容，掌握学生预习 #sol 的指法情况；通过音色展现、吐奏、连奏技法的巩固练习，来了解学生已有

的识谱能力和吹奏技巧；选取新授乐曲中带有#sol的旋律作为片段，让学生初步尝试练习来了解他们已经具备的视奏水平。这样的准备工作，在差异教学中极为重要。它不仅能够满足学困学生基础练习的需求，也能使教师对自己预先设计的教学目标和教学策略进行评估判断，以便立足差异群体，调整最适合学生的施教策略来达到共同提高的教学目的。

二、初学适异——提出教学难点，设计梯度目标，引导学生自主学习

初学适异是对教学难点的自主学习过程。学生可通过已有的知识技能水平，在教师预设的梯度式教学内容中进行学习；教师作为评价者和指导者，对学生自主学习情况给予反馈和评价。例如，在苏教版音乐五年级下册《划船曲》教学中，高年级学生已具备竖笛吹奏的基本技能，在接触新授内容#fa指法的时候，可以先通过游戏复习巩固"ti"的两种指法入手，肯定学生的自主学习能力，从而让学生对于本课新的知识难点充满信心。在摸索吹奏#fa这个音时，学生会出现一些如笛孔按不满、气息太急促、速度较快等问题。对待这些问题，教师可以不直接指出，而是让个别能力薄弱一点的学生吹奏，尝试性让其他学生根据已有的技能知识去反复琢磨出现问题的原因，不断解决吹奏过程中出现的问题。这种方法，对树立学生的学习信心，是个较好的着力点，同时也能培养他们发现问题、解决问题的能力。在初学的过程中，由吹奏较难的单音开始，再到吹奏带有此单音的乐句，从单纯的空笛指法练习，到加入气息及吐连奏配合，教师都要对学生的自主学习情况及时反馈和指导，帮助学生消除下一阶段学习的畏难情绪，鼓励学生在实践中做越来越好的自己。

三、研学导异——提出教学重点，分纬度突破，构建挑战性目标

研学环节是知识与技能，过程与方法，情感、态度与价值观"三维"目标构建的重要环节。学生通过教师为其设计的多维度训练来构建自己的挑战性目标。在苏教版音乐三年级下册《和我划船》一课教学中，教师首先进行乐曲的整体范奏，让学生感知乐曲情绪、速度，通过找出已学片段，发现未学乐句，

进行伙伴间的合作练习，达到相互借鉴、相互指导的目的；其次，吹奏速度、气息要求、吐连奏技法的运用，以及乐曲内涵的挖掘等挑战目标的设定，不仅让学生提升了学生的竖笛技能，也使其了解赋予乐曲情感色彩的方式。在研学环节中，老师分别对乐曲片段吹奏、慢速、中速、随伴奏表演的稍快速度进行指导，满足了能力表现不同的学生需求。这种学习方法保护学生以积极的态度融入课堂学习，同时也使其感受乐趣、获得能力。

四、拓学展异——挖掘作品内涵，采用多样化评价，促进学生可持续发展

拓学环节是课堂教学中表现最为丰富的环节。在这个环节，不仅高强度的学习状态可以得到舒缓，还可以通过多样化的评价方式来提高学生的竖笛学习兴趣。在苏教版音乐四年级上册《铃儿响叮当》学习后，评价标准分别设置。一星：完成片段演奏，竖笛指法准确；二星：慢速吹奏，吐奏清晰；三星：中速连奏，音色饱满，吐奏清晰；四星：快速吹奏，音色饱满，吐奏连奏清晰；五星：配合伴奏，音色饱满，吐奏连奏清晰，强弱处理表现乐曲情感。从片段到完整的进步、从慢速到快速的提升、从单纯吹奏到多种技巧的运用，每一个层级教师都提供具体翔实的内容。这种把群体目标同个体发展目标进行整合统一的做法，既满足底层需要，又促进学生自身提高发展的评价，能够让每个学生看到自己努力和发展的方向。

[典型学科课例]

苏教版音乐五年级上册《平安夜》

教学目标：

（1）通过竖笛《平安夜》的练习，体会八六拍的强弱规律，在乐曲吹奏中表现其旋律特点。

（2）通过掌握"ti"的第二种指法，以及连线吹奏等方法，提高竖笛演奏水平。

（3）通过指法游戏、重难点解决等方式，帮助学生形成自主学习竖笛的能力。

教学重点：

（1）用舒展平缓的气息、优美柔和的笛声展现《平安夜》的温馨和祥和。

（2）通过连奏吐奏技巧以及强弱规律的表现来感悟乐曲情绪。

（3）关注学生差异，落实差异性评价。

教学难点：

（1）掌握"ti"的第二种指法，能够准确在乐曲中运用。

（2）对自己的学习程度有研判，能够选择适合自己能力的目标进行挑战性学习。

基于学生差异的前测分析（如表1）：

表1　《平安夜》前测情况统计表

题号	题目	测试人数	正确人数	错误人数	错误率（％）	错误原因
1	"ti"的第二种指法掌握	40	15	25	62.5	主要问题是学生对"ti"的第一种指法概念建立在前，因此容易产生混淆。
2	连线吹奏法	40	22	18	55	对连音吹奏中吐连奏的方法，学生概念清晰，但在实际运用中，意识不强，熟练度不够，体现不明显。

如表1所示，学生在中年级段已经熟练掌握竖笛基本指法，而"ti"的第二种指法的吹奏是第一次接触。"ti"的第一种指法，学生已经摸索出了规律，而第二种指法的出现是要让学生打破原有指法规律，重新建立新指法概念。所以在刚学习时，通常学生会将第一种指法和第二种指法进行混淆；同时，乐曲"ti"的两种指法都有出现，学生更会混淆这几个变化音的指法，所以需要不同的教学方式，以及反复练习，才能加深学生对新授指法的印象，从而达到学习目标。

课堂教学实录：

一、预学查异

师：同学们好！看到这张图片，大家一定回想起了上个周末的圣诞节。今天我们的竖笛练习课也和圣诞节有关。

1. 出示圣诞树

师：这是老师收到的圣诞卡片，上面有一些竖笛知识，今天请同学们帮助老师一起来完成。

2. 出示学习任务

师：首先请同学们来看第一个任务——准确吹奏出三张卡片中的组合音。

(1) 出示第一张卡片：

师：先听一听认一认，然后直接吹奏。

(学生尝试后，教师强调：sls 并演示指法。)

(2) 出示第二张卡片：

师：找一找有困难的音。(师弹奏)

生："ti" 的第二种指法。

师：回忆一下指法 023，切换练一下 176。(师陪同演示指法切换)

师：这里有一条连线，吐头在哪里？应该怎么吹？

(生尝试用 TUT 的连奏方式演奏。)

(3) 出示第三张卡片：

师：这里有一个音站到了第五条线上，快速认一认。

生：高音 F。

师：高音 F0 空为半孔，半孔要按得多一些，笛声才能清脆悦耳。

师：同样，这张卡片上也出现了连线，请用连奏的方式吹奏。

(生尝试用连奏法练习。)

二、初学适异

师：圣诞卡片上的任务已经完成，老师准备了一首很好听的圣诞音乐作品送给大家。请欣赏《平安夜》，边听边思考：平安夜是一个怎样的夜晚？

1. 初听《平安夜》

生：安静、温馨……

师：平安夜是圣诞节前夜。在欧美国家，很多人会在这天晚上风尘仆仆赶回家中，与家人围在熊熊的炉火旁，共叙天伦之乐。所以，你们说的安宁、温馨、幸福都是乐曲中所要表达的情感。今天的竖笛课，我们就来学习这首乐曲。

2. 分行学习

师：这首乐曲的第一声部分一共有三行，我们分行来学习。

(1) 出示第一行乐谱（如图1）：

图1

师：跟琴试唱乐谱，然后尝试直接吹奏，注意连线的奏法。

(2) 出示第二行乐谱（如图2）：

图2

师：同学们跟着默唱一下，看看有什么发现？

生：前半句和后半句一样。

师：最准确的说法是相似。

（教师提出连线奏法和非连线奏法。分句吹奏，请一位同学前后对比吹奏。）

（3）出示第三行乐谱（如图 3）：

图 3

师：这行乐谱比较复杂，我们把它分为前半句和后半句练习。首先看前半句（师弹奏）出现了我们三张卡片上的组合音，尝试连接起来练一下，然后再带上连线试一试。

（学生练习。）

师：后半乐句自己练习一下，看看有没有困难？吹奏 d 的声音要满按孔，气柔和。四人小组一起练一练。

三、研学导异

1. 师范奏，学生感受乐曲情绪

师：同学们自主学习竖笛的能力真强，老师也想来试一试，请随着老师吹奏的旋律和节拍晃动身体，感受乐曲情绪。

师：老师吹奏得怎么样？谁来评价一下？

2. 用律动了解八六拍旋律特点

师：《平安夜》是奥地利作曲家葛里伯创作的。在这首乐曲中，葛里伯之所以选用了八六拍的记拍方式，而没有用四三拍的记拍方式，是因为八六拍的强弱规律比四三拍更为柔和温馨。下面请同学们和老师一起用律动来感受浪漫、温馨的平安夜。

3. 慢速完整演奏

师：带着刚才你感受到的情感，带着你脑海中浮现出的画面，试着慢速完整演奏《平安夜》。（慢速）

4. 自主练习

师：在器乐演奏中，如果有伴奏会使得表现力更为丰富。我们需要再娴熟一点。

（学生进行自主练习，进而尝试用中速来进行演奏。）

5. 尝试跟随伴奏吹奏

(教师请学生听乐曲伴奏，尝试跟随伴奏速度吹奏，请能够完成的学生进行演奏示范。)

四、拓学展异

1. 竖笛星级评价标准

师：我们一起来了解一下今天我们的竖笛晋级标准。(PPT出示星级评价)

师：大家一起试试这节课你已经达到了哪个星级呢？

(1) 一星标准：完成"ti"的第二种指法两小节乐谱吹奏。

师：刚才初学环节中已经能够完成第二行带有"ti"的第二种指法吹奏的同学举手。这些同学已经达到了我们的一星评价标准，如果吹奏中手指变化还存在困难的同学，课后可找一位小老师来帮助你一下。

(教师协助未达标一星级的学生进行小指导老师结对。)

(2) 二星标准：完成分行片段吹奏，可以练习一行吹奏一行。

师：刚才第一、第二乐段完成后举手的同学就已经达到了二星吹奏。

(3) 三星标准：能够慢速完成整曲吹奏，并体现演奏技巧。

师：三星吹奏对我们吹奏的完成程度提出了要求，你们想不想试一下？全体起立，跟着老师的电子琴的弹奏速度以小组为单位互相协作，面对面吹奏并评价。

(生完成后教师统计完成人数。)

(4) 四星吹奏：能够中速有感情地吹奏，并体现演奏技巧。

师：四星对熟练程度有要求，并且请尽可能将连线和强弱规律表现出来，看看哪些同学能把平安夜的温馨和祥和表现出来。一边吹奏，一边可以在脑海里再浮现一下刚才我们看到的视频材料。

(完成学生举手示意，教师统计人数。)

师：老师请几位同学来展示一下！(请四位学生领奏)

师：他们吹得好听吗？掌声鼓励！有的同学发现自己的连线吹奏、指法运用会出现问题，这都是不可避免的。只要大家努力向上一个标准靠拢，刻苦练习，努力提高，竖笛演奏的水平就一定会有所突破。

(5) 五星吹奏：能够跟随伴奏音乐演奏，并体现演奏技巧。

师：现在，我们离五星目标也就不远了，如果我们娴熟的演奏技能再配上好听的伴奏，《平安夜》这首作品会更加好听。随着圣诞树上最后一盏灯亮起，在这首唯美温馨的伴奏中，让我们一起迎接新一年的到来。请分到小乐器的同学带上小乐器，和我们一起合作演奏这首温馨熟悉的乐曲。

基于学生差异的后测分析（如表 2）：

表 2 《平安夜》后测情况统计表

题号	题目	测试人数	正确人数	错误人数	错误率（%）	错误原因
1	"ti" 的第二种指法掌握	40	33	7	17	ti 的第二种指法运用熟悉程度不够。
2	连线吹奏法	40	32	8	20	连音吹奏中吐连奏熟练度不够，多个连线出现时容易混乱。

通过后测的考查（如表 2），学生大部分已经基本掌握该曲整曲的演奏、"ti" 的第二种指法和连线吹奏，只是器乐演奏需要大量的练习才能达到 "熟能生巧"，特别是练习新授的 "ti" 的第二种指法吹奏时，学生在指法转换方面还不够熟练。相信经过课后的练习，学生能更好地吹奏《平安夜》一曲。

[课例评析]

本节课围绕差异教学模式的实践与研究，从预学差异的诊断到初学试异的尝试，从研学导异的研究到拓学展异的提升，教师始终把 "关注差异" 放在首位，从设计有弹性、多层次、多角度的教学目标开始，到提供选择性的学习内容、制定多元评价方式，多维度地通过合理的教育训练和培养，这一系列过程使学生逐步达成挑战性目标，在自己的优势领域达到较高水平。过去学生在竖笛学习时，多感觉知识技能要求高，且过程枯燥；而实施竖笛差异教学模式，将改变学生对传统竖笛课堂的认识，让每个孩子都愿意 "跳起来去够自己喜欢的桃子"。

（本课例由刘蔚老师执教）

第五节　体育差异教学学科变式

　　《义务教育体育与健康教育课程标准（2011 年版）》提出"关注地区差异和个体差异，保证每一位学生受益"的基本理念，凸显了体育课程中差异教学的价值性取向。我校体育组从起初体育差异教学策略的研究，到现在的差异教学模式研究和探讨，逐步形成了体育学科的差异教学学科变式——运动技能课差异教学模式（如图 6-11）。在体育运动技能差异教学研究和实施过程中，体育组通过科学前测、挑战性的学习目标、开放性和可选择的学习内容、灵活多样的教学方法、游戏活动弹性的组织形式和多元化的评价等措施，最大限度地确保每个学生都能受益。

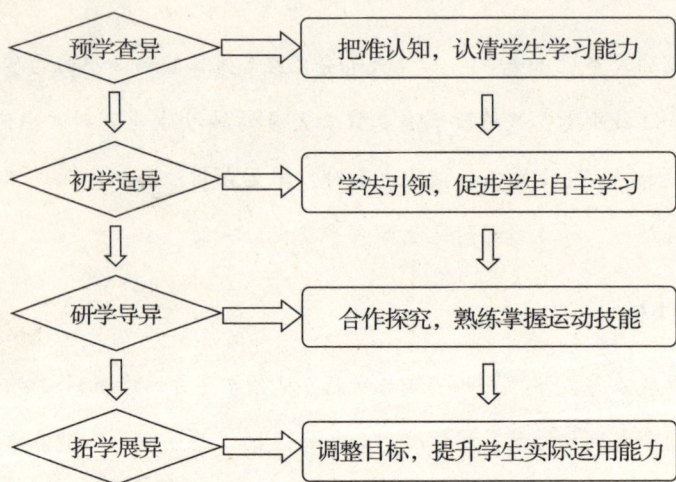

```
  ┌──────────┐        ┌────────────────────────┐
  │  预学查异  │ ====>  │  把准认知，认清学生学习能力  │
  └──────────┘        └────────────────────────┘
       ⇓                        ⇓
  ┌──────────┐        ┌────────────────────────┐
  │  初学适异  │ ====>  │  学法引领，促进学生自主学习  │
  └──────────┘        └────────────────────────┘
       ⇓                        ⇓
  ┌──────────┐        ┌────────────────────────┐
  │  研学导异  │ ====>  │  合作探究，熟练掌握运动技能  │
  └──────────┘        └────────────────────────┘
       ⇓                        ⇓
  ┌──────────┐        ┌────────────────────────┐
  │  拓学展异  │ ====>  │  调整目标，提升学生实际运用能力 │
  └──────────┘        └────────────────────────┘
```

图 6-11　运动技能课差异教学模式操作流程图

一、预学查异——把准认知，认清学生学习能力

　　运动技能课中，预学环节的操作步骤是：首先，教师采用不同的方式，测查学生对相关运动技能核心动作完成的差异；其次，教师根据测查结果调整技能课的教学目标；再次，学生开展技能课的预学活动；最后，师生共同讨论、

确定技能课的研究问题。

如教学苏教版《科学的预设　艺术的生成》四年级上册《后滚翻游戏》时，教师先要弄清哪些技术动作是未学技能，这是学习的基础，是技能教学必须考虑的问题。前测的结果表明：有部分学生已经能够做到团身紧；有的学生能做到团身紧，但无法灵活滚动；也有的完全做不起来。针对学生个体间存在的这些差异，在预学环节阶段，通过对新技术动作进行测查，摸清学生已经拥有什么样的基础，存在什么样的差异，利用学生个体间的差异资源进行互补学习，让"已经可以模仿的"告诉"暂不会模仿的"，这样唤起了已经能达到核心技术动作要求的学生去激发未能达到核心技术动作要求的学生的积极性，既让前者获得成就感，又缩小了学生个体间的差异，进而就提高了课堂效率。

二、初学适异——学法引领，促进学生自主学习

运动技能课中，初学环节的操作步骤是：教师出示技能课的初学要求，适当引导技能初学的方法；学生尝试性学习技能；学生进行初学技能结果的展示与汇报；教师了解学生初学技能结果的差异。

例如，体育老师都知道，脚内侧运球是足球运动中最基本的技能之一，学习和掌握好脚内侧运球的有关技术要求，对学习好后面有关技术有着十分重要的意义，比如脚内侧踢球、脚内侧传接等。因此，在教学苏教版《科学的预设　艺术的生成》五年级上册《足球游戏》一课时，我们在初学环节，就注意引导学生先认识脚内侧运球，然后原地运用这一技能，进而在行进间运用这一技能，之后再将其与其他动作比较，找出共性，从而最终掌握脚内侧运球的正确动作概念以及技能要求。

三、研学导异——合作探究，熟练掌握运动技能

技能教学课中，研学环节的操作步骤是：教师运用完整练习、集体练习等教学方法，进一步提升学生的动作技能熟练度；学生通过完整动作运用、与器械结合，模拟实际动作运用；教师及时指导，强化学生技能水平。

如教学苏教版《科学的预设 艺术的生成》一年级下册《双脚连续跳游戏》一课时，教师对掌握动作要领的练习设计由浅入深，由易到难，层层递进，体现了教学的循序渐进原则，帮助学生更好地掌握了双脚连续向前跳跃的动作。鉴于学生身高、体重、运动能力和协调性等方面的差异，教师设定两个不同的难度供学生自主选择练习，激发了学生勇于挑战的热情，使其不断尝试、不断超越自我，同时也保证了练习的效果，让所有学生都能体会到成就感。教师则重点关注跳跃能力较弱的学生，通过个别指导、进一步讲解示范、学生反复练习，并鼓励成功的学生挑战下一个难度，不断地提高他们的自信心和战胜困难的勇气。

四、拓学展异——调整目标，提升学生实际运用能力

技能教学课中，拓学环节的操作步骤是：教师适时调整教学目标，在教学内容的难度或类型上进行拓展，或通过游戏在身体素质上进行拓展；学生进行拓展内容的练习；教师总结，学生建立起拓展内容的概念和相关知识。

追求更高、更快、更强，是人类参与体育运动、超越自我的精神力量。如教学苏教版《科学的预设 艺术的生成》二年级上册《投掷轻物游戏》一课时，经过多次练习，学生的轻物投掷动作渐渐稳定，为了能提高其投掷能力，在原有的四种距离的基础上，各自再增加一些距离，关注到学生差异的同时，又给每个学生带来了新的挑战，让之前无法"晋级"的学生都有机会去体会战胜困难带来的喜悦。只升不降的要求打消了学生因担心降级而不敢尝试的顾忌，使他们放心大胆地去拼搏、去挑战。

[典型学科课例]

苏教版《科学的预设 艺术的生成》四年级下册《跳高游戏》

教学目标：

（1）学生基本掌握跨越式跳高中两腿依次过竿的动作和方法，各体能小组均能

越过相应高度，并勇于挑战更高。

（2）发展学生的灵敏素质和协调性，提高学生的跳跃能力。

（3）培养学生的观察能力、竞争意识、集体协作精神，达到愉悦身心的目的。

（4）通过游戏竹竿舞和划龙舟来调节学生学习体育的兴趣，提高学生的合作能力，培养学生勇敢顽强、集体协作的精神。

基于学生差异的前测分析：

（1）通过前两节课的教学与练习，95%以上的学生对于跨越式跳高动作中的助跑与起跳动作掌握得相当熟练。对这部分的教学，略微带过即可，无须重点复习。

（2）根据教育心理学、运动生理学以及人体解剖学分析，此年龄段的大部分男生柔韧性差，但下肢力量足，跳跃高度较高，而大部分女生下肢力量不足，跳跃高度低，但柔韧性好，有助于越过一定高度。因此，在高度设定上无须根据性别差异进行区别。

（3）通过游戏竹竿舞，可以看出协调性较差的学生，他们将会成为本节课教师重点指导与帮助的对象。

（4）课前根据学生的身体素质、身高以及上节课尝试性过杆练习中的表现，对全班学生进行简单的体能分组，便于学生在本节课中选择练习难度，减少不必要的练习，提高课堂效率。

课堂教学实录：

一、预学查异

师：同学们，今天上课前，老师跟大家一起复习一下竹竿舞，看老师先跳一遍，同学们回忆一下是什么节拍。

（教师示范原地不打竿的步伐，口中喊着节拍。）

师：来，我们一起打打节拍。

师生：1-2-33-4，1-2-33-4（教师带领学生徒手打节拍）

师：好的，同学们节奏掌握得非常棒。那么下面请每组的两名大排头打竿，其余同学分两组轮流跳。自由练习，打竿的同学练习一会儿以后交换。

（学生自由练习。）

师：××同学，请你出列。（单独轻声交流）老师看你刚刚跳得不太好，是不是不熟练啊？

（生看着老师，轻轻地点点头。）

师：别灰心，老师带你再练习练习，你一定可以跳得很好的。

（教师在旁单独指导，帮助该学生练习动作。）

师：好的，跳得很棒了，回队伍去和同伴们配合一下吧！

（生满意地回到队伍练习，教师再寻找下一位需要单独指导的学生。）

师：竹竿舞是高度较低的连续跳跃活动，作为准备活动，运动强度不大，但起到活动下肢各个关节和肌肉的作用，课后我们可以自己去练习。

二、初学适异

师：同学们，我们上节课已经学习了跳高中的助跑和起跳动作，今天我们继续学习如何过杆。先看老师示范，注意观察老师的腿在过杆时的动作。

（教师示范越过 1.4 米高度，学生发出惊叹声，并给予掌声。）

师：老师跳得怎么样？

生1：太厉害了！

生2：简直就是飞人！

师：谢谢同学们的夸奖！只要学好今天的动作，加上勤奋的练习，我相信同学们一定能够跳得比老师还要高。（"哇！"……学生纷纷感到惊讶）

师：同学们刚刚看见老师过杆时腿的动作了吗？

生3：腿是直的，两条腿都是。

生4：腿是向前踢的。

生5：右腿先过去的。

师：同学们说得都很好。那老师刚刚腿抬得高吗？

生（齐）：高！

师：好，那么老师来总结一下：以左腿起跳为例，右腿直腿向前上摆动，抬高。超过横杆以后向外侧摆动。同时左腿顺势迅速用力蹬地，也是直腿向前上摆动，两腿依次过杆后依次落地，记得要屈膝缓冲保护自己。下面我们开始学习两腿依次过杆动作吧！

（依次练习原地过杆，跳起过杆，助跑后过杆动作。）

师：老师将两腿依次过杆的动作编成口诀，同学们跟老师一起念一遍：摆动腿要高抬，过了横杆向外摆，起跳腿快跟上，两腿依次越过来。

（学生跟着念。）

三、研学导异

（教师分别设定55厘米、65厘米、70厘米、75厘米4种不同的练习高度。）

师：同学们，现在有4种不同的高度，分别是55厘米、65厘米、70厘米和75厘米，大家觉得自己能跳过哪一个高度啊？

（生谈论起来。）

师：那么大家待会儿自己去找适合自己的高度试一试。越过的同学可以挑战更高的高度，没有越过的同学则降一个高度练习。

（生自由分组、自由选择练习。体育成绩较好的几个同学在最高的高度上练习，显得信心十足。65厘米和70厘米高度的同学也是迫不及待地要越过当前高度，好去挑战新高度。教师巡回指导，主要停留在最低高度这一侧，重点帮助无法越过最低高度的同学，进行有针对性的指导。）

四、拓学展异

（所有高度各提高5厘米。）

师：同学们，这次老师把所有的高度都提升了一点点，大家有没有勇气去战胜新高度？

生（很激动）：有！

师：大家加油吧，跳不过也没关系，不用降级，可以继续挑战，直到你战胜它。而跳过的同学依然可以升到下一高度。

（生充满激情地挑战新的高度，师巡回指导，鼓励学生勇于面对挑战，战胜困难。）

师（总结）：经过多次练习，同学们的跨越式跳高技术越来越娴熟，都能给自己设定新的挑战。其实，只要我们不怕困难，刻苦训练，就一定能尝到胜利带来的喜悦。

[课例评析]

　　本节课通过一个准备活动小游戏，对学生本课所需的相关素质进行了一个简单的前测，为基础部分有的放矢地开展教学提供了依据，是个不错的尝试。练习过程中的教学设计也很好地起到了激励不同能力的学生都去挑战、尝试并获得喜悦的作用。但在差异性评价方面，方式显得单一，仅局限于教师的及时点评和总结时的表扬，针对性不强。若能将评价延伸到课后，将显得更有针对性，相信对此后的教学和学生的成长也会有更大帮助。

（本课例由陆翔老师执教）

第六节　美术差异教学学科变式

　　手工制作课是小学美术教学内容的重要组成部分，它包括折纸、剪纸、布贴、泥塑、面具等内容。传统手工课的教学过于注重传授知识技能，教材内容综合性不足，对于不同能力水平的学生也没有差异施教，造成会学的学生能学到，不会的学生还是不能掌握制作方法的情况。要在手工制作课的课堂中兼顾学生的不同学习需要，必须通过差异教学来培养学生的动手动脑能力，提高学生审美能力，促进学生身心健康的发展。每个学生与生俱来都有探索学习的需要，获得新体验的需要，获得认可与欣赏的需要。手工制作课差异教学模式（如图 6-12）通过不断调整预设计划、初步掌握制作方法、提升思维能力与操作技能、拓宽创作视野的方式，让学生看到一个与他们个人的生活、情感、需求息息相关的美术创作空间。

　　一、预学查异——课前预设，了解能力状态，调整预设目标、计划和策略

　　预学环节是教师根据学生课前预学呈现的认知、技能、情感情况来调整预

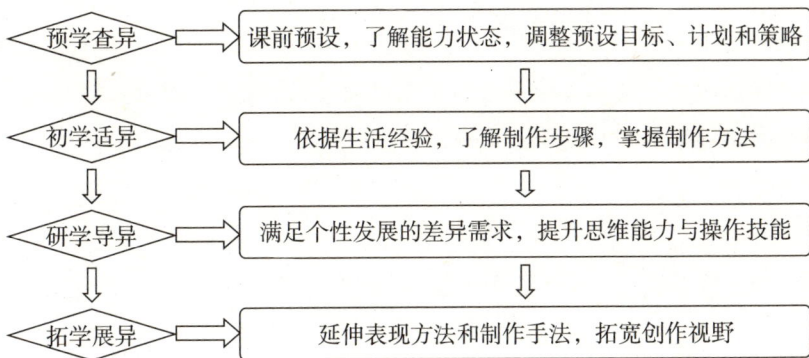

图 6-12　手工制作课差异教学模式操作流程图

设课堂教学计划的环节。课堂上教师通过简单的活动设计掌握学生现有能力水平，指导学生回顾课堂教学中所需要运用到的制作方法，以及通过实际操作等形式激发学生学习的兴趣和参与操作的愿望。教师根据学生学习状态和能力，不断调整课堂教学达成目标、实施操作计划和策略，尽可能缩小学生能力之间的差距。如苏教版美术四年级下册《纸卷魔术》一课，是利用大小不同的纸卷，进行剪切、拼贴等方法进行造型的手工课。学生在学习热情、制作方法的认知上具有差异性，如何让学生主动参与课堂，主动思考这些手工制作的方法，激发他们创作的热情？这就要求我们在课堂预学时要立刻抓住所有学生的注意力。所以开始，教者就出示了具有认知共性的人物——刘谦，先引起学生的注意，接着又进行一次魔术的展示，为自主学习打下想要一步步探究学习的基础。

二、初学适异——依据生活经验，了解制作步骤，掌握制作方法

初学适异环节是教师根据本课的学习目标，引导学生从身边熟悉的事物入手走进本课的环节，目的是利用图片或教师示范，引导学生初步了解并掌握本课学习的几个重点知识，比如手工制作方法，从中发现学生的手工基础差异；教师在教授过程中根据学生手工制作情况和回答问题情况，了解、分析学生对本课重点掌握上的差异，有针对性地进行指导，从而使学生能够了解步骤，掌握方法，顺利完成作品的制作。如苏教版美术五年级下册《海洋生物》一课的

教学，在初学环节中，教师注意引导学生欣赏、观察作品的各种表现手法，让学生感受海洋生物的各种造型美，并认识到一件作品既可以这样做，也可以那样做，可以按照自己的想法去做。在学生已掌握的一些简单制作方法的基础上，教师通过出示一些巧妙的设计，激发学生创作和发挥，最大限度地发挥了学生的创作能力。

三、研学导异——满足个性发展的差异需求，提升思维能力与操作技能

研学导异是为了在美术教学过程中，把全体学生的普遍参与与个性发展结合起来，创造生动活泼、灵活多样的教学形式，为学生提供发展个性的可能和空间。这样做的目的，是为了在运用方法的过程中，学生能够通过教师的引导，根据所学内容由易而难、由简到繁、层层递进、步步深入，让学生真正领悟所学内容，并运用到手工制作的作品当中，把学生的思维能力或动作技能一步一个台阶地引向所学高度。在设计和指导教学活动时，教师针对学生的个体差异，树立教学活动过程中的差异意识，使活动环节循序渐进、自然流畅、环环相扣，使教学更注重学生的个体差异，真正体现满足个性发展的差异需求。

四、拓学展异——延伸表现方法和制作手法，拓宽创作视野

拓学环节主要是根据以上的学习内容，为学生拓展更丰富的内容，激发学生的学习兴趣。通过教师出示本课的拓学内容、学生开展拓学活动、学生进行本课拓学结果的展示与汇报等形式回顾本课学习的过程，适当进行相关手工表现方法和材料的延伸。手工教学的目的不是完成一件作品，而是教会学生一种技能，让学生逐渐树立和形成动手美化生活的美好意识和能力，因此，手工课的结尾应让学生走出课堂创作，见识更多生活中的实例，发散思维，培养学生举一反三的能力，学习多种工具和材料的使用方法。学生在发展上是存在差异的，我们要尊重学生的差异，为学生自由发展和创新思维的培养创造足够的空间，实现不同的人在美术手工课学习中获得不同的发展。

[典型学科课例]

苏教版美术四年级下册《染纸》

教学目标：

（1）认知目标：了解染纸艺术，初步掌握染纸的特点。

（2）操作目标：①掌握不同的折叠方法及染纸方法；②尝试先折，后剪、再染的方法，设计不同的染纸作品。

（3）情感目标：通过学习培养学生创造思维的发展，提高学生的动手能力，提高学生对染纸艺术的兴趣，对生活的热爱。

基于学生差异的前测分析（如表1）：

表1 "对染纸的了解"前测测试题统计表

题号	题目	测试人数	学生答题情况	分析
1	你了解什么是染纸吗？	40	20人通过课外了解知道什么是染纸。其他学生不知道。	学生接触的染纸机会不多，对于染纸的历史不甚了解。
2	你会几种折纸方法？1种、2种、3种以上。	40	15人会3种以上，15人会2种，10人会1种。	大部分学生都会折纸，折纸也是学生之间的一种游戏技能。
3	预测：用哪种纸染出的效果会更好？白纸、面纸、宣纸	40	26人选择面纸、14人选择宣纸，无人选择白纸。	大部分学生对于纸的吸水性能有所了解。

表1中，前测是多角度、多侧面、多维度的，前测内容贯穿教学，比如采取谈话、观察等方法了解学生对染纸的认识，或者设计一些环节让学生开始对染纸产生兴趣等。"染纸"是中国传统的一种民间美术，它起源于民间印染，就是用吸水性强的纸，如宣纸、毛边纸、面纸等，进行折叠，并通过染色的方法，形成美丽的图案纹样。它的技法、工具简单，操作方便，纹样千变万化，可产生意想不到的惊喜。本课是一节很有趣味性，将色彩与动手设计相结合的课。与学生好奇、喜欢变化的

心理相适应，因此，很容易受到学生的喜爱。"折"与"染"决定了染纸的效果。为了激发学生探究、创新的欲望，在教学中老师为学生设计了多种教学情境及生动的教学环节。

课堂教学实录：

一、预学查异

感受各种纸性：

1. 水滴赛跑

师：这节课我们先来做一个水滴赛跑的小游戏，看一看老师这里有四种不同材质的纸，猜一猜烧杯里的红水滴在哪一种纸上跑得最快？为什么？

生：宣纸上、面纸上跑得快！

师：好，让我们一起来验证一下吧。看清楚了，它们是在同一条起跑线的。现在让它们各跑10秒钟。

（10秒后，教师拿出纸条让学生观察。）

2. 揭示课题

师：同学们真厉害，实验结果表明红水滴果真在宣纸和面纸上跑得快，正是因为它们的吸水性比较强，比较适合用来制作今天这节课要学的内容，那就是《染纸》。

师（揭题）：像这种染出来的纸我们称为染纸——《染纸》。（板书课题）

二、初学适异

1. 初试染纸

师：我们已经发现宣纸和面纸比较适合染纸，一起来试一试吧。现在请你选择其中一种纸，像老师这样轻轻揉成团，拿出一种你喜欢的彩色墨水，随意地在纸团四周滴几滴，打开看一看，发现了什么？

生：白色的纸被我们染出了各种颜色。

师（拿起学生染的作品）：看看这些滴染的作品能联想到什么？像什么？

生：觉得像星空、节日的烟花……

师（小结）：不规则的点状花纹自由随意，画面呈现出均衡自由之美。像这样把生宣纸经过揉纸，再点染上色，形成漂亮的图案，这就是染纸。像刚才这样直接

用彩色墨水滴在纸上，这样的染纸方法就叫作滴染法。（板书）

2. 欣赏感知

师：老师课前也染了一些作品，看一看老师染的和同学们刚才染的有什么区别？

生：有规律、色彩丰富、染得比较满。

师：猜猜看老师是怎么染出来？是不是像刚才那样先揉呢？

生：不是，而是先折再染的。（板书）

3. 折法

（1）连连看。

师：猜猜老师染的作品是怎么折的？一起来连连看PPT。

（学生说，老师连。）

师：这些基本的折纸方法都是根据折痕起的名字，同学们会折吗？除了这些折法，你还会其他的折纸方法吗？想一想！

（2）折纸小比赛（PPT）。

师：同学们对于折纸再熟悉不过了，每个同学都是折纸的小专家。下面我们来个小比赛。游戏规则是这样的：以组为单位，给你们30秒的时间，比一比在规定的时间内哪个组折纸的方法最多，多的一组为优胜组。

（师点评学生折的方法，适当请个别学生为自己的折法起个名字。）

4. 染的方法

（1）浸染。

师：请学生将刚才折好的纸随便哪一个角浸入彩色墨水中，并观察有何现象发生。

生：墨水迅速沿纸角往上跑。

师：小心将纸打开，观察是否染出了有规律的图案，每个同学染出的是不是都一样？为什么会出现这样的效果？

生：不一样。折的方法和染的角不一样，出现的花纹也不一样。

师：我们刚才把折好纸的一角浸在了颜色水里，就染出来各种漂亮的花纹，你们能为这种染法起个名字吗？

生：浸染。（师板书）

（2）讨论染法。

师：拿出一张刚才学生浸染后的作品，你们觉得这样的染纸作品完成了吗？

师：课前让大家了解一些染纸的方法，说一说，你还有什么好办法来染呢？

生：可以用毛笔在纸上空白的地方点染。

师：可以用什么颜色点染？（教师示范，并板书：点染）

（发现有染不透的现象，请学生帮忙解决。）

师：还有一种方法是晕染，用蘸了清水的毛笔在点染的颜色周围晕染。

师：下面让我们师生共同合作，尝试完成一幅完整的染纸作品。

三、研学导异

1. 引导启发

师：老师觉得同学们染的图案都很漂亮，但都是方形的，看老师带来的一些染纸作品，猜猜我是怎么做出来的？

（师示范先折后剪再染，做一个爱心形染纸作品，贴在展示板上。）

师：你们还能想到剪出什么外形呢？每组同学前后讨论。

2. 课件欣赏

师：看一看老师这里还有一些创意外形的染纸作品。（学生欣赏不同外形的染纸作品）

3. 再次作业

（学生再次作业，做好的直接贴在展示板上。）

4. 评价

师：你觉得最有创意、外形最美观、色彩搭配最好的分别是哪幅染纸作品？

（生互评、师点评。）

四、拓学展异

师：做好的染纸作品有些什么作用呢？

生：书签、装饰……（PPT）

师：同学们，今天我们做的染纸方法是直接在纸上进行染色。那么，同样是纸、颜色和水，我们可不可以颠倒下顺序，先画好画，再把画染到纸上呢？现在让我们来欣赏一种更前卫、更具现代化气息的如梦如幻的水面染纸艺术。（视频欣赏）

基于学生差异的后测分析（如表2）：

表2 《对染纸的了解》后测测试题统计表

题号	题目	测试人数	学生答题情况	分析
1	你会几种折纸法？	40	在前期剪纸的基础上，10人会用三折法，25人会用四折法，5人会用六折法。	折纸是染纸的前期工作，学生能运用多种折纸法，染出的图案会更丰富。
2	你对染纸的两种常用方法，即浸染、晕染都能熟练掌握吗？	40	通过动手实验，40名同学都能清晰了解并熟练掌握这两种方法并各自有最喜欢的方法。	小实验的方式让所有学生都兴趣浓厚。
3	通过学习，你了解哪些因素会影响染纸的效果？	40	20名学生能说出4种因素、10名学生能说出3种、7名学生说出2种，3名学生说出1种。	影响染纸的因素有很多种，通过课堂学习与实践，学生们都能总结出1种以上。
4	你知道染纸在生活中的运用吗？	40	35名学生能写出2种以上的运用，4名学生写出1种，只有1名学生写不出来。	对染纸学习的一个想象延伸，大部分学生都能了解，这与平时的仔细观察是分不开的。

后测是课堂教学后通过谈话、观察等方法，更加深入地了解学生对染纸学习的成果。后测结果（如表2）表明，学生们非常喜欢这类富于游戏性质的美术课。在学生染纸过程中，每个学生都能够积极参与到染纸的创作当中。教师通过优美精练的语言，环环相扣的教学环节，流畅自然地表现染纸的过程，使学生体验到艺术形式的美感及染纸"劳动"的快乐，从而也提升了学生的审美能力。不足之处是由于色彩的对比与和谐没有提到，学生的作业在色彩绚丽的效果上欠佳。板书的设计连贯性上顺序可以变一变，便于学生制作时理解。

[课例评析]

我们知道不同学生在手工制作课上的学习有所差异，尤其是对美术技能的掌握，学生的差异有所不同。为此，教师在本课教学中通常运用了几种方法：尝试法、赏析法、讨论法……

课堂上，教师展示了不同层次学生的作品，让他们自己来评价这幅画的好坏，这样让不同层次的学生的个性得到好的发展。借鉴学习使他们的绘画能力有所提高。在评价学生作业时，教师采用鼓励性的语言，尽量挖掘他们在作品中表现出来的闪光点，和他们一起分享成功的喜悦。即使作业表现不太理想，也注意保护孩子们的自尊心，多激励能力较弱的学生，增强他们的自信心。教师请全班学生一起讨论，依照学生手工制作能力的差异，分口头表达和书面表达，描述自己作品的创意，最终促进了差异发展。

（本课例由龚越老师执教）

第七节　科学差异教学学科变式

小学科学课程不是依靠讲授来让学生接受科学概念的，而是要通过向其提供充分的科学探究的机会，引导学生亲历科学探究的过程。科学探究首先要以学生的已有经验和前概念为出发点；再以提供信息、提出问题、开展实验等方式为学生搭建解决问题的脚手架；通过实验设计、探究实验、数据处理、归纳总结、汇报交流逐步建构起对科学概念的理解。理解科学概念并不是终点，教师还要引导孩子利用已有概念解释、解决生活中的科学现象及问题。

结合差异教学模式和科学探究的过程，我们形成了科学探究课差异教学模式（如图6-13），旨在通过前概念测查、搭建脚手架、合作与探究、运用与评价等环节，形成探究教学较为稳定的模式，以小组探究的形式适应差异、体现差异、优化差异，最大限度地促进学生群体的个性和谐发展。

一、预学查异——通过概念地图、前测问卷、讨论交流等方式，测查学生前概念，调整教学目标

预学查异是指教师在单元教学或课堂教学前采用概念地图、前测问卷、讨论交流等方式测查学生的前概念，了解学生之间对科学概念认识的差异及学生

```
┌──────────────┐        ┌────────────────────────────────────────────┐
│   预学查异    │───────▷│ 通过概念地图、前测问卷、讨论交流等方式，测      │
└──────────────┘        │ 查学生前概念，调整教学目标                    │
                        └────────────────────────────────────────────┘
       ⇩                              ⇩
┌──────────────┐        ┌────────────────────────────────────────────┐
│   初学适异    │───────▷│ 以提供信息、提出问题、开展实验的方式搭建认      │
└──────────────┘        │ 知脚手架，寻求能力差异的最佳发展区            │
                        └────────────────────────────────────────────┘
       ⇩                              ⇩
┌──────────────┐        ┌────────────────────────────────────────────┐
│   研学导异    │───────▷│ 围绕探究问题，展开小组合作与探究，实现学生      │
└──────────────┘        │ 差异的分享与互补                            │
                        └────────────────────────────────────────────┘
       ⇩                              ⇩
┌──────────────┐        ┌────────────────────────────────────────────┐
│   拓学展异    │───────▷│ 学生对结论进行解释和应用，教师结合教学目标      │
└──────────────┘        │ 对学生的达成水平进行层次性评价                │
                        └────────────────────────────────────────────┘
```

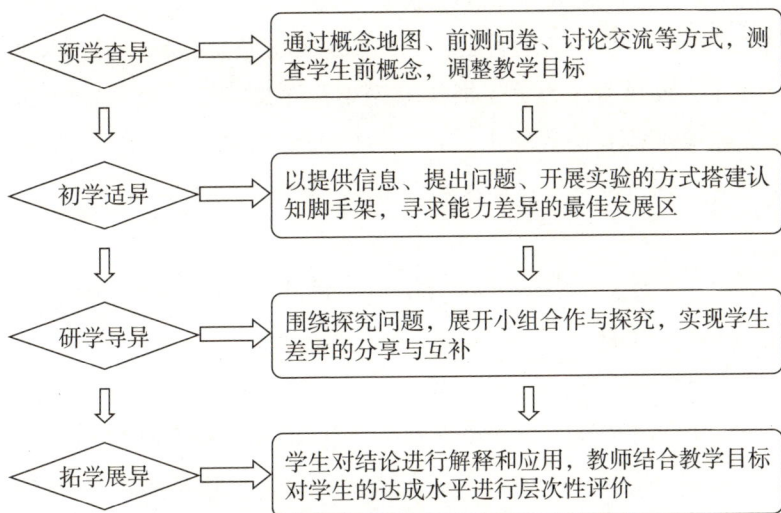

图 6-13　科学探究课差异教学模式操作流程

的前概念和科学概念之间的差异，进而进行有针对性教学的过程。儿童都会带着已有的生活经验和认知建构科学概念，这些生活经验和认知是建构科学概念的起点，也称前概念。儿童的前概念有的正确，有的错误，如果对于错误的前概念不能加以引导，最终会影响到科学概念的顺利建构。

但是，前概念不是直接显现的，它潜藏在学生的意识中，一般会在特定的情境中表达出来。因此，教师需要利用概念地图、前测问卷、讨论交流等方式测查学生的前概念，从而确定教学的目标和探究的主题。

二、初学适异——以提供信息、提出问题、开展实验的方式搭建认知脚手架，寻求能力差异的最佳发展区

探究课中，初学环节的操作步骤是：首先，教师建立学生易于感知的教学情境，引导学生在自己思维的最近发展区尝试性提出问题；其次，在此基础上，学生小组讨论问题，结合现有的认知进行有根据的猜想，讨论中会遇到各种困难，教师可以提供必要的知识经验或者方法支持，同时观察并提炼出学生与学生间、小组与小组间的差异水平；再次，教师以提供信息、提出问题、开展实

验的方式搭建脚手架，进而了解学生猜想的差异及其猜想的理由；最后，根据探究的层次，由教师或者学生确定探究问题，并进行猜想，为下一步的合作与探究做好准备。教师通过为学生搭建脚手架，寻找其能力差异的最佳发展区，围绕教学目标确定适宜的训练点，将学生的探究引向深入。学生的探究能力，情感、态度与价值观是一点一滴培养起来的，不能操之过急。

三、研学导异——围绕探究问题，展开小组合作与探究，实现学生差异的分享与互补

在探究课中，研学环节的操作步骤是：首先，教师围绕探究主题，进行适时、适合、适度的引导，让学生先进行实验的设计，这是作为探究的第一步，从不同实验的设计中能真实地反映出各个学生之间的知识结构层次、设计水平以及个体差异；其次，在此基础上，教师再帮助学生围绕探究的主题进一步完善实验设计，从实验设计中，教师可以发现学生间、小组间的差异水平，并通过汇报交流实现差异的分享与互补。

在学生开展探究性实验活动的过程中，教师针对不同层次的学生和小组给予有针对性的、适当的指导，帮助每一个学生达成学习目标，从而实现不同层次学生的共同进步。实验结束后，教师引导学生分析实验现象、数据，以概括、归纳的方式得出结论，并在此基础上形成新的探究问题。

四、拓学展异——学生对结论进行解释和应用，教师结合教学目标对学生的达成水平进行层次性评价

在探究课中，拓学环节主要任务是学生对已得结论进行解释和应用，教师对学生的科学概念、探究能力和科学态度的发展水平进行层次性评价。其操作步骤是：依据所得结论，解释生活中的现象；学以致用，运用所建构的科学概念，解决生活中的问题；教师结合目标层次水平评测量表（如表6-1），给予星级评价。

表 6-1 科学概念水平评测量表①

科学概念	水平 1	水平 2	水平 3
大多数物质进入水中会溶解在水里形成溶液，或者与水发生变化，生成新物质。	学习者能够意识到物质进入水中会发生改变，但尚不能鉴别或描述发生的具体变化。	学习者可以鉴别和描述物质进入水中会发生的变化；但不能认识到物质溶解以后还可以从水中恢复出来；也不能认识到与水反应后原来的物质已经变成了新的物质。	学习者能够区别和描述物质进入水中会发生的变化；学习者还能认识到当溶解发生时，原来的物质可以恢复原样，当反应发生时，原来的物质就改变了，并且不再能复原。

　　在此环节的教学中，要注意拓展与评价的层次性。在进行拓展时，应设置不同的层次满足学生的差异需求，既要满足绝大多数学生的基础需求，又要体现部分学生的提升需求；在对学生进行评测时，也可分别从科学概念、探究能力、科学态度的发展层次入手（如表6-2），针对不同差异水平的学生给予不同层次水平的评测。

表 6-2 探究能力水平评测量表②

探究能力	水平 1	水平 2	水平 3
分析和解释数据	学习者需要在教师的帮助下分析数据，不能建立现象和探究问题的联系。	学习者需要在教师的帮助下分析数据，能够初步建立现象和探究问题的联系。	学习者能够独立分析数据，能够主动建立现象和探究问题的联系，并进行解释。

---

① 毛维佳.科学教学中的形成性评测探寻 [J].课程教材教学研究，2015（3/4）：65.
② 毛维佳.科学教学中的形成性评测探寻 [J].课程教材教学研究，2015（3/4）：65.

［典型学科课例］

苏教版科学三年级上册《神奇的水——比比谁的浮力大》

教学目标：

（1）科学概念目标。①知道物体进入水中，会受到水往上托扶的力，称为浮力；②理解物体所受浮力的大小等于物体入水前后的重量之差；③初步认识到浮力的大小与物体进入水中的多少有关，进入到水中越多，受到的浮力就越大。

（2）探究能力目标。①能够进行有依据的猜想；②能够对得出的实验数据进行分析；③通过一系列探究，证实浮力的大小与物体进入水中的多少有关。

（3）科学态度目标。①通过小组合作完成实验任务；②实事求是地记录实验数据。

教学准备：

材料：钩码、土豆（与钩码同重量、与钩码同体积）、水等；

工具：弹簧秤、塑料烧杯等；

其他：记录单、玩具"鱼"、沉浮子等。

基于学生差异的前测分析（如表1）：

表1 "比比谁的浮力大"预学情况统计表

题号	题目	测试人数	学生的猜想	猜想的依据
1	浮力的大小可能与什么因素有关？	40	18人认为与物体重量（质量）有关；11人认为与液体浓度（密度）有关；6人认为与水的多少有关；5人说不上来。	重的物体容易沉下去，轻的物体容易浮上来；曾经做过这样的实验：鸡蛋放入清水里沉下去，放入浓盐水中浮上来；因为在游泳池里可以浮起来，而在脸盆里浮不起来；缺乏此方面的前概念。
2	分别把1、2、3个钩码放入水中，哪种情况受到的浮力大？	40	26人认为1个钩码受的浮力大；14人认为3个钩码受的浮力大。	因为1个钩码更容易浮上来；只是学生的感觉，很难说出猜想的依据。

课堂教学设计：

一、预学查异

1. 展示弹簧秤，回顾其作用及单位

问题①：老师带来一种测量工具，知道它叫什么名字吗？

问题②：弹簧秤是用来测量什么的工具？力的单位是什么？

2. 通过称鱼的事例，引导学生发现水的浮力现象

问题③：有了这个弹簧秤，老师去市场买菜就放心多了。在一次使用过程中，老师有一个惊奇的发现：老师买了一条鱼，顺手称了一下并没发现有缺斤少两的现象，但当老师拎回家，放到水中又一称，事情不妙，怎么少了这么多！谁能帮老师解开这个疑惑？

二、初学适异

1. 通过交谈，产生可以探究的问题

问题①：围绕"浮力"，你可以提出一个怎样的探究问题？

2. 围绕探究的问题，做出猜想，呈现差异

问题②：我有三个钩码，把它们放入水中，它们会受到哪些力？

问题③：如果分别把同样大小的 1 个钩码、2 个钩码、3 个钩码放入水中，谁受到的浮力最大？

问题④：问题产生了，我们需要一个伟大猜想，你们的猜想是什么？

3. 小组讨论，汇报交流

问题⑤：现在请小组来汇报一下，你们认为几个钩码进入水中受到的浮力最大？你们为什么有这样的猜想？

三、研学导异

1. 引导学生设计实验，寻找证据

问题①：猜想有了，通过怎样的实验验证你的猜想？

问题②：这里关系到浮力大小的计算，怎样利用弹簧秤测量浮力的大小？

问题③：应该设计一个怎样的表格？（如表2）

表2　实验记录表格

	入水前读数	入水后读数	浮力大小
1个钩码	N	N	N
2个钩码	N	N	N
3个钩码	N	N	N

2. 实验前温馨提示

（1）实验中注意轻拿轻放，规范操作，仔细观察，如实记录。

（2）小组合理分工，分别负责提弹簧秤、挂钩码、读数、记录。

（3）测量完整理数据，并得出实验结果。

3. 小组开始实验，测量并得出实验结果

学生实验时，教师四处巡视，一是进一步引导学生正确使用弹簧秤，二是搜集几个小组的实验数据。

4. 实验结束，全班汇报交流

问题④：你们得出了怎样的数据？

小组汇报实验数据，教师利用直观坐标图的形式展示到黑板上。（如图1）

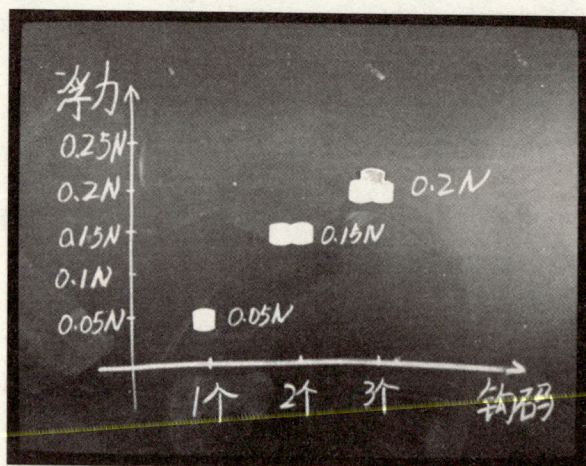

图1

问题⑤：经过实验你们发现，几个钩码进入水中受到的浮力最大？

5. 通过实验结果，初步得出结论

问题⑥：3个钩码与1个钩码有什么不同？

问题⑦：那到底是重量影响了浮力还是物体大小影响了浮力？

6. 通过实验，验证暂时结论，最终得出结论

结论：比较同重量不同大小，以及同大小不同重量的两物体在水中的浮力。

问题⑧：如果是重量影响的浮力，那么这两个物体一样重，两者所受的浮力是怎样的？

问题⑨：如果是大小影响的浮力，那么这两个物体一样大，两者所受的浮力是怎样的？

问题⑩：浮力的大小与什么关系呢？

四、拓学展异

1. 引导学生亲自评价实验之前做出的猜想

问题①：物体所受浮力的大小与其重量有关系吗？与什么因素有关？

问题②：与水的多少有关系吗？那为什么可以在游泳池浮起来，而在脸盆里感觉不到那么大的浮力？

2. 展示"沉浮子"，让学生解释其工作原理

问题③：这是我制作的"沉浮子"，它很乖，看我让它做了什么？

问题④：我怎样做它就下沉了？怎样做又能上来？

问题⑤：你能用所学的知识来解释它的工作原理吗？

3. 层次性评价

依据科学概念、探究能力的目标发展水平，评价学生的达成程度，以满足不同层次学生的差异需求。

基于学生差异的后测分析（如表3）：

表3 "比比谁的浮力大"后测情况统计表

题号	题目	测试人数	学生答题情况	分析
1	1角的硬币和1元的硬币完全进入水中，（ ）受到水的浮力大？	40	40人认为是1元的硬币，全部答对。	经过一节课的探究，学生能够很好地直接利用所得结论进行选择，因为1元的硬币比1角的硬币进入水的体积大，因此1元硬币受到水的浮力大。
2	看图：乒乓球和玻璃球同时放入水中，乒乓球上浮而玻璃球下沉了。想想看，（ ）受到的浮力大？	40	经过深刻地思索，29人认为哪个进入到水中多哪个就受到水的浮力大；仍有11人认为乒乓球受到水的浮力大，因为乒乓球上浮了。	学生的前概念一旦形成很难改变，沉浮会深深地影响学生对浮力大小的正确理解。
3	你能解释沉浮子的制作原理吗？是什么原因使它升降自如？	40	学生能够主动要求拆开沉浮子看个究竟，31人能够归因到手压瓶子使沉浮子小容器里的空气变少，体积变小，因而浮力变小之时其下沉。	学生有较强的探究意识，能够根据其操作细节归因到物体进入水中体积的变化中。

[课例评析]

从课堂设计环节上看，教师试图按照"前概念测查—搭建脚手架—合作与探究—运用与评价"这一科学探究课差异教学模式，通过一次次的发问、一个个的实验带领学生亲历整个探究的过程，修正学生已有的错误前概念，并形成科学的概念。这个探究模型并不是闭合的，而是一个螺旋式上升的理想探究模式。

小组讨论与实验是体现差异教学、实现科学探究的首选组织形式，教师通过小组讨论的方式，可以让每位学生都能够有充分的表达。本节课还使用了一连串能够激发学生思考的问题，通过发问的方式进行思考和探究，并引导学生提出一个可以探究的问题，提高探究的层次，实现差异教学模式的提升。

（本课例由毛维佳老师执教）

第八节　信息技术差异教学学科变式

　　信息技术学科对学生的操作技能和理解能力都有很强的要求。由于家庭背景、智力水平等不同，学生学习信息技术时表现出的能力差异似乎更明显一些。信息技术教师更应该重视和面对学生的这些差异，运用差异教学策略，改善目前信息技术教学的现状，让所有学生都学有所获，全面提高学生的信息素养。在信息技术学科差异教学研究和实施过程中，信息学科教研组的老师们通过科学前测激发兴趣、任务驱动探求新知、师生互助解决问题、分层拓展自我提升等措施，形成了信息技术课差异教学模式（如图 6-14），力求使每个学生都得到充分的发展。

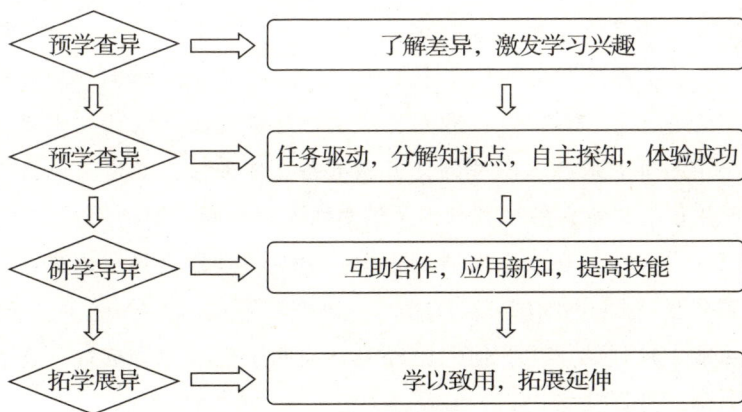

```
┌─────────┐        ┌──────────────────────────┐
│ 预学查异 │  ⇒    │    了解差异，激发学习兴趣      │
└─────────┘        └──────────────────────────┘
     ⇓                          ⇓
┌─────────┐        ┌──────────────────────────┐
│ 预学查异 │  ⇒    │ 任务驱动，分解知识点，自主探知，体验成功 │
└─────────┘        └──────────────────────────┘
     ⇓                          ⇓
┌─────────┐        ┌──────────────────────────┐
│ 研学导异 │  ⇒    │    互助合作，应用新知，提高技能   │
└─────────┘        └──────────────────────────┘
     ⇓                          ⇓
┌─────────┐        ┌──────────────────────────┐
│ 拓学展异 │  ⇒    │     学以致用，拓展延伸        │
└─────────┘        └──────────────────────────┘
```

图 6-14　信息技术课差异教学模式操作流程图

一、预学查异——了解差异，激发学习兴趣

信息技术学科预学查异环节的主要目的是通过问卷调查或访谈等形式了解学生对所学知识的认知情况，并激发学生的学习兴趣。通过调查，让学生初步感知所要学习的内容和评价方法，以此减少初学环节的障碍，让学生更清楚地了解这门学科，并培养学生的学习兴趣。预学查异环节处于对未学知识的了解阶段，通过对学生的了解，可以充分关注学生的差异，并及时更改教学设计，进行更好的课堂教学。例如在教学苏教版信息技术三年级《信息与信息技术》一课时，教师可以先通过对学生问卷的整理和分析，了解学生学习的现状，找出影响学生学习信息技术的各种因素，寻找出合适的课堂评价策略，为有针对性地开展研究做好铺垫。

二、初学适异——任务驱动，分解知识点，自主探知，体验成功

在信息技术教学中，初学适异主要采用任务驱动法。采用任务驱动教学法，能把知识点划分为一个个小的操作点，并且任务由易到难，既让学生在完成任务的过程中体会成功的乐趣，又照顾了学生差异，对学生的身心发展都有很大的帮助。如在教学苏教版信息技术三年级《插入图片》一课时，教师将图片的插入分为三个小任务。任务一：插入艺术字。这样的设计既让学生复习旧的知识，又让学生为接下来插入图片的任务做准备。任务二：学生尝试独立插入图片。先让学生思考讨论，然后教师提示学生插入图片同样要使用"插入"菜单，让学生自己动手实践，在动手实践过程中，学生的差异会显示出来，有些同学很快就找到了插入图片的方法。任务三：改变图片的大小。这一任务的提出，是针对学习能力较强的学生，他们已经完成前两个任务，完成这一任务可作为其自身能力的一种提升。

三、研学导异——互助合作，应用新知，提高技能

信息技术操作技能课中，研学环节的操作步骤是：教师提高任务的难度，

让学生通过观察发现问题，利用新学技能完成任务，进一步提升学生操作技能的熟练度；学生通过教师引导或是生生互助等方式熟练掌握操作方法，举一反三，完成较难的任务；教师及时指导评价，提高学生技能水平。如教学苏教版信息技术六年级《制作遮罩动画》一课时，在学生已经掌握遮罩的基础上，采用学生自主探究、教师从旁引导的教学方式，充分发挥学生的主观能动性，培养学生发现问题、解决问题的能力。前两个图层的制作，学生以往已经做过很多次，因此只需让学生演示，教师适当讲解，大部分都能完成。第三个图层的遮罩，确定遮罩的形状的大小是一个重难点，因此，在制作前要与学生进行研讨，得出哪种图形及图形的大小能够产生预设的动画效果。若学生有其他设想，也可将学生的设想进行制作并对比，让学生得出结论，既加深他们的印象，同时对遮罩的理解也更加深刻。

四、拓学展异——学以致用，拓展延伸

信息技术学科中的拓学展异环节，可以拓展相关课堂知识并提高训练的强度，让课堂充实饱满。在任务的设置中，也可以根据学生个体的差异，设置易、中、难三个环节的拓展，使得学习水平各不相同的孩子都能体验成功的喜悦，从而尊重每个孩子的发展。如在教学苏教版信息技术六年级《引导层动画》一课时，教师特意设置了"易"、"中"、"难"三个层次的文件夹，满足不同层次学生的需要，充分照顾了学生的差异，学生可以根据自身掌握情况选择。这样让学生在各个层次的练习中选择符合自己能力的或自己喜欢的，学生在练习时会更主动积极。从这部分的学生完成情况来看，大部分学生能利用所学知识完成基本的引导层动画，制作的动画运动轨迹合理，达到教师预期的效果。此外，这样的方式还可以培养学生的认真观察生活的习惯，并将学习与实际生活相结合，将生活中的情景用动画的形式表现出来；同时培养了学生的合作学习意识，形成与人分享并欣赏他人的良好品质。

[典型学科课例]

苏教版信息技术三年级《文字插入和修改的应用》

教学目标：

本课根据教学内容创设米老鼠带领同学们畅游迪士尼乐园的情境，并在每一小节情境中创建相关的教学任务，让学生通过"情境导入—自主操作—解决问题—总结归纳—应用拓展"等过程来完成任务，让学生在做中学、学中用。本课教学重点采用了自主学习、协作学习和探究学习等教学法，还与其他学科有机地整合，渗透安全文明教育等主题，让学生养成良好的生活习惯，提高个人的自身素养，使学生的信息素养和综合素养得到全面的提高。

（1）知识与技能：掌握在 Word 文档中插入和删除文字及其综合运用的技能。

（2）过程与方法：让学生通过自主探索、同学合作交流等形式，掌握应用在 Word 文档中插入和删除文字的处理方法，提高学生分析信息能力，增强学生利用信息技术解决实际问题的能力。

（3）情感、态度与价值观：培养学生良好的信息素养和创新意识，激发学生学习信息技术的兴趣，培养学生独立思考的能力和动手能力，促进个性发展，培养学生解决问题的能力，培养学生的文明安全意识。

基于学生差异的前测分析：

三年级学生，通过前面的学习，学生已经基本能够掌握用一种输入法进行输入、新建文档、保存等操作，在此基础上展开教学前，我先对其掌握的技能进行了测试。分析如下（如表1）：

表1　前测分析表

前测内容	测试人数	正确人数	前测分析
你是否会正确插入文字？	63	90%选择"会"	正确插入文字的关键在于光标的定位，90%的同学都能理解光标的作用，知识掌握较扎实。

前测内容	测试人数	正确人数	前测分析
你会几种删除文字的方法？	63	80%选择"会2种方法"	两种删除方法包括"退格键"和"删除键"的使用，学生知晓率较高，但是在实际操作中，并不知道两者的区别。
你会几种修改文字的方法？	63	70%选择"会2种方法"	在实际操作中，学生们还是习惯先删除再修改，选择修改和改写功能的比较少。

课堂教学实录：

一、预学查异——了解差异，激发学习兴趣

1. 导入

师：今天老师请来了一位神秘嘉宾和大家一起上课，想知道它是谁吗？（出示米老鼠图像），我们一起来跟米老鼠打个招呼吧！（生问好）

2. 播放迪士尼幻灯片

幻灯片：Hi！同学们好！我是米老鼠！今天我想给大家推荐一个好玩的地方——"迪士尼乐园"。

师：迪士尼是一个大型主题游乐公园，走进迪士尼就走进了童话王国的世界。

二、初学适异——任务驱动，分解知识点，自主探知，体验成功

1. 课件出示

师：想进入迪士尼乐园必须有入场券，我这里有一张信息卡，只要同学们能把信息卡里面的信息正确地填写完整就可以拿到入场券了，接受挑战吧。

2. 出示信息卡

师：米老鼠已经把"个人信息卡"放到同学们的桌面，请同学们打开信息卡。（如表2）

表2 个人信息卡

姓名：
性别：
班别： （ ）班
学校：育才实验学校

3. 回顾旧知

师：怎么插入文字呢？老师想考考同学们，看看你们对于已学知识掌握的能力。

4. 教师演示

5. 学生操作、教师点评

三、研学导异——互助合作，应用新知，提高技能

1. 出示米老鼠

师：同学们真棒，你们正确填写了信息，也拿到了入场券了，还等什么呢！跟老师一起出发吧！在这里，我们会看到梦幻般的城堡、精彩的娱乐表演及巡游、惊险刺激的游乐设施，还会遇到我们所熟悉的米老鼠、唐老鸭、白雪公主和七个小矮人、巴斯光年，等等。

2. 引出问题

师：同学们，刚才我们玩得太高兴了，小明同学不小心把自己的背包给弄丢了，怎么也找不着。可着急了！唐老鸭自告奋勇地帮他写了一份《寻物启事》，可唐老鸭是个马大哈，这份《寻物启事》错漏百出，让我们一起来看看吧！

寻 物 启 事

今天早上扬州市扬州市育才小学小明同学在游乐场游玩时丢失了一个黄色贝包，如有十获者请交给工作人员。谢谢！

师：你们发现有哪些错误呢？

3. 学生汇报：发现问题

4. 解决问题1——文字重复

①学生汇报。

方法1：使用"退格键"。

生1：将指针移到要删除的文字后面，单击鼠标。

生2：按"退格键"删除光标前的文字（可在课件键盘上指一指"退格键"）。

方法2：使用"删除键"。

生3：将指针移到要删除的文字前面，单击鼠标。

生4：按"删除键"删除光标后的文字（可在课件键盘上指一指"删除键"）。

②"退格键"和"删除键"的区别。

③小结。

师：大家以后可以选择自己喜欢的方式进行修改。

5. 解决问题2——文字错误

①学生汇报。

方法1：可以用前面的方法修改。

方法2：选中错别字直接输入。

方法3：使用"改写"。

a. 在状态栏双击"改写"，使编辑为"改写状态"。

b. 将指针移到要删除的文字前面，单击鼠标。

c. 输入修改后的文字。

②学生尝试修改《寻物启事》。

③修改文字后保存。

④点评。

6. 展示自己修改成果，师生点评

四、拓学展异——学以致用、拓展延伸

（教师播放《寻物启事》。）

师：同学们，在你们的帮忙下，唐老鸭终于把这份《寻物启事》改好了，那我们马上拿去广播，帮小明同学找回他的背包吧！

（生充当广播员播放《寻物启事》。）

师：《寻物启事》播放后不久，游乐园的工作人员把拾获的背包送回到小明同学的手上，米老鼠又带着同学们一起游玩了。

师：欢乐的时光总是过得特别快，不知不觉的，我们就要结束这趟难忘的迪士尼之旅了。为了提醒身边更多的小朋友在外出游玩时不要发生类似的事情，小明同学把他的经历和感受编了一首儿歌，请看：

安全旅游三字歌

外出游　须注意

身边物　要（　　　）

乘车船　守（　　　）

物不抛　讲（　　　）

有困难　找（　　　）

交通法　记在心

平安路　伴我行

师：请运用今天学到的知识把《安全旅游三字歌》写完整好吗？

（1）要求：①可交流合作；②作品要有教育意义；③选出同学把《安全旅游三字歌》朗读出来。

（2）评价：生生评价（好在哪，不足在哪；评价过程是让学生懂得"文明从我开始"。）

师：通过今天的旅行，你收获了什么？

师：老师希望同学们今后外出旅游时，能够想起今天的安全旅游三字歌，做到文明出行，平安归来。

基于学生差异的后测分析（如表3）：

表3　后测分析表

后测内容	测试人数	正确人数	后测分析
你是否会正确插入文字？	63	100%选择"会"	从前测可以看出学生有较扎实的基础，在本课中再次复习之后，唤醒部分学生的记忆，加深印象。
你会几种删除文字的方法？	63	100%选择"会2种方法"	关于"退格键"和"删除键"的使用，通过本课的练习，学生知晓率较高，在实际操作中，也能区别两者的作用。
你会几种修改文字的方法？	63	90%选择"会2种方法"	由于改写的功能在实际操作中用得比较少，学生有点不理解该功能的实际意义在哪里。

［课例评析］

在本节课中，教者将学生非常喜欢的《迪士尼乐园》引入课堂，并根据教学需要创设了"获取门票"、"寻物启事"和"安全旅游三字歌"这三个情境。学生这节课始终在从事着帮自己最喜欢的"偶像"做事，做得"乐此不疲"。不少学生上完课后和老师交流，说今天学得太开心了。本节课，教者根据学生的差异，果断地对教材进行了更有效的二次开发：一是更改了练习内容，用《寻物启事》的内容替代了《雪儿》这篇文章；二是删除了"探究园"，增添了"改写"的内容；三是调整了教学顺序，增加了练习量。教者认为"文字的添加"应该比"文字删除"操作技能简单，更重要的是"文字的删除"更具有探究性，所以教者把两者的教学顺序做了一个调整。同时增加了每个内容的练习量，由教材的"修改一处"改为"修改两处"，多一次练习机会，提高学生的熟练程度，促进不同层次学生的发展。

（本课例由孙星老师执教）

第七章　差异教学模式的实施效果

差异教学已经成为我校教育科研工作的着力点。通过"差异教学模式"的研究，我们欣喜地看到每一个孩子的个性与特长都得到最大限度的发展，每一个孩子都享受了成长的喜悦；每一位教师的才能与技艺都得到最大限度的展示，每一位教师都享受了成功的欢愉。同时，学校在研究中实现了里程碑式"二次创业、二次腾飞"的飞越发展。

第一节　学生的成长

我校差异教学模式研究历时三年，各学科教师主动参与，在学校模式的基础上开展了富有学科特点的变式研究，充分尊重了学生的主体地位和个体差异，促进学生产生和形成了积极的学习兴趣和学习态度，养成了科学的学习方式和习惯，收获了优异的学习成绩和丰硕的学习成果。

一、学习兴趣和态度

2015年10月，我们面向二至六年级5个实验班学生进行了学习兴趣的调查，调查内容包括实施差异教学模式的所有学科，调查对象为实验班所有学生。调查采用问卷形式，结果如表7-1所示。

表7-1　学生对学习的兴趣情况统计

兴趣度	很有兴趣	比较有兴趣	感到很枯燥	不得不学
二年级	75.0%	20.0%	2.5%	2.5%
三年级	78.4%	21.6%	0	0
四年级	44.7%	55.3%	0	0
五年级	50.0%	47.2%	0	2.8%
六年级	73.7%	26.3%	0	0

分析调查结果发现，98.4%的学生对学习感兴趣，尤其是二、三年级和六年级学生对于差异教学模式的实施很有兴趣，四、五年级学生保持平稳的学习兴趣。二年级还有2名学生未能感受到差异教学模式的魅力，经了解，这2名学生因身体和家庭环境的影响，尚缺乏良好的学习习惯，学习较被动。五年级有1名学生有厌学情绪，主要原因是基础较差，自己感到没有希望。

2015年11月，我们选择了四至六年级3个实验班的学生为样本，做了差异教学模式与原课堂教学的学习状态比较调查。此3个班级因为经历了原课堂教学和差异教学模式的实验，对于两种课堂教学的状态有真切的体会，调查结果如表 7-2 所示。

表 7-2　相较于原课堂的学习状态感受

相较于原课堂的学习状态	轻松了	累了	没变化
四年级	91.7%	5.6%	2.7%
五年级	60.5%	7.9%	31.6%
六年级	78.9%	0	21.1%

分析调查结果发现，四年级学生普遍感受到差异教学模式让学习变得更轻松了。五、六年级大多数学生也感受到差异教学模式给予自己更多自主学习的机会，学习更轻松了。但是，也有少部分学生认为学习状态没有太大变化。据了解，这部分学生受到来自自身及家庭所施予的升学压力，不满足于自己在课堂上所学到的知识，还额外给自己增加更多的学习任务，因此，他们感觉并不轻松。

二、学习方式和习惯

在尊重学生学习方式习惯的基础上，差异教学模式更注重优化学生学习方法和学习习惯。2015 年 12 月，我们面向二至六年级 5 个实验班的学生做了差异教学模式下学习方法与学习习惯的调查，调查对象为实验班所有学生，调查内容包括自主发现问题、搜集处理信息、自主解决问题、伙伴合作交流、挑战新问题五个项目，采用问卷调查的形式，调查结果如表 7-3 所示。

表 7-3　差异教学模式下学习方法与学习习惯的调查

学习方式与习惯	学会发现问题	学会搜集处理信息	学会自主解决问题	善于合作交流	敢于挑战新问题
二年级	77.5%	52.5%	20.2%	78.9%	81.5%
三年级	81.3%	60.4%	66.7%	80.3%	82.4%
四年级	82.0%	71.8%	78.3%	84.6%	83.1%
五年级	89.7%	89.8%	84.6%	86.8%	84.6%
六年级	100%	90.0%	100%	94.7%	85.0%

分析调查结果发现，差异教学模式实验中，学生主动发现问题的意识增强了。发现问题的学习贯穿在整个差异教学模式的每个阶段。随着教学模式中各阶段的推进，学生所提出问题的含金量也呈上升趋势。预学查异阶段，学生的问题往往比较琐碎和零散，也充分彰显学生的学情差异；而研学导异阶段，学生的问题相对集中，直指学习的难点，学生能够提出更高质量的问题，这也是其乐于发现问题的重要原因。学生自主解决问题的意识与能力随着年级的升高而增强，在自主解决问题的过程中，学生对于同伴合作交流比较感兴趣。尤其是初学适异阶段，教师根据学生学习基础与学习能力的差异，提供了多种学习资源和学习手段之后，大多数学生选择自主解决问题，而自主解决问题的过程中，他们选择同伴合作的方式较为普遍。学生自主搜集处理信息的习惯与能力稍弱一些，这主要表现在拓学展异部分，学生往往依赖于教师提供的拓学资源，缺乏自主提炼信息开展拓学的主动性。

三、学习成绩和成果

　　在差异教学模式研究中，我们重新修订了《扬州育才实验学校学科评价细则》，充分注重评价的过程性、导向性和科学性，将学生的学习成绩评价细化为四个评价指数：平时评价、学科核心素养评价、期末评价和总评。平时评价主要针对学生在某学科的学习过程中学习态度、学习习惯、课堂常规等非知识方面的一种评价，该评价重在习惯养成、兴趣激发以及学习态度的培养，由各学科教师平时从学生的课前预学，课堂主动学习的积极性，以及作业完成的质量与订正情况等方面做具体的评价记录；学科核心素养评价是指各学科各级段学生须形成的能力素养测试成绩，各学科可根据学科核心素养的特点，组织开展学科活动，如语文学科的"查字典"大赛，数学学科的"解题小能手"大赛等，通过学科活动记录学生的核心素养达成情况；期末评价是每学期一次的学生学业质量综合测试成绩；总评评价是由前面三项指数决定的，各学科、各年级可根据各项指数的侧重点不同，进行分值的具体分配，形成统一的计算公式与评价标准，以"数学"学科为例（如表7-4）。

表 7-4　数学学科核心素养指数权重分细则

年　级	平　时	学科核心素养			期末评价	总评
		概　念	计　算	解决实际问题		
一、二年级	20	10	20	10	40	
三、四年级	20	10	20	10	40	
五、六年级	20	10	10	20	40	

注：

（1）指数权重分。态度与习惯决定学生一生的幸福，为此，六个年级的数学平时评价，我们都给予 20 分的权重分。学科核心素养根据各年级学生数学素养侧重点的不同，具体分配也不同。

（2）等第系数。优的系数为 1；良的系数为 0.8；合格系数为 0.6；不合格系数为 0.5。

（3）计算方法。计算总评评价时，将每个指数下面的等第换成它们相对的系数，然后通过公式计算得出。以一、二年级为例：20×平时+10×概念+20×计算+10×解决实际问题+40×期末评价=总评得分。

在这种新的学科细则评价体系下，学生总评得分为 90～100 分的是"优"；80～89 分的为"良"；60～79 分的为"合格"；60 分以下的为"再努力"。总评成绩获得优秀等第的，我们定义为学优生，总评成绩为"再努力"的，我们定义为学困生。我们欣喜地看到，实践差异教学模式这些年来，我校不仅在扬州市学业质量调研中名列前茅，学校内各年级学优生的比例也在逐年递增，而学困生的比例在逐年递减，如表 7-5 所示。

表 7-5　2013 年至 2015 年学优生与学困生所占比例对比

年　份	2013	2014	2015
学优生所占比例（%）	68.5	77.5	78.9
学困生所占比例（%）	0.5	0.4	0.2

每个学生都是独特的个体，每个学生都有自己的优势，差异教学模式的课堂教学实验让每一个学生的优势得以彰显，个性得到发展。2013 年至 2015 年学生在各级各类比赛中成绩斐然，如图 7-1 所示。

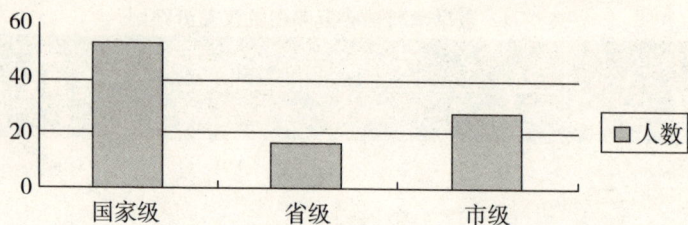

图 7-1　2013 年至 2015 年学生参与各类竞赛获奖情况

差异教学模式研究改变的不仅是课堂教学策略和教学效果，其尊重差异、以生为本的核心思想也改变着教师的教育教学理念。在模式研究过程中，老师们了解到不同学生的智能发展方向，采取积极的干预策略，引领学生差异发展，收获了喜人的成果。

作为女孩子，2009 级 12 班的路远同学原先对学校设置的科学课并不感兴趣，她常常在科学课上埋头看自己的课外书。然而，自从 2013 年 9 月她的班级参加了差异教学模式研究后，她对科学课产生了浓厚的兴趣。在每一课的预学环节，她都能提出很多有价值的问题。渐渐地，老师让她带领自己的学习小组完成预学查异和初学适异两个部分，给研学导异和拓学展异环节留出大量的实践时间，尤其是拓学展异环节，他们学习小组把这个阶段叫作"金点子大爆炸"时期，每个人都能在课堂学习的基础上，展开自己的创新思维，用科学的态度去解决生活中的问题。例如，在学习了五年级下册第一单元《简单机械》的有关轮轴、杠杆原理之后，进入拓学展异环节，她马上联想到暑假的一天，她和爷爷出去游玩，爸爸妈妈去上班了，忽然下起了倾盆大雨，家里晾在阳台外的衣服和棉被全被淋湿了。她提出要利用轮轴和杠杆原理来设计一个自动遮雨篷，老师对她的创意给予充分的肯定，并鼓励她设计一个既可以遮阳又可以遮雨的顶篷，这给她带来了信心，也带来了挑战的勇气。于是，路远开始画设计图，思考在衣架上方如何安装一个金属框架，又如何在上面设计卷有防水布的卷筒，以及牵引轮和牵引绳。但怎样才能让遮雨篷自动识别天空是晴天还是下雨呢？路远遇到了难题，她又主动向老师请教，设计了一个自动控制装置，由雨水传感器、控制器和减速电机组成，这样可以实现"自动化"。经过近半年的设计、修改，"自动遮阳遮雨篷"的方案终于逐步完成了，并获得了国家知识产权局的授权批准。路远不满足于停留在纸上的发明创造，她利用第二年的暑假开始了"科技制作"之旅，尽管遇到了许多问题，她都不言放弃，一一克服，经过努力，她的"自动遮阳遮雨篷"制作完成了。经学校的推荐和江苏省发明协会的评选，路远参加了北京举办的"第九届宋庆龄少年儿童发明奖"的比赛，她发明的"自动遮阳遮雨篷"获得了金奖。

科学课程的差异教学模式研究给了学生自主探究的时间和空间，培养了学生创造发明的兴趣，校园中像路远这样的"小科学迷"还有许多，他们在各项科学竞赛中取得了骄人的成绩。2006级14班陈清源同学荣获扬州首届"青少年科技创新大赛市长奖"提名奖；2007级11班张颜培同学荣获扬州市少年科学院"小研究员"称号；2007级03班季孟洁同学荣获扬州市少年科学院首届"小院士"称号；在"江苏省科技创新大赛"中，我校有7人获得一等奖，25人获得二等奖；在江苏省"金钥匙"竞赛中，我校有28人获得特等奖，40人获得一等奖。

小杰同学在课堂上经常开小差，他的手总是不停地在玩铅笔、橡皮，有时完全沉浸在自己的世界里，嘴巴里还不时发出奇怪的叫声。当老师喊他起来回答问题时，他总是一头雾水，即使是请他读词语，他也要先干咳半天才结结巴巴地开口。其父母认为孩子可能是发音器官有问题到处求医，但医生诊断孩子身体没有问题。参加差异教学模式研究的李老师认为，孩子只是没有养成良好的学习习惯，对学习没有产生兴趣，当前首先要激发孩子的学习兴趣。因此，李老师在班级授课过程中格外关注小杰的表现，经过长时间观察，李老师发现小杰并不是整节课都不听，而是在一些带有创造性思维的问题出现时，他是默默关注的，只是因为长时间不发言，没有勇气主动表达。这一发现让李老师找到了问题的突破口，她常常在"研学导异"环节针对小杰的特点来设计问题。

如教学二年级下册《云房子》一课，在孩子们学习了课文，把课文读得有滋有味之后，李老师引导学生回到课文第二自然段，课件出示："不一会儿，云房子造好了：有的像大冬瓜那样傻傻地横着，有的像花儿那样美美地开着。有很高的大楼房，有很宽的大礼堂，也有一点点小的，小得只可以住进一只小麻雀。"按照教案原先设计是先引导学生自由读读这几句话，想想这几句话有什么特点，然后引导学生模仿文中的两种句式练习说话，其教学目的是引导学生学习文本语言的表达与运用。但是考虑到小杰和其他一些跟小杰差不多的孩子，他们的兴趣点在"玩"上，必须立足于他们爱玩的天性，给他们"玩"语言的机会。于是李老师改变了策略，教学过程如下：

师：同学们用自己的方式读读这几句话，你觉得哪句话最有意思就多读几遍，等会儿读给老师听！

（老师发现小杰在默默地读，等同学们停下朗读就请小杰发言。）

小杰：我就觉得"有的像大冬瓜那样傻傻地横着"这句话很有意思。

师：为什么？

小杰："傻傻地"多可爱啊！（说着就"扑哧"一声笑出声来）

师：你能加上动作把大冬瓜傻傻的样子读好吗？

（小杰很夸张地用手臂圈出个大冬瓜，脸上表现出傻傻的表情，有声有色地朗读了这句话，老师向他竖起大拇指，同学们给他送去掌声。）

师：联系你平时看到的云房子，你能像作者这样也来说一句吗？

小杰：有的像长丝瓜那样直直地垂着。

（李老师上前拥抱了小杰，又一次为他竖起大拇指，同学们又一次给他送去更热烈的掌声，小杰激动得脸都红了。）

面对像小杰这样一言不发的孩子，李老师有意降低教学难度，从儿童的兴趣出发，"引诱"这些孩子产生说的愿望，并通过老师和同学们真诚的评价，鼓励他们从敢于表达到准确表达，让教与学在学生的兴趣点上延展。

通过以上两个教学案例，我们能够看到，差异教学模式让不同层次学生在课堂上找到了自己的兴趣点，让学优生拥有了发挥自己聪明才智的时间和空间，让学困生找到了自己的生长点，满怀信心地向上发展，这正是我们参与实验者所期待看到的愿景！今后的差异教学实施过程中，我们将建立学生个人档案，一方面记录学生在不同学科上表现的优项智力和弱项智力，及其智力的发展变迁；另一方面记录学生的学习类型，从而为每个学生的差异发展提供真实的、鲜活的、可见的依据，促进每个学生在原有的基础上得到充分的发展。

第二节 教师的发展

我校为每一位教师提供和创造了差异发展的环境，广大教师积极参与学校的各项教科研活动。经过几年的努力，一大批教师得以迅速成长，教师的日常工作质量得以大幅度提升，师德、师能水平均得以上了一个新台阶。

一、课题研究促进了教师成长

在差异教学模式的研究过程中，我校许多教师、团队得以成长。2007级英语教研组就是其中的一个典型。这个教研组每周都要推荐阅读一篇优秀论文、每学期都要推荐一本英语教育专著，均与差异教学模式相关联，教研组定期进行探讨和交流。这是思想的碰撞，这是精神的交流，这更是一个成长的平台。组内老师研究热情迅速升温，论文相继发布于《江苏教育》《中小学外语教学》等刊物，其中一位老师关注学生个体差异，将教学中的发现记录下来，投给《英语周报》。编辑部收稿后，特设《小故事，大道理》专栏进行展示。

截至2016年，我校有市级学科带头人5人，中青年教学骨干3人，教学能手4人，区级教学能手5人，校级骨干9人。近几年来，我校教师在国家、省市刊物上发表的教学成果近100篇（如图7-2）。在省市区教科研比赛中获奖490多人次。有45人次获省、市、区"优秀教师"、"师德先进个人"等荣誉。

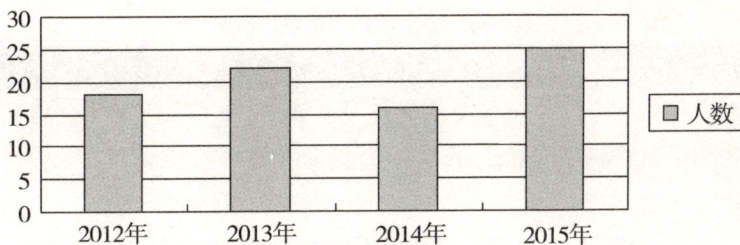

图7-2　2012年1月至2015年5月我校教师教学成果发表统计

二、教学模式提升了工作质量

为了了解我校教师经过一段时期的差异教学模式研究与实践后，在研究水平、践行能力、思想动态等方面的情况，我们进行了跟进调查研究，结果表明，差异教学模式对提升教师工作质量总体是十分有效的。

参与调查的对象以语、数、英学科的教师为主，调查结合我校的特色活动"差异教学模式"校级竞赛课（高段）进行。各学科围绕差异教学模式，选择一个研究领域开展课堂教学竞赛。先由各教研组围绕研究主题，申报一节展示课参加校级赛课。再分低段（一至三年级）、高段（四至六年级）分别开展校级竞赛活动。本次高段的校级竞赛课语、数、英学科共计 110 名教师参加听课，参与调查的总人数即为 110 人。调查采用了无记名问卷的方式，设置了如下问题：你认为课堂教学效果最好的是哪节课？原因是什么？你认为效果最好的这节课哪个环节要素特征最突出？你在哪方面有所启发，有所收获？

（一）对"你认为课堂教学效果最好的是哪节课？原因是什么？"的回答

本次调查，我们在听课前分发问卷，老师们边听边有意识地思考相关问题。课后，给了老师们 10 分钟左右的时间统一填写，因此，问卷完成的质量相对较高，对课堂教学效果的评价也相对较真实、公平。其中，对"你认为课堂教学效果最好的是哪节课？"的回答，各学科的具体统计情况如表 7-6、表 7-7 和表 7-8 所示。

表 7-6　语文学科相关统计情况

年　级	四年级	五年级	六年级
人　数	10	16	15
百分比（%）	24.4	39.0	36.6

表 7-7　数学学科相关统计情况

年　级	四年级	五年级	六年级
人　数	8	12	27
百分比（%）	17.0	26.0	57.0

表7-8 英语学科相关统计情况

年 级	四年级	五年级	六年级
人 数	10	3	9
百分比（%）	45.0	14.0	41.0

注：以上三个表格中的"年级"是指课堂教学效果最好的年级，"人数"是指认为该年级课堂教学效果最好的教师数。每个学科均听了同一研究主题下不同年级的三节课，听课教师从中选出最好的一节。分析原因时统一要求围绕"差异教学模式"展开叙述。

对一节课的评价标准，本来就是仁者见仁智者见智，但是学科之间是有差异的。语文学科因研究的课题比较难区分优劣，所以大家的意见相对分散。数学学科相对较为理性，参与调查的教师除了"照顾"本组的，还是能比较客观地进行评价，这个结果也和评委的意见一致。英语学科因两个年级的课实施效果的差距不大，所以情况差不多。从上面的数据可以看出，我校教师已初步具有对课堂教学效果的评价能力。需要指出的是，我们这里的评价特指围绕"差异教学模式"来谈的。

参与评价调查的老师们，对各自选择好课的原因也做了描述。分析这些结果可以看出，教师们选择该课效果最好的理由主要集中在以下几点：

1. 模式的某个流程体现明显

持这类评价的教师大约占60%。例如，有的教师认为预学差异环节有效地帮助学生回顾分析了数量关系的两种策略，为学习新知做好准备；有的教师认为初学适异环节多以学生展示为主，突出了学生自主性；还有的认为拓学展异环节首尾呼应，拓展了学生的思维，让学生在已有基础上得到了提升。

2. 差异教学策略运用合理

持这类评价的教师大约占30%。例如，有的教师认为，授课教师能围绕研究主题照顾学生差异，设计了不同的活动开展教学；有的教师认为，授课教师在习作教学题目的评讲中，总结出了三种修改题目的方法、类型，适用于各个层次的学生，满足不同类型学生的需求；还有的教师认为，授课教师在出示习作片段作为例文时，既有对学优生的佳作欣赏，也有对学困生有针对性的修改。

3. 课的整体设计有亮点

持这类评价的教师大约占 10%，主要以语文教师为主。例如，有的认为这节课发挥模式效用，尊重个体的个性化表达；有的认为模式各个环节内容清楚，侧重点分明；还有的认为课堂注重多种评价方式的结合。

（二）对"你认为效果最好的这节课哪个环节要素特征最突出?"的回答

经过一段时期的研究，我校教师差异教学模式中的四个环节，即预学查异、初学适异、研学导异和拓学展异的名称已经熟记于心，对各个环节实施要素的理解也比较到位，对"你认为效果最好的这节课哪个环节要素特征最突出?"的回答，具体情况如表 7-9 所示。

表 7-9　对"你认为效果最好的这节课哪个环节要素特征最突出?"的回答统计

环　节	预学查异	初学适异	研学导异	拓学展异
人　数	18	32	41	19
百分比（%）	16	29	37	18

在我们的模式中，各环节各具功效、各有侧重。如果要给它们定位，那么预学差异是前提，初学适异是基础，研学导异是关键，拓学展异是提升。老师们在日常教学中，在初学、研学花的精力比较多，因此听课时关注得也比较多，这两个环节也是最能体现学生自主发展的。从调查结果看，我校教师对这四个环节的实施和理解已经初具特色。

（三）对"你在哪方面有所启发，有所收获?"的回答

对"你在哪方面有所启发，有所收获?"的回答，老师们的意见主要集中在以下三方面。

1. 关于模式实施

老师们在这方面的收获是最多的，大约占 65%。如：在平时课堂中也要真正实施差异教学模式，这样才能使各个层次的学生得以发展；预学环节紧紧围绕所学内容，调动学生兴趣，避免了无用的旧知复习；研学不再是教师教方法，而是通过不同的教学手段让学生自主探究出解题策略，在此过程中满足了不同层次学生的学习需要。

2. 关于学生自主发展

教师关于这方面的收获大约占 20%。课堂上教师注意发挥学生的主体性；

课堂不仅是教师的课堂，应放手给学生，如习作评讲过程中应充分相信并发挥学生的能力，鼓励学生在课堂上多思考、多修改、多交流。

3. 关于教师施教能力

教师关于这方面的收获大约占 15%。如：教师在课堂上要学会调控自己的情绪感染学生，调动学生学习的积极性；要掌握如何帮助学生将策略的无意识运用上升到更高层次的能力；在设计课堂的各个环节时应当整体布局。

在访谈中我们也发现，我校教师对差异教学模式已有高度的认同感，普遍认为学校推行的差异教学模式变革让工作更加具有针对性，提高了课堂教学效率。教师们在互相研讨的氛围中增进了解，沟通交流，整体提升了工作质量。如郑金平老师谈道："以前的课堂，我们是为了教而教，制定统一的教学目标，上课只是为了完成既定的教学内容，几乎没有考虑学生的接受能力和兴趣爱好。自从我校实施差异教学模式的研究以来，我切实感受到了课堂的变化。课堂是学生的课堂，教学要以学定教。在上课之前教师要做充分的准备，这种准备不是简单的备课，而是要从了解学生的兴趣爱好和知识准备着手，充分考虑学生的学习风格和个性特征方面的差异。当然，要充分了解学生的差异，教师也是要'煞费苦心'的。有的时候，为了照顾学生的差异，教师可能要做大量的准备工作。例如，有针对性地设计问题，引导学生学会预习，做好知识准备；创设问题情境，让学生交流讨论、思维碰撞，实现优势互补。备课时，教师就要根据了解到的学生的差异，调整教学目标和教学手段。虽然实施差异教学模式后，教师要准备的内容增多了，但是正是因为课前我们做了充足的准备，课堂效率也大大提高了。教学设计是从学生的'兴趣点'出发的，每个学生都有机会参与到教学活动中来，展示自己的才能。学生因为课前做了充分的知识准备，就有了'扶梯'、有了自信。课堂上他们有话可说，积极性也被充分激发出来，整个课堂就变得趣味盎然、精彩纷呈。随着差异教学模式研究深入，我深深感受到教学研究对课堂教学的重要引领作用，也深刻体会到'教学是一门艺术'这句话的含义。上课不是单纯地向学生传授知识，而是要思考如何让学生乐学、善学，学有所得。我也学会了巧妙地处理差异、运用差异，变差异为资源，让每位学生绽放自信的笑容。"

三、"好老师"工程，坚守了师德底线

"好老师"工程是我校响应系统"课程文化"建设工作要求，扎实开展树立高尚师德典型，弘扬师德风范的活动之一。我校借助差异教学模式研究的东风，努力营造立德树人、以德修身的良好氛围，不断推动师德师风建设，锻造出一支为人师表、以德育人的教师队伍。

"我心中的好老师"评选，是"好老师"课程之一，以平民的视角、草根的方式，在一线教师中评选典型，旨在推出身边人，讲述身边事，感染身边人。从 2011 年开始，我校以"师德建设年"、"师德提升年"、"师德巩固年"为契机，精心谋划，认真组织，深入开展此项"立德树人"的培塑师德师魂的教育活动。每年上半年由学校开展"我心中的好老师"初评、复评工作，年末全校200 多名老师汇聚一堂，讲述师爱故事，表彰师德典型，用活泼的文艺表演、神圣的表彰形式，打造了"我心中的好老师"的颁奖典礼（如图 7-3），让老师们的师德再次升华。一份独具风格的绿叶奖杯彰显了老师们像绿叶一样悉心呵护儿童的教育生态，表彰了老师们在平凡的工作中不平凡的付出与贡献。我们只要坚持讲良心、负责任、有本领的从教根本，依法从教、热爱学生、严谨治学、廉洁从教，我们每一位老师都可以成长为"我心中的好老师"，都可以成为育才实验学校的好老师。为了将"儿童友好"观念和课程改革深入普及，也为了感谢学校内外、社会各界的支持，从 2015 年开始，"好老师"课程中"我心中的好老师"的评选升级为"感动有你"的综合评选（如图 7-4），增加了"后勤好职工"、"安全好卫士"、"家长好志工"、"杰出好学生"等评选，以此表彰全心全意服务学生成长、殚精竭虑支持学校发展的教职员工和社会人士，激励学生健康成长、报效家国。

在"差异教学模式"研究的过程中，我校涌现出一大批"好老师"。这里，呈现部分"好老师"典型案例：

——教师的工作虽然忙碌，但对于万蓓老师来说却是充实又快乐的。她在岗位上感悟幸福，在工作中享受乐趣，她怀揣一颗爱心和孩子们在一起。她以身作则，与学生一同打扫卫生；给生病的学生补课，让孩子们在快乐中成长。

图 7-3　第一届"我心中的好老师"颁奖典礼

图 7-4　第四届"我心中的好老师"颁奖典礼

她用自己的一颗平常心，活出了人生的意义！

——马翠红老师一直严格要求自己，兢兢业业，尽职尽责。为了让班里的孩子喜欢她的课，每节课前，总会看到她伏案备课的身影；一节课的内容，马老师经常要备上几节课的时间。下班后，她常常留下来批改当天的作业，办公室里最后离去的老师中总有她的身影。

——孟倩老师的英语课生动活泼、精彩纷呈。她用 26 个字母为学生的梦想插上一双理想的翅膀，带领学生遨游在英语知识的海洋！她精于教、勤于育，教学能力强，教学效果好，她的世界，充满着孩子们的笑声和欢语，她用充满魔力的教学方法牢牢抓住学生的心，赢得了一片赞誉！

——陈婷虽然是一名青年教师，但她勤于学习，精于业务，乐于奉献，精心地准备好每一节课，细心地对待每一位学生。她的课是文字与知识的载体，每一个章节都仿佛在学生面前打开一扇窗户，让孩子们看到了一个五彩斑斓的新世界。

——陆翔老师从七年前当上体育老师开始，每天都跟孩子们在一起，一起学本领，一起游戏，一起成长……日子似乎也变得简单而快乐。唯一不变的是始终如一日的责任和爱心。一切为了孩子，为了孩子的一切。

……

一个好的老师在学生心目中的地位是至高无上的，这就是为什么我们工作多年后，依然能清晰记得自己的老师的原因。一个孩子的成长不是我们唯一的目标，每个孩子的成长才是我们为之奋斗的理想。日复一日的平凡工作使我们坚信：做老师，必须脚踏实地地辛勤劳动，用无数个平凡日子、平凡故事去诠释"人类灵魂工程师"的全部内涵。探索差异教学之路我们已经行走了十多年，在研究的过程我们收获颇丰。但教师在开展差异教学研究之后，对待差异教学的态度以及认可度有着怎么样的变化？随着我校教师队伍日趋稳定，这将是我们接下来研究的工作目标之一。同时，在以后的差异教学研究过程中，我们将继续在学校的校园网上建立一个以学科及年级为单位的教学资源共享库，将教师的教案、教学资源等分门别类地进行备份，从而建立一个强大和丰富的差异教学资源库。既可以使每个老师都得益，也会极大地方便日后差异教学的开展和改进。

第三节　学校的变化

自差异教学模式实施以来，我校全面提升了教学研究与管理水平，着眼工作的高度，追求工作的深度，让教科研成为学校发展的不竭动力。几年来，差异教学模式推动了学校文化的变革，在素质教育名校的建设进程中发挥了突出的作用。

一、从理念到行动，科研兴校谱华章

"办学特色之于民办学校，犹如权杖之于国王。"这是我校一直以来的口号之一。由于我校的生源参差不齐，校长贾传泳敏锐地感觉到，在办学质态这条跑道上，民办学校要想实现弯道超车，就必须从"千人一面"到"个性化"，走个性化教育发展战略，而在深化新课程改革、全面推进素质教育的今天，教育科研更成为助推教育发展的第一动力。

以尊重差异的教育理念体贴每一个孩子，以育人为本的文化内涵感染每一个孩子，提升了我校的办学质态与办学品位，树立了卓越的办学形象。我校目前社会认可度高，2012 年和 2013 年，一年级均招收新生 15 个班；2014 年，一年级招收新生 20 个班；2015 年，一年级招收新生 18 个班。数字增长的背后，离不开课题研究的推动，离不开教科研工作的开展，更表明了社会对学校各项工作的肯定。

实施差异教学模式的课题研究以来，学校先后被评为"江苏省科技教育特色学校"、"扬州市课题研究先进单位"、"扬州市第三届青少年科技创新'市长奖'优秀组织单位"，所实施的相关德育创新实践，也被评为"扬州市德育精品项目"等。同时，涌现出一大批教师在各级各类教学竞赛、论文评比中获奖，论文发表的人数也再创新高。孙冬梅老师自 2013 年起，共有 13 篇与课题研究相关的论文发表于《江苏教育》《江苏教育研究》《中小学数学》《小学教学研究》等省级以上刊物，其中有 4 篇论文发表于国家核心刊物《教学与管理》。2015 年 9 月，《新课程研究》杂志刊登了我校杨宏权、王平、王敏老师的一组文章，大大地提升了学校的影响力。

二、从模式到文化，课程建设显成效

随着课题研究的推进和深入，学校教育教学越来越关注学生、关注学生发展、关注差异教育文化的形成，越来越多的教师从学生需要和差异教学文化的视角研究教育教学。差异教学模式影响着学校课程文化的发展，促进了每一个儿童的成长，带来了学校文化的升格。

（一）教学模式立足于学科课程，促进儿童自主学习

课程与学校文化的建设，从改变儿童的学习方式入手。差异教学模式立足于学科课程，要求我们必然要关注课堂与教学，关注新课程教学问题的发现与解决，关注新课程教学经验和教学创意的积累。这一教学模式，帮助我校确立了儿童学习的主体地位，让儿童真正成为学习的主人。

差异教学模式立足于学科课程，是从课堂教学的微观环境着手，从课程与教学的日常生存方式上，从师生的基本教与学的生活方式上，从我们已经习惯的教育教学习惯方面所做的改变。近年来的实践表明，差异教学模式立足于学科课程，从微观的课堂教学切入，效果是明显的。教师行为的改变在相当程度上改变了日常的课堂教学，改变了学生的学习方式，学生的学习和发展开始具有积极的倾向和表现，以生为本的教育文化得到彰显。

（二）教学模式融贯于活动课程，催生儿童民主意识

差异教学模式融贯于活动课程，即是要为儿童成长创造一个宽松的、和谐的、民主的、自由的生态环境，让每一个儿童享受民主生活的权利，履行社会小公民的义务，催生儿童作为成长主体的民主意识。

儿童民主课程是我校活动课程之一。立足差异文化，本着"民主、开放、包容、尊重"的课程理念，我们把每周一的"国旗下讲话"让位于儿童自主主持的"金叶讲坛"。"金叶讲坛"的小主持人利用校长信箱广泛征集学生关于成长的话题。每个月校长信箱都能收到学生来信数十封，每一个话题都源自儿童的生活，发自学生的内心，如：诚信需要奖证来证明吗？岗位竞选需要拉票吗？我们为什么不知道主动跟校园礼仪小天使打招呼？我们可以用什么方法增加阅读量……学校利用"金叶讲坛"广开言路，把这些话题抛给学生们自己去讨论。学生们既可以借助"金叶讲坛"公开发表看法，也可以利用班队会展开针锋相对的辩论。

言论平台的转让其实也预示着话语权的转让。差异教学模式融贯于活动课程，让儿童成为生活的主角。他们作为学校这个社会团体的小公民，学会了观察、学会了思考，并能够敞开心扉，勇敢表达，增强了儿童的民主意识。

（三）教学模式着力于环境课程，构建儿童主体道德

学校课程文化不仅包含了促进儿童主体成长的学科课程、活动课程，还有为儿童成长与发展提供支持与保障的环境课程。差异教学模式着力于环境课程，让儿童成长的外在环境充分发挥教育与影响作用，促进儿童道德的自我构建。

我校家长志工课程是家长志工基于儿童差异发展的多元需求，多角度、多层次参与教育、管理、服务，形成浓郁的志愿氛围，感召师生精神世界，密切家校教育合力的课程。家长志工队伍秉持"尊重儿童、理解儿童、保护儿童"的服务理念，自 2013 年 3 月建立以来，经过不断地扩编、增容，从驻校办公、爱心护犊、社团辅导、课堂观学、膳食管理、图书管理、网站建设七个方面融入学校管理，为儿童差异发展提供无偿服务。家长志工的志愿精神深深感染了教师和学生。年轻的老师们成立了春风行动小组，负责护送乘坐公交车的学生到站台有序乘车。低年级的小朋友们成了班级的小小志愿者，负责组织同学们课间文明游戏；高年级的同学们成立了小小志愿者帮扶团，每逢节假日就走进社区养老院，帮助孤寡老人整理房间；杭行同学与"跑步妈妈"结成了帮扶对子，他用节省下来的零花钱和变卖废品获得的钱款资助"跑步妈妈"进行了四次手术；李佳俊同学用自己十岁生日时亲戚送的礼金和自己的零花钱资助来自山区的姐姐完成两年的学业……"差异教学模式"着力于环境课程，即是在儿童成长的外在环境里播种善的种子，用善德去唤醒善心，构建儿童的主体道德。

三、从学生到家长，差异课堂展魅力

自我校开展差异教学模式的课题研究后，课堂教学发生了革命性的变化。学生普遍感受到这样的课堂是轻松的、有趣的、高效的，家长也深有感触，普遍认为孩子在这样的课堂中是主动的、自信的、有收获的。

2009 级 11 班的陈梓彤同学激动地说："前不久，徐莹老师给我们上了一节令我十分难忘数学公开课《小数乘整数》。课一开始，徐老师先和我们复习了整数乘法的计算方法，在复习中不知不觉就带领我们学习了小数乘整数，在课中徐老师让我们自己讨论、交流计算方法，这让我们很感兴趣，每个人都兴致高昂，积极地参与到讨论中。在练习中，老师让我们自己帮助同学找出错误的地方，不少同学都用自己的'火眼金睛'帮同桌找到了错误。在课上，每位同学都非常积极热情，纷纷发表自己的看法。在课后，徐老师还给我们设了一道关卡，让我们结合今天学习的知识解决一道思考题，这让我非常兴奋，它激起了我的挑战心，最终我战胜了它。差异教学模式，让我们的课堂十分充实和快乐，也让我们更加相信自己，增强了学习信心。"

2008级6班师维的妈妈黄晨说："我家孩子在育才实验学校上学，最近有幸聆听了孩子班上的一节语文课——《钱学森》。这堂课给我的第一感觉就是与我们小时候的课堂不一样。记得我们那会儿，一堂课都是老师在讲，即使有提问也大多是让班上几个成绩好的同学回答。而在这堂课上，我发现老师关注到了每一个孩子，几乎每个孩子都有机会发言，气氛很是活跃。当然，最让我觉得高兴的是看到了师维高举起小手，主动要求发言了。我们这孩子性格比较内向，真没想到他在课堂上那么自信！课后在与老师的交流中得知，原来育才实验实行的是差异教学模式。简单地说，就是老师考虑到了每个孩子，在备课时就根据孩子的差异，设计不同难度的学习目标，让孩子各选所需、各尽所能，也难怪孩子在回答问题时能那么自信呢！这样的课堂真好！"

综上所述，差异教学模式带来了学校文化的升格。在差异教学模式的实践研究中，儿童的学习方式在改变，教师的业务能力在增强，学校的品牌特色正在形成。今后的差异教学实施过程中，我们将秉承面向全体学生，使每个学生都能充分发展的教育思想，为每个学生的发展提供条件。学校的培养目标、课程计划、组织结构、时间和人力资源安排等，都要考虑适应全体学生的发展需要，适应学生个性差异的需要。同时，发扬学校优势和特色，优化育人环境，力争让差异教学之花绽放得更加绚丽夺目！

后 记

　　自 2007 年参与华国栋研究员主持的全国教育规划教育部重点课题"学生的不同学习需要和差异教学策略研究",并承担其中的子课题"学科课程中差异教学实施策略的研究"以来,我校经历了教育理念的嬗变:从一开始把差异教学作为单一的理论指导,进行扎实有效的课题研究;到将差异教学理念作为课堂教学的理想追求,潜心钻研基于差异教学理念指导下的课堂教学模式研究,使尊重差异、照顾差异、利用差异、发展差异成为我校课堂教学的新常态;再到将差异教学作为一种教育思想弥散渗透于学校教育教学的每一个方面,形成了立足我校实情的"基于儿童立场的差异教育课程文化建设"系统。可以这样概说,十年的差异教学研究路,让我们经历了"差异课题"、"差异课堂"、"差异课程"三次质的飞跃!而今,差异教育已逐渐积淀为我校的学校文化。

　　本书从 2014 年就开始酝酿,其间经历了课题组核心成员跨校交流的困难、理论匮乏的困扰、实践探究的困惑。但每当我们举步维艰之时,华国栋老师总能点亮我们心中的希望:他一次次的亲临指导,总能激活我们钝化的思维;他一封封批注翔实的电子邮件,总能激发我们写作的热情。每次电话向华老师求助时,他总是真诚、耐心地指点。初稿完成后,华老师甚至放下了家庭中的事务,专注于文稿的修改,从写作思路、谋篇布局到句斟字酌无不渗透着他对教育的热爱与忠诚。饮水思源,在本书完稿之际,我们衷心感谢华国栋老师。他对学术研究的认真严谨,对晚生后学的无私提携,为我们这所年轻学校里的年轻教师树立了高山仰止的榜样。

　　同时,还要感谢参与本书撰写的老师:第一章由王红美独立撰写完成,第二章、第三章由杨宏权独立撰写完成,第四章由孙冬梅、郭园园共同撰写完成,第五章由王安梅、杨宏权、孙冬梅、黄婷共同撰写完成,第六章由王安梅、孙冬梅、黄婷、刘蔚等共同撰写完成，第七章由祁桂凤、李冬梅、孙冬梅共同撰写完成，所选案例由课题组老师提供（案例后附作者姓名）。一次次地统稿，一遍遍地修改，让我感慨，正是因为你们艰辛、无私的付出，才有了《模式与变式：一所小学的差异教学探索之旅》的诞生。

这本书主要论述了"十二五"期间我校研究差异教学模式的起因、经历、成果等内容。其实，我们对差异教学的研究前前后后算起来已有十多年的跨度。所以，在此还要感谢历年来参与我校课题研究的所有老师，尽管有些老师已经调离我校，但我们依然怀念那些我们一起学习、研讨、争论的日子。正因为前期扎实有效的实践研究基础，才有了我们今天丰收的喜悦。

最后，还要特别感谢教育科学出版社的编校团队，他们以深厚的学识素养、严谨的工作作风，对本书的出版付出艰辛的劳动和专业的指导。

"初生之物，其形必丑。"书稿虽然付印了，但我们知道，限于水平，书中还有很多的不足，恳请读者批评，提出宝贵意见和建议，让我们在差异教学的实践研究中健康成长！

贾传泳

2016 年 8 月